俄 国 史 译 丛 · 政 治

Серия переводов книг по истории России

Россия

Зарождение демократической культуры:
Россия в начале XX века

20 世纪初
俄国民主文化的滥觞

〔俄〕谢伦斯卡娅·娜塔莉亚·鲍里索夫娜
Селунская Наталья Борисовна

〔瑞典〕托斯滕达尔·罗尔夫
Тоштендаль Рольф

/ 著

张广翔　刘颜青 / 译

社会科学文献出版社
SOCIAL SCIENCES ACADEMIC PRESS (CHINA)

Зарождение демократической культуры: Россия в начале XX века

Российская политическая энциклопедия (РОССПЭН)

Селунская Н., Тоштендаль Р. 2005

本书根据俄罗斯政治百科全书出版社 2005 年版本译出

俄国史译丛编委会

著者简介

谢伦斯卡娅·娜塔莉亚·鲍里索夫娜（Селунская Наталья Борисовна）
历史学博士，师从 И. Д. 科瓦利琴科院士，现任莫斯科国立大学历史系教授，曾获得"莫斯科国立大学杰出教授"的荣誉称号。主要从事俄国经济史、史学理论、19 世纪末 20 世纪初俄国史料学的研究。著有《20 世纪初俄国议会制的形成》（莫斯科，1996）、《"历史定量分析"课程的方法论研究》（莫斯科，2003）等多部学术专著。

托斯滕达尔·罗尔夫（Тоштендаль Рольф） 历史学博士，乌普萨拉大学名誉教授、欧洲科学院会员、挪威科学院与文学院会员、俄罗斯科学院乌拉尔分院名誉会员、西拉姆高级研究所研究员、大不列颠学院客座研究员。主要从事瑞典及欧洲政治史、俄国经济史、史学理论等方面的研究。著有《1945～1989 年东德、西德与瑞典的国家和社会性别制度》（1999）、《历史学职业化的起源和发展》（2012）、《1960～1990 年的史学革命》等多部专著和学术论文，其中有 10 余篇论文得到了学界的高度评价。

译者简介

张广翔　历史学博士，吉林大学东北亚研究院教授、博士生导师。

刘颜青　吉林大学东北亚研究院硕士研究生。

总　序

我们之所以组织翻译这套"俄国史译丛",一是由于我们长期从事俄国史研究,深感国内俄国史方面的研究严重滞后,远远满足不了国内学界的需要,而且国内学者翻译俄罗斯史学家的相关著述过少,不利于我们了解、吸纳和借鉴俄罗斯学者有代表性的成果。有选择地翻译数十册俄国史方面的著作,既是我们深入学习和理解俄国史的过程,也是鞭策我们不断进取的过程、培养人才和锻炼队伍的过程,还是为国内俄国史研究添砖加瓦的过程。

二是由于吉林大学俄国史研究团队(以下简称"我们团队")与俄罗斯史学家的交往十分密切,团队成员都有赴俄进修或攻读学位的机会,每年都有多人次赴俄参加学术会议,每年请 2～3 位俄罗斯史学家来校讲学。我们与莫斯科大学历史系和俄罗斯科学院俄国史研究所、世界史所、圣彼得堡历史所以及俄罗斯科学院乌拉尔分院历史与考古所等单位学术联系频繁,有能力、有机会与俄学者交流译书之事,能最大限度地得到俄同行的理解和支持。以前我们翻译鲍里斯・尼古拉耶维奇・米罗诺夫的著作时就得到了其真诚帮助,此次又得到了莫斯科大学历史系的大力支持,而这是我们顺利无偿取得系列书外文版权的重要条件。舍此,"俄国史译丛"工作无从谈起。

三是由于我们团队得到了吉林大学校长李元元、党委书记杨振斌、学校职能部门和东北亚研究院的鼎力支持和帮助。2015 年 5 月 5 日李元元校长访问莫斯科大学期间,与莫斯科大学校长萨多夫尼奇 (В. А. Садовничий) 院士,俄罗斯科学院院士、莫斯科大学历史系主任卡尔波夫教授,莫斯科大学历史系副主任鲍罗德金教授等就加强两校学术合作与交流达成重要共识,李元元校长明确表示吉林大学将大力扶植俄国史研究，为我方翻译莫斯科大学学者的著作提供充足的经费支持。萨多夫尼奇校长非常欣赏吉林大学的举措，责成莫斯科大学历史系全力配合我方的相关工作。吉林大学主管文科科研的副校长吴振武教授、社科处霍志刚处长非常重视我们团队与莫斯科大学历史系的合作，2015 年尽管资金很紧张，还是为我们提供了一定的科研经费。2016 年又为我们提供了一定的经费。这一经费支持将持续若干年。

我们团队所在的东北亚研究院建院伊始，就尽一切可能扶持我们团队的发展。现任院长于潇教授在上任以来的 3 年时间里，一直关怀、鼓励和帮助我们团队，一直鼓励我们不仅要立足国内，而且要不断与俄罗斯同行开展各种合作与交流，不断扩大我们团队在国内外的影响。在 2015 年我们团队与莫斯科大学历史系的新一轮合作中，于潇院长积极帮助我们协调校内有关职能部门，与我们一起起草吉林大学东北亚研究院与莫斯科大学历史系合作方案（2015～2020 年），获得了学校的支持。2015 年 11 月 16 日，于潇院长与来访的莫斯科大学历史系主任卡尔波夫院士签署了《吉林大学东北亚研究院与莫斯科大学历史系合作方案（2015～2020 年）》，两校学术合作与交流进入了新阶段，其中，我们团队拟 4 年内翻译莫斯科大学学者 30 种左右学术著作的工作正式启动。学校职能部门和东北亚研究院的大力支持是我们团队翻译出版"俄国史译丛"的根本保障。于潇院长为我们团队补充人员和提供一定的经费，使我们更有信心完成上述任务。

2016 年 7 月 5 日，吉林大学党委书记杨振斌教授率团参加在莫斯科大学举办的中俄大学校长峰会，于潇院长和张广翔等随团参加。会议期间，杨振斌书记与莫斯科大学校长萨多夫尼奇院士签署了吉林大学与莫斯科大学共建历史学中心的协议。会后莫斯科大学历史系学术委员会主任卡尔波夫院士、莫斯科大学历史系主任杜奇科夫（И. И. Тучков）教授（2015 年 11 月底任莫斯科大学历史系主任）、莫斯科大学历史系副主任鲍罗德金教授陪同杨振斌书记一行拜访了莫斯科大学校长萨多夫尼奇院士，双方围绕共建历史学中心进行了深入的探讨，有力地助推了我们团队翻译莫斯科大学历史系学者学术著作一事。

　　四是由于我们团队同莫斯科大学历史系长期的学术联系。我们团队与莫斯科大学历史系交往渊源很深，李春隆教授、崔志宏副教授于莫斯科大学历史系攻读了副博士学位，张广翔教授、雷丽平教授和杨翠红教授在莫斯科大学历史系进修，其中张广翔教授三度在该系进修，与该系鲍维金教授、费多罗夫教授、卡尔波夫院士、米洛夫院士、库库什金院士、鲍罗德金教授、谢伦斯卡娅教授、伊兹梅斯杰耶娃教授、戈里科夫教授、科什曼教授等结下了深厚的友谊。莫斯科大学历史系为我们团队的成长倾注了大量的心血。卡尔波夫院士、米洛夫院士、鲍罗德金教授、谢伦斯卡娅教授、伊兹梅斯杰耶娃教授、科什曼教授和戈尔斯科娃副教授前来我校讲授俄国史专题，开拓了我们团队及俄国史方向硕士生和博士生的视野。卡尔波夫院士、米洛夫院士和鲍罗德金教授被我校聘为名誉教授，他们经常为我们团队的发展献计献策。莫斯科大学历史系的学者还经常向我们馈赠俄国史方面的著作。正是由于双方有这样的合作基础，在选择翻译的书目方面，很容易沟通。尤其是双方商定拟翻译的30种左右的莫斯科大学历史系学者著作，需要无偿转让版权，在这方面，莫斯科大学历史系从系主任到所涉及的作者，克服一切困难帮助我们解决关键问题。

　　五是由于我们团队有一支年富力强的队伍，既懂俄语，又有俄国史方面的基础，进取心强，甘于坐冷板凳。学校层面和学院层面一直重视俄国史研究团队的建设，一直注意及时吸纳新生力量，使我们团队的人员年龄结构合理，后备有人，有效避免了俄国史研究队伍青黄不接、后继无人的问题。我们在培养后备人才方面颇有心得，严格要求俄国史方向硕士生和博士生以阅读和翻译俄国史专业书籍为必修课，硕士学位论文和博士学位论文必须以使用俄文文献为主，研究生从一入学就加强这方面的训练，效果很好：培养了一批俄语非常好、专业基础扎实、后劲足的好苗子。我们组织力量翻译米罗诺夫所著的《俄国社会史》《帝俄时代生活史》，以及在中文刊物上发表的70多篇俄罗斯学者论文的译文，都为我们承担"俄国史译丛"的翻译工作积累了宝贵的经验，锻炼了队伍。

　　译者队伍长期共事，彼此熟悉，容易合作，便于商量和沟通。我们深知高质量地翻译这些著作绝非易事，需要认真再认真，反复斟酌，不得有半点的马虎和粗心大意。我们翻译的这些俄国史著作，既涉及俄国经济史、社会史、城市史、政治史，还涉及文化史和史学理论，以专题研究为主，覆盖的问题方方面面，有很多我们不懂的问题，需要潜心翻译。我们的翻译团队将定期碰头，利用群体的智慧解决共同面对的问题，如单个人所无法解决的问题，以及人名、地名、术语统一的问题。更为重要的是，译者将分别与相关作者直接联系，经常就各自遇到的问题通过电子邮件向作者请教，我们还将根据翻译进度，有计划地邀请部分作者来我校共商译书过程中遇到的各种问题，尽可能地减少遗憾。

我们翻译的"俄国史译丛"能够顺利进行，离不开吉林大学校领导、社科处和国际合作与交流处、东北亚研究院领导的坚定支持和可靠后援；莫斯科大学历史系上下共襄此举，化解了合作路上的很多难题，将此举视为我们共同的事业；社会科学文献出版社的恽薇、高雁等相关人员将此举视为我们共同的任务，尽可能地替我们着想，我们之间的合作将更为愉快、更有成效。我们唯有竭尽全力将"俄国史译丛"视为学术生命，像爱护眼睛一样呵护它、珍惜它，这项工作才有可能做好，才无愧于各方的信任和期待，才能为中国俄国史研究的进步添砖加瓦。

上述所言与诸位译者共勉。

吉林大学东北亚研究院

张广翔

2016 年 7 月 22 日

目　录

前　言

历经多年的研究，终于迎来了发表成果的时刻。至此，我们想向那些在研究工作中给予我们支持的朋友和相关学术机构表达最诚挚的感谢，在他们的帮助下，我们完成了这次研究。

首先，感谢瑞典银行成立三百周年纪念基金委员会下属的文化研究所对该项目的慷慨解囊，它所给予的资金支持使参与此次研究的瑞典和俄罗斯学者可以不远万里地进行合作。同时，它也资助了成果的出版。其次，感谢瑞典乌普萨拉大学政治学系的阿克塞尔·汉蒂纽斯教授，他不仅主持了此次对20世纪初俄国民主制度的研究，而且使我们和政治学界的专家进行了几场颇有收获的讨论。此外，特别感谢玛丽·谢弗·康罗伊教授和迪特玛尔·达里曼教授和安德烈·索罗金博士，他们在研究初期的研讨会上对我们的观点提出了一些重要的建议，而且后来安德烈·索罗金博士力主将我们的这本书列入由俄罗斯政治百科全书出版社出版的"帝俄末期历史研究书系"，对此，感谢他对我们的鼓励。同时，借此机会也向我们在莫斯科、坦波夫、下诺夫哥罗德等地的同事表达感谢，感谢他们为这次研究工作提供支持与帮助。

我们此次的研究工作是在国立莫斯科大学、乌普萨拉大学和马拉伦达大学的共同支持下开展的，这三所高校给我们提供了良好的科研环境，在此我们表示感谢。在该项目开展的初期，托斯滕达尔·罗尔夫教授在瑞典社会科学高等学校委员会调研了一年，为此次研究工作做出了巨大贡献。

最后，向我们的另一半亚历山大·谢尔盖耶维奇·列舒科夫和塔玛拉·

001

托斯滕达尔－萨蕾切娃表达真诚的感谢，感谢他们在精神上的鼓励和专业上的帮助，以及对我们研究工作的理解与支持。

谢伦斯卡娅·娜塔莉亚·鲍里索夫娜

托斯滕达尔·罗尔夫

2005 年 5 月写于莫斯科

绪论
研究目标

19 世纪末 20 世纪初，俄国各地的民众为了维护自己在国家生活中的利益而奋起反抗，社会一度陷入空前的动荡和混乱之中，其规模和剧烈程度甚至在全欧洲范围内都是史无前例的。众所周知，从巴士底狱的枪声到费迪南大公的殒命，在这短短的 100 余年里，欧洲接二连三地发生类似的事件，不少国家的政府为阻止反抗的蔓延而采取了残酷的镇压行动，但这不仅导致了大量人员的伤亡，而且使民众对政府的愤怒进一步升级。虽然 20 世纪初的俄国和西欧诸国在民主发展程度上有所不同，但它们之间存在许多相似之处，例如二者国内的改革和保守势力都围绕"立宪"和"民主"等问题不断地进行斗争，而在这个过程中，既有改革，也有革命。

在本书研究中，笔者的着眼点是"民主文化"及相关问题，而不是"民主制度"。在此之前，已经有许多学者对俄国政治制度中民主元素的缺失问题展开了讨论。普遍认为，虽然政治制度上的落后并不是 1917 年俄国崩溃的主要原因，但它是一个不容忽视的重要因素。所以，就这一问题，笔者将在以下两个方面表达自己的看法。

（1）分析 1905～1907 年的几次政治事件和国家杜马选举（第一届国家杜马和第二届国家杜马）的意义，并探讨面对民众开展政治抗议和社会上民主文化迅速传播的情况，政府有何行动，底线几何。

（2）将 20 世纪初的俄国与当时的奥匈帝国和德意志帝国在政治制度方面进行对比。

在许多人看来，俄国民众几乎没有机会参与社会自治体系和社会财富的分配，俄国无法像西欧国家那样发展民主，甚至直截了当地认定当时的俄国村社和地方自治制度与西欧的民主制度相比只不过是"民主花瓶"。但在笔者看来，这种观点是武断的，倘若进行深入研究，则将会得出相反的结论。与西欧的农民相比，俄国农民有着自身的特点，即在20世纪初之前，农民阶级不仅在人数上一直占据着绝对优势，而且自由支配时间更长，也正因如此，俄国直到19世纪60年代才出台了自治制度方面的法规。或许这些特点在西欧农民身上也能找到，但都不如俄国鲜明，因此西欧关于自治制度的法律比俄国早出现了十余年。此外，无论是西欧还是俄国，在某些生活领域中都有着比自治制度历史更为悠久的"公议传统"。在俄国，这种传统与村社有关，其基础是土地公有制和一系列公共决策机构，而西欧的农民虽然在解决个别问题（主要涉及老人和穷人）时也会采取同俄国类似的方式，但他们认为，仅凭借着相互依赖的农耕生活难以在公共事务的处理过程中推动正式程序的形成和发展。于是，他们需要在缺乏正式程序的情况下，寻找到一种能够代替前者的"非正式"程序。因此，对于西欧的农民来说，"非正式"的地方自治程序和正式的地方自治程序在生活中同等重要。而这些状况使俄国与西欧在地方自治制度发展模式上产生了明显的差异。值得注意的是，俄国与北欧国家有着相似的社会基础状况。

在1905年的一系列改革中，俄国建立起了国家杜马和选举制度，虽然二者在公平性上存在缺陷（选举资格上有限制），但它意味着这个专制帝国首次以法令的形式在全国推行民主制度（地方自治制度和村社的活动仅是地方和区域性质的）。这次改革不仅是在政府的主持下进行的，而且还得到了各改革派政党的支持。对此，有许多学者认为是革命摧毁了反对派的势力，迫使其进行改革。但无论是哪方面的因素促使政府开启改革，都应该看到，民众开始逐渐地认识政治并最终参与其中。当然，良好的开端并不意味着理想的结局，突如其来的"六三政变"打断了国家的民主化进程。因此，俄国最终并没有像其他欧洲国家一样发展出完善的民主制度，那么，同样是民主的种子，为何却开出了不一样的花呢？关于这个问题，史学界讨论得十分激烈，但本书研究并不涉及此。

何为"民主文化"？何为"政治社会化"？这两个概念对于本书研究而言十分重要。在过去的许多人看来，前者只不过是社会上所弥漫的一种支持民主的普遍态度，且这种态度表现得虚无缥缈，难以定义和评价。显然，这种理解只是"民主文化"的笼统概括。后来，这一概念被许多政治家和政治社会学家使用并加以补充，例如罗伯特·普特南，他对意大利传统政治中的"公民性缺失"现象进行了研究，认为公民群体是推动民主发展的一支重要力量[①]。当然，笔者不能以"拿来主义"的态度，直接使用普特南教授的研究成果，因为他的研究是基于意大利民主文化的发展历程，而笔者的研究对象是俄国。

在"政治社会化"过程中，人们逐渐发现自己有能力影响社会和政治。笔者认为俄国也是如此，一些特殊社会群体和普通大众参与了这个过程。此外，这一概念还包含着民众参与政治生活的愿望。对于民众而言，这一过程是十分重要的，因为在"政治社会化"的影响下，无论面对的是政府法令还是社会选举，人们不再只是麻木地接受，而是会根据自己的想法做出判断。

1905～1907年，传统的帝制受到了来自民主文化的强烈冲击，而笔者的主要目标是研究这一时期的俄国"公民群体"所发生的变化。尽管"六三政变"将民众参政的大门关闭，民主文化一度受到压制，但守旧思想也没能彻底战胜这股"风暴"。在"政治社会化"的影响下，广大民众开始有了自己的政治立场，在这两年里，社会上的民主文化以史无前例的速度蔓延着，并产生了深远影响，这也就是笔者认为这段历史值得研究的原因。由于笔者无从得知当时各社会团体之间的合作细节，以及其内部机构组织情况和职能的变化，所以笔者将着重分析民众参政的进程，并把其作为衡量20世纪初俄国民主文化发展状况的重要标准。

---

① Putnam R. D., Leonardi R., Nanetti R., *Making Democracy Work: Civic Traditions in Modern Italy*, Princeton: Princeton University Press, 1993.

这项研究涉及两个方面。首先，分析在全国范围内民主文化的发展情况；其次，从具体事例入手，研究地方上民主文化的发展特点。同时，笔者并不仅限于为当时俄国政治社会化现象下一个清晰的定义，或是简单论证公民参与国家事务对地方性问题的影响，因为提到 20 世纪初俄国民主文化发展，许多人都会想起同时代的欧洲其他国家也发生了类似的状况，所以笔者会将二者进行对比研究，探讨在这一过程中它们之间存在的异同点。最后，笔者将以实例佐证这些特点，并从中得出结论。

本书是谢伦斯卡娅·娜塔莉亚·鲍里索夫娜教授和托斯滕达尔·罗尔夫教授合作的成果，其中一位起草了本文的第一版，而另一位校正、补充，经过共同讨论后，写成了最终稿。本书的前两章分析了当时俄国政治制度中最显著的变化，以及这些变化所带来的全国性和区域性的影响。其中，笔者在第二章以沃罗涅日省、弗拉基米尔省和卡卢加省为例，对当时地方上的选举过程进行了研究，并且分析了个别省份或城市的居民政治倾向，如此一来，便可以揭示在地方选举过程中各政党拉拢选民的方式，以及政见宣传的作用。同时，针对选民代表①在选举期间的表现情况，笔者则以顿河军区、坦波夫省和下诺夫哥罗德省的政党团体为例。通过研究，笔者将揭示那些没有任何参选经验的政党团体和普通大众是如何参与到这一过程中的。当然，样本省份或许无法完全涵盖选举过程中出现的所有情况，但这并不意味着此次研究是以偏概全的，笔者的目标是通过对不同地区选民、选民代表和国家杜马议员的调查来描述样本地区之间的差异，以及从省份的视角出发，分析在传统政治制度变化的过程中，民众和官员所面临的种种复杂情况。

由于本书研究涉及许多省份的选举情况，所以许多研究该领域的专家提供了大量资料，例如莫斯科国立大学的三位学者，本书在第二章第三节和第四节使用了他们所提供的资料。此外，莫斯科国立大学历史系副教授

---

① "选民代表"特指参与省（或特殊城市）选举大会的代表，其中包括农民代表、地主代表和市民代表，而进入国家杜马的代表在后文中称为"议员"。——译者注

Ю. М. 菲利波夫、坦波夫州立大学历史系教授 Л. Г. 普罗塔索夫、下诺夫哥罗德国立大学历史学副教授 Φ. А. 列兹尼奥夫、罗斯托夫州立大学历史学副教授 М. В. 博拉托柳波娃也为笔者提供了许多资料。在此，向他们表达由衷的感谢。

对于帝俄最后几年中所发生的重大历史事件，笔者将在本书中表达新的观点。通常来说，新观点的表达往往伴随着对传统观点的反对和指责，但笔者对众多持不同观点的前辈和同事并非抱有类似的态度，仅是就这个问题表达出自己的看法而已。同时，这也证明了笔者并不是在重复前辈们的观点。在行文方面，尽管传统的史学编纂方法或许更加适合本书研究，但笔者仍然选择了其他方法，其原因有二：首先，笔者对研究对象进行了充分的分析，掌握了大量资料；其次，由于只是表达自己的看法，所以并未在文中增加过多辩论性的内容，换言之，笔者在表达不同观点时，会注意减少与前辈们的研究进行对比的内容。

笔者在历史研究中遵循两个基本原则。其一，不用大量的篇幅去描述事件发生的时间、过程等人尽皆知的事情，因为笔者认为，历史研究最重要的是对史料的分析。其二，不会像编写一本指南手册一样，简单地堆砌史料或罗列一些定义。在研究过程中，笔者曾与其他学者进行过几次讨论，而讨论的内容和结果也将在这本书中呈现。

关于上述所说的第一条原则，笔者需要提到一些情况。众所周知，1905～1907 年，俄国的政局发生了重大变化，因此近些年的许多书籍在谈到 1905 年事件时都会涉及前两届国家杜马等一系列事件，但这些书的作者大多只是对原先观点进行补充。这样当然是合情合理的，毕竟对某一问题的研究总是需要不断地补充新资料，使观点更加饱满，以便于被大众接受。然而，笔者的目标并不在于此，而是希望对这一屡次被提到的事件贡献出一些新观点，虽然笔者并不是为此才开启本书研究的。在研究中，笔者首先将回顾一些较为系统的观点，其次是分析这些观点的可靠性，最后以两种方式论证笔者的观点。第一种方式是在当时研究的基础上辅以统计资料，以此分析 20 世纪初俄国民众参政的渠道体系是如何发展的。因为在笔者看来，带有主观色彩的描述性史料并不重要。此外，笔者在研究中还涉及了有关政治文化和民主文化的问题，但若要揭示这一具体的历史现象和过程，则需要用特殊的研究方法对大众普遍接受的现成观点进行再次分析，以此还原当时的社会面貌。而这意味着，尽管会在之前研究成果的基础上重新对这段历史进行简单的叙述，但这并不是笔者的主要方法。

第二种方式也是非叙事性的，即对比分析。笔者将对20世纪初的个别西欧国家和俄国在政治制度方面进行对比，并从中得出结论。笔者发现，在政治制度方面，学者们总是把政治发展早期阶段的俄国与同时期的英法相比较，却鲜有把1905～1907年间的二者进行对比的，甚至与同为君主国的德奥二国进行比较的研究也很少有学者问津。或许是学者们认为当时西欧、北欧和南欧诸国进入了工业时代，它们与俄国有着巨大的差异，二者不具备可比性。此外，这种对比既不能被当作一种简单的叙述，也不能作为填补历史研究空白的"终极"办法，其具体作用需要适时而论。本文所使用的对比方式，是在对比原先观点和实际数据的基础上，为读者构建出传统历史概念和历史事实的关系。然而，正所谓当局者迷，旁观者清，当事者的记录难免有纰漏，所以在研究过程中，笔者将收集各国对"1905年事件"的记载，以及当时大多数俄国人所无法掌握的一些资料，并从历史角度来对这些资料进行研究。

本书研究的核心概念是"民主文化"、"选举"（候选人是如何吸引选民投票的），以及一些老生常谈的概念，如"革命"、"立宪"和"民主"。此外，还有一些比较复杂的概念，例如"政治制度"等。以上这些概念，划定了此次研究范围以及主要目标。为了完成研究，笔者从官方档案中找到了有关当时俄国社会结构的一些资料，其中包括阶层、社会地位、职业、教会、城市居民、地主和农民等信息。同时，笔者不仅会分析与这项研究有直接关系的概念，还将对一些有"潜在或间接联系"的资料进行研究，从某种意义上说，这些资料都有着特殊的价值。在行文时，笔者会用其中的一些概念把这次研究和大众的普遍认知联系起来，而另一些将会被用于揭示当时的立法状况和政治精英的真实情况。然而，这两类概念并不是非此即彼的，一些概念在这两部分的阐述中都会出现。如果读者认为笔者并没有完全围绕这些概念进行研究，那么也就证明此次研究没能避免前人的缺陷。

因此，笔者希望通过对前两届国家杜马选举进行研究，得出这一时期关于选民、选民代表和议员特征的别样结论，以及说明俄国民众参选过程的复杂发展趋势。尽管民众参政这一概念就性质来说是一个政治过程，但这个过程背后的核心推动力，却是当时俄国正在形成的"民主文化"。

第一章
俄国政体改革

本书的第一章由三节组成，除了主题内容外，笔者还针对第二章中分析选举进程的部分提出了一些基本原则。同时，笔者表达了一些新的观点，尽管这些并不是通过之前的调查所得出的。首先，需要重新审视国家杜马选举中的三个问题：第一，是什么样的政治环境催生了杜马选举；第二，选民在议员候选人中做出了什么样的选择；第三，当时是否存在自由讨论选举的社会环境。在第一章中，笔者将围绕这些问题逐一展开。

第一章的主题是还原1905年真实的政治社会环境。言及1905年，首先映入脑海的便是当年所发生的社会动荡，以及那个没有让所有参与者都满意的改革结果。笔者认为，1905年事件后虽然进行了一系列改革，但这并不是由革命所推动的，因为1905年事件本身并不是一场革命。对于这一问题，笔者将对当时的参与者们进行分析。通过研究，笔者发现无论是在这次事件中举事的加邦神父①，还是社会革命党，抑或是社会民主党中的布尔什维克和孟什维克，他们都有截然不同的目标。而在此过程中，他们不仅受到了沙皇的打压，还遭到其他势力的反对，例如追求自己政治抱负的 C. Ю. 维特。后来，沙皇发布了《10月17日宣言》并开启了改革，尽管这次改革的范围极为有限，但关于建立国家杜马及选举的决定却对后来产生了巨大的影响。众所周知，选举是一件复杂的事情，为了使选举成为真正意义上重大的活

---

① Г. А. 加邦（1870～1936），俄国东正教牧师、工会领导者。——译者注

动，选民必须在立场界限分明的候选人中做出选择，例如在改革前就已成立的社会民主党和社会革命党，它们都有自己的党章纲领，并对社会和立宪问题有着明确的立场，在本章的第二节中，笔者将分析竞选的参与者以及他们的态度和立场，故在此不再赘述。从整体上看，《10月17日宣言》一经公布，不仅左翼政党蓬勃发展，中间派也趁势组建了党派团体，并将自己的思想明确地写进了党章纲领，而对于那些原则上不赞成政党政治的右翼人士，为了能影响公众舆论以达到自己的目的也建立了许多组织。因此，当时俄国社会上的意识形态思潮呈现出多元化的局面。而笔者将对不同党派在"革命"、"立宪"和"民主"这三方面的主张进行研究，分析它们在思想理论上的差别。对于政党而言，这些概念也是它们用来吸引选民的口号，因为这关乎选民手中选票的走向。

政党和公开宣传竞选的出现，标志着俄国社会进入了一个新时代，笔者将在本章的第三节对这一问题进行讨论。此外，更重要的是，为了进一步营造这种民主氛围并使之形成一股潮流，更多的人选择了"走向民间"和公开辩论，而这类方式可以使他们吸引到更多的选票。久而久之，越来越多的政治家也开始在社会上寻找与自己志同道合的群体，或者与支持自己的政党团体取得联系。而对于这段充满了政治争鸣的时期，笔者将借鉴尤尔根·哈贝马斯在相关著作中的理论。笔者认为，"政治社会化"现象推动了俄国选举活动的全面开展，使俄国在历史发展的道路上迈出重要的一步。同时，笔者还从中得出一个简要的结论，即在当时的俄国，民主文化正在形成。

第一节　俄国政治制度和1905年事件所引发的改革

一　该问题的研究现状

在俄国现代政治的发展历程中，发生了许多重要的历史事件，1917年就是一个重要的年份，因为在这一年中发生了许多影响深远的大事，但要说能与跌宕起伏的 1917 年相提并论的，那也只有 1905 年了。然而，有时人们无法透过历史事件中那风云变幻的情节去发现事件本身巨大的意义，1905年事件亦是如此。就像许多人所认为的那样，1985～1991 年的一系列事件比 1905 年事件对当时国家和民众有着更多的历史意义，毕竟在这场剧变中，苏联解体了，俄罗斯转而建立了一套新的制度。但是，笔者并不认同这种说法，看似只是一场暴力冲突的 1905 年事件，实则对俄国的历史发展产生了极为重大的影响。

常常能看到这样的一种说法——俄国在 1905 年发生了革命。例如，在美国国会图书馆里保存的 599 份俄文出版物中，有许多都带有"革命""俄国""1905 年"等字眼，而在英文文献中（尽管其收藏目录系统有过更改，具体数目可能不准确），有至少 94 份出版物以同样的说法谈及此事，其中有大约 10 份的标题就与此相关。由此可见，俄国国内外似乎都认为 1905 年确实发生了革命。同时，还有学者认为这次事件是俄国革命的一个阶段，并且宣称这种说法由来已久。实际上，1905 年事件"革命说"的观点是在当年的 1 月 9 日的"流血星期日"发生之后才出现的，换言之，当时的许多参与者也没有把这个事件视为"革命"。在"流血星期日"等一系列事件发生后，当时俄国国内外的许多报刊和思想家开始将其称为"革命"。例如，列宁就抢在孟什维克和社会革命党之前，在报纸上撰文称这次事件是一场"革命"①。然而，这次事件使用"革命"一词是否恰当，或许在当时更多的是取决于人们对这个概念的理解。当时的许多人都认为民众对沙皇积怨已久，而政府又在此时进行了血腥镇压，所以在描述当时的情况时，人们找不到比"革命"更好的词语了。

但是，当现在再回顾这件事时，需要冷静地分析一下，1905 年是否真发生了革命？当然，传统的观点是持肯定态度的。同样，在传统观点的影响下，学者们也会习惯性地将"1905 年革命"同 1789 年法国大革命，抑或是

---

① 列宁在《前进报》上发表了一系列有关"流血星期日"事件的文章，由于他当时在国外，所以参考了许多国外的报刊，并最终将其称为"革命日"。（Ксенофонтов И. Н., *Георгий Гапон: Вымысел и правда*, М.：РОССПЭН, 1996, С. 151－153.）

把"革命"期间俄国的社会阶级状况同英国的加以比较。俄国的马克思主义史学家不仅把1905年事件当作"革命"来研究,而且会用马克思主义理论来对"革命说"加以佐证,其中就包括Л. Д. 托洛茨基所提出的"不断革命论"。在托洛茨基看来,在资产阶级革命后应不间断地进行无产阶级革命,最终达成共产主义目标。实际上,这种观点是为了论证1917年十月革命的合理性而提出的(二月革命为资产阶级革命的观点也同样是服务于此)。而西欧和美国的史学家对"1905年革命"的解释很好地佐证了"欧俄差异论",认为俄国有其特殊的发展道路,此外,这种观点还融合了19世纪中叶形成的"极左威胁论"的观点。

美国学者亚伯拉罕·阿舍尔曾对1905年事件是否具备革命特点的问题进行过分析。他认为,非马克思主义者在描述该事件时,并不会赞同"革命说",因为法律体系也没有发生重大改变。阿舍尔的观点被当下的一些政治家和历史学家所接受。在当时,国家处在崩溃的边缘,而政府却无能为力,只能希望这场动荡自己平息。当然,阿舍尔有自己的看法,他在书中写道,"这次事件对国家政权是一次强有力的挑战,虽然这种挑战是昙花一现的,但也可以视这种挑战本身是一次革命"①。对此,笔者保留意见。

"革命"一词的定义十分简单,对此笔者也不想再做什么假设推敲。在英文词典中,"革命"的解释是"政权或政治制度被推翻"或是"政权内部发生崩溃",笔者对1905年事件的看法正是援引自前一个概念。此外,词典中对"革命"还有其他解释,但那些解释与1905年事件的研究无关。后来,笔者还发现,一些词典在对"革命"进行解释时,还加上了"企图推翻政府",但这些词典解释都无一例外地认为政权是否发生更迭才是判定革命发生与否的基本要素。因此,通过字典中的这些简短解释,笔者清楚了所有革命的共通点,即宪法改变、制度发生变革或是被推翻、政权转入原先被统治阶级的手中,简言之,就是政权被推翻。这样一来,之前把1905年事

---

① Ascher A., *The Revolution of* 1905: *Russia in Disarray*, Stanford: Stanford University Press, 1988, p. 127.

件当作革命来研究的做法就显得十分不恰当，因为该事件与上述革命概念并不相符。同时，革命常常伴随着暴力冲突，民众对政权的态度也会随之发生变化。通常"革命"意味着政权的垮台，宪法和体制也随之改变，革命者以非法手段实现对国家政权的掌握，但笔者对该问题进行研究时，并不想刻意强调革命过程中的违法行为，尽管这是革命的必要条件之一。对此还需要补充一点，如果一个事件中没有任何暴力和违反法律的行为，那么该事件肯定不是革命。然而，字典里没有词汇符合笔者想表达的意思。因此，在解释上文所提到的概念时，笔者会参照历史上的一些重大革命，例如：英国光荣革命，美国革命，法国大革命和七月革命，欧洲1848年革命，以及1917年俄国革命。

"革命"作为一个历史概念不仅被马克思主义者使用，同时也被其他学者采纳，后来甚至成为1905～1919/1921年这段时期的时代标签（如理查德·派普斯、奥斯卡·安维尔和默里·弗尔曼在他们的著作中都持这种观点）①，而1905年的这场暴力冲突则常常被称为"第一次俄国革命"。

一个概念是否真实，要么取决于大众对它的认知和接受程度，要么取决于是否能用一系列可靠的资料和充分的研究加以证明。显然，本书力图做到后者。

使用"革命"一词来描述1905年事件究竟是否恰当？在探讨这一问题之前，需要对历史上的其他革命进行分析，更进一步地说，就是要研究所有革命在爆发前后所出现的共同现象，即该国的宪法和制度发生变化。当然，统治者大多不会顺从地接受这种变化，所以民众为了维护自己的利益而付诸行动时往往伴有非法暴力行为，而这一切同样也在1905年的俄国上演。但显然，无论是当时的还是后世的学者，都被事件中暴力冲突这一表面现象所误导。社会上的大规模暴动在学者们的脑海中留下了深刻的印象，而这导致

---

① Pipes R. , *The Russian Revolution* 1899 – 1919, London：Harvill, 1990/paperb. ed. , 1997；Anweiler O. , *Die russische Revolution* 1905 – 1921, 3rd ed. , Stuttgart, 1968；Frame M. , *The Russian revolution* 1905 – 1921：*A Bibliographic Guide to Words in English*, Westport. Conn. & London：Greewood Press, 1995.

历史学家们得出了"革命已经发生"的结论，因此在这种情况下，出现暴力冲突和违法行为就顺理成章地成为确定这次事件是"革命"的充分条件。然而，在笔者看来，如果据此就认为1905年事件是革命的话，那么当时的欧洲"革命"将数不胜数，因为各国的民主制度在建立过程中都出现了暴力冲突和违法现象。

在20世纪初，改革被视为一种可以代替革命的方案，大部分的欧洲国家通过一系列改革建立了民主制度。改革的特点在于政府颁行新法律，并在社会上逐渐推行，无须以暴力手段推翻政府。当然，改革大多是当局受到社会上的革命压力而被迫推行的，这也就意味着，改革可能仍然无法消除社会矛盾，革命的火花依然存在。但毕竟改革是一场谈判，需要双方有耐心地相互做出妥协，并且改革的领导者还要有全方位的战略构想。而当改革的主导权掌握在统治者手中时，大多数政党会选择妥协。因此，改革是实现政体变化的一系列复杂手段，而革命被视作能够解决"所有问题"的同步方案（虽然有时并不能真正解决革命者想解决的所有问题）。同时，改革还需要灵活的政治思维。

二　俄国的专制制度

毫无疑问，1905年事件作为一场大规模的起义暴动，在帝俄历史上首次动摇了沙皇地位和专制制度，具有划时代的意义。几个世纪以来，沙皇一直是俄国专制制度的象征，但俄国的君主专制制度并不等同于西欧历史上所谓的"绝对君主制"（可能下文会多次提及），尽管二者有很多相似之处。此外，在俄国的欧化历程中，政治制度始终在一定程度上保有自身的特征，即官方的政治制度中缺乏自治元素，所以，相比于英法的国王，沙皇拥有更大的权力[①]。历代沙皇们在这种制度下进行统治，虽然巩固了皇权，但会不可避免地刺激到一些潜在的西方派和斯拉夫派。沙皇们在用人方面的表现各不相同，而这种差异使俄国的专制制度分成了"无限专制"和"开明专制"

---

① Эйдельман Н. Революция сверху в России. М. : Книга, 1989. С. 36.

两类。在 19 世纪，沙皇的顾问大多是那些受过良好教育或是有丰富行政经验的人，而在 18 世纪，情况却大不一样，沙皇（女皇）在更多的时候只是听取心腹宠臣或情人的意见，但他们当中的大多数人的确有这个能力去辅助决策。若将 Э. И. 比伦、Г. А. 波将金等 18 世纪沙皇的宠臣同诸如 М. М. 斯佩兰斯基、П. А. 瓦卢耶夫、Н. А. 米柳亭、Д. Н. 扎米亚京和 С. Ю. 维特等 19 世纪顾问官僚进行对比，则可以发现他们之间存在许多明显的差异，而这些不同之处能够解释上述中的两类统治形式。

"专制"是指沙皇以独裁者的身份享有无限的权力。在当时，决策权牢牢地掌握在沙皇手中，但这并不意味着沙皇会事无巨细地处理任何事情。实际上，每个沙皇都有自己的私人"理事会"，当沙皇无法亲自做出决定时，他会派遣（有时暗示）自己的"理事会"前往各行政机关代表他行事。彼得大帝为了强化皇权，仿效其他国家建立了一套高度集权的官僚体系。彼得部分地参照了瑞典的"委员会制度"①，在中央先后建立了 12 个分工明确的委员会，而后代沙皇们也继承了这种制度体系。1802 年，这些"委员会"被 8 个"部"取代，而参议院作为一个咨议机构，其成员均由高级官员充任。总之，经过一个多世纪的发展，俄国最终形成了各机构直接对沙皇负责的集权官僚体系②。

当时的大臣体系和其职能与现代的相比完全不同，各部大臣之间彼此独立，仅负责各自部门的事务，单独向沙皇汇报工作。此外，政府不是一个决策机构，而仅是一个由各机构首长组成的团体，他们可以在一起商议政务，但所有重要的政务在讨论后必须呈报给沙皇，由沙皇定夺。1810 年，亚历山大一世将"常务委员会"③改组成国务会议，其成员由沙皇任免，并负责

① Peterson Class Peter the Great's administrative and juridical reforms: Swedish antecedents and the process of reception. Stockholm（Rättshistoriskt bibliotek. Vol. 29），1979；Еремян В. В. Муниципальная история России. М.：Академический проект，2003. С. 325 – 349.

② Ерошкин Н. П. История государственных учреждений в дореволюционной России. М.：Третий Рим，1997. С. 138，139，148.

③ 1810 年由亚历山大一世设立，是国务会议的前身。——译者注

在处理政务方面对沙皇提出建议[1]。1811 年，斯佩兰斯基对各部进行改革，改革后的各部大臣被委派进国务会议，19 世纪和 20 世纪之交，国务会议成为俄国政治制度中最重要的机构。尽管如此，国务会议仅有咨议职能，既没有立法权，也没有财政权。所以，从权力的掌握情况和对政务的处理能力上来看，俄国并没有发展出同时期西欧那样的近代政府。于是，在 1905 年以前，沙皇制度一直以这种"专制"的状态发展着。此外，还有其他一些机构能够反映专制制度，例如 1861 年成立的由各部大臣和沙皇近臣组成的大臣会议[2]，尽管该机构有名义上的决策权，但实际上它的任何决定在经沙皇批准之前都不能执行，由此可见，大臣会议的成员实际上只有建议权，而没有投票决定权[3]。此外，大臣会议的主席是沙皇，但当沙皇未出席会议时，会指派大臣委员会主席召开该会议[4]。后来，大臣委员会[5]制度进行了一系列革新，但这并不意味着大臣们获得了更多的自主权。1903 年，沙皇解除 С. Ю. 维特的财政大臣职务，转而任命他为大臣委员会主席。在自己的回忆录中，维特直言不讳地承认他并不喜欢这个职位，因为他发现这个职务不仅琐务繁多，而且并没有真正的实权。显然，维特作为前任财政大臣，有着自己的政治抱负，而我们从他回忆录的字里行间能够看出他更希望任财政大臣一职[6]。

---

① 国务会议设立于 1810 年。（Ерошкин Н. П. История государственных учреждений в дореволюционной России. М. : Третий Рим, 1997. C. 137. ）有关其机构组织及职能的资料来源于 В. И. 古尔科的自传。（Гурко В. И. Черты и силуэты прошлого. М. : Новое литературное обозрение, 2000. C. 37 – 48. ）

② 这是一个与 1905 年后成立的大臣会议同名的机构，成立于 1861 年，1882 年后该机构停止活动。——译者注

③ Ерошкин Н. П. История государственных учреждений в дореволюционной России. М. : Третий Рим, 1997. C. 189.

④ Ерошкин Н. П. История государственных учреждений в дореволюционной России. М. : Третий Рим, 1997. C. 188.

⑤ 1802 年设立，由各部大臣组成，主席由资历最老的大臣担任，1905 年后逐渐被大臣会议取代。——译者注

⑥ Витте С. Ю. Воспоминания T. 1. Минск - М. : Харвест и АСТ, 2001. C. 361 – 363, 382 – 384.

通过分析 19 世纪的沙皇顾问，笔者发现，他们大多为沙皇宗亲、高级官吏、军官或其他社会名流。换言之，由沙皇任命的大臣构成了官僚体系，但这并不意味着俄国的政权比其他国家更稳固。毫无疑问，这是一个复杂的问题，因为当时所有的欧洲国家都出现了官僚数量迅速膨胀的现象[①]，所以这需要更为深入的研究。但显然，与 19 世纪末大多数的欧洲国家相比，俄国官僚体系集权程度更高，等级更森严，正是通过这个体系，中央政府把权力的触角伸向帝国全境，在地方上，各省省长虽然有处理本省事务的权力，但他及其下属的一举一动仍然受到中央的严密监控，而且中央甚至有权修改他们已做出的决定。由此可见，这一时期俄国的官僚体系比彼得时代更具集中性和等级性。同时，这些特点决定了在俄国君主专制制度的框架下，中央官僚体系只是沙皇进行统治的工具，在决策和执行的任何一个环节中，沙皇都具有决定性的作用。

在研究俄国君主专制制度时，内务部的职权和活动是一个绕不开的话题。在之前很长的一段时间里，它被认为是一个大权在握的部门，而内务大臣不仅负责管理国内事务，还掌有对全国宪兵的指挥权，他甚至可以影响到沙皇对其他部门大臣的人事任用。但是他的地位并不稳固，例如在 1902 ~ 1904 年就任内务大臣的 B. K. 普列韦在遇刺后的当年，在原先他反对 C. Ю. 维特的党羽中竟出现了背叛者。由于这些所谓的"党羽"只是想利用普列韦的权势成为沙皇的心腹大臣，所以普列韦在就任内务大臣时，这些人总是簇拥在他身边，而这使普列韦的权势愈发膨胀，正如当时的一位"旁观者"所说的那样，"形势对普列韦来说越来越有利"[②]。然而，1904 年的爆炸使这一切化为乌有。后来，尼古拉二世及其幕僚试图委派斯维亚托波尔克—米

---

① Torstendahl R. , *Bureaucratisation in Northwestern Europe* 1880 - 1985: *Domination and Governance*, London: Routledge, 1991. 在阅读派普斯和拉耶弗的著作时，人们或许会认为俄国政府机构中的官僚化现象异常严重，但实际上，这种刻板的印象是有误的。(Pipes R. , *Russia under the old Regime*, London etc. : Penguin, 2nd ed. , 1995; Raeff M. , *Understanding Imperial Russia*, New York: Columbia U. P. , 1984.)

② B. И. Гурко Черты и силуэты прошлого. М. : Новое литературное обозрение, 2000. C. 245 - 276.

尔斯基公爵担任普列韦的继任者，并完成绥靖社会上知识分子的改革，但没有收到预期的效果。

俄国和西欧国家的民主化进程是不同的，它们之间的差异在于前者不存在一个能够制约沙皇权力，且迫使他进行改革的机构。沙皇的意志以不同的形式控制着整个帝国，而地方政府作为中央的"派出所"，严格执行着中央的决议，省长和其他官吏作为执行人员始终处于中央的监督之下。尽管亚历山大二世在其统治期间推行了地方自治改革，但这只不过是昙花一现，这些自治权在后来又受到了中央的种种限制，所以这一时期俄国的政治制度无论如何调整，最终的决策权依旧在中央手中。而在 19 世纪的西欧，由于地方掌有更大程度的自主权，所以经常会出现中央决策受地方节制的情况，也正因如此，西欧国家才会在司法、法律和地方政府自治体系等方面的建设上取得重大的进展。

三 对专制制度的挑战

在 1905 年之前，社会上已经出现了不满情绪，并且开始尝试制定社会改革方案。19 世纪中叶，许多开明的地主开始尝试推行地方自治。在 19 世纪 60 年代的一系列改革中，亚历山大二世颁布了一些关于地方自治的法律。然而，亚历山大二世并非全身心地投入改革事业中，他依旧热衷于追求稳固现行的集权体制以及吸引异议者的支持。正因如此，笔者对亚历山大二世是权力"下放者"的说法提出质疑。19 世纪 60 年代担任内务大臣的是 П. А. 瓦卢耶夫（1861～1868 年在任），他充当着地方和中央的中间人，以灵活的政治头脑推行着改革。在某种程度上，卫生保健、教育、司法等问题是地方政府的任务，地方社区应当选举代表进入政府机构协商解决这些问题。显然，这在俄国是做不到的，因为在专制制度下，沙皇既是这场"政治游戏"的玩家，同时也是裁判，省长只不过是沙皇在地方的代理，而且这套集权理念被统治者认为是遏制腐败和管理不善的必要手段。

最终，在亚历山大二世统治的后期，以及他被刺杀之后的一段时间里，地方自治体系在夹缝中成长了起来，而内务部在这一过程中发挥了巨大的作用。1882年继任内务大臣的 Д. A. 托尔斯泰公爵对俄国政治制度的运行效果进行过概括，他认为这种体制可以创造出一个稳固且高效的政府，而那种对许多问题都掌有决定权，还能在中央的命令到达之前做好相应措施的地方自治制度无疑有悖于他的立场。这就是为什么他一直支持亚历山大三世的反改革措施，并且力主以官僚体系取代已有短暂发展的地方自治制度。从权力结构上看，如果将亚历山大二世给予地方的自治权收回，那么整个国家的权力中心将是内务部，同时内务大臣的影响力将会空前倍增，而且托尔斯泰公爵的同事们也认为，这个计划会使内务部权力过度膨胀，因此这个计划最终并未落实。此外，在政治精英们看来，中央的一些大臣和各省的上层人士关系密切，甚至有的就是亲属，而这种情况会成为地方自治制度发展的基础，甚至有可能打破"地方绝对服从于中央"的原则。这就是为什么在19世纪90年代，地方自治理念一直不被官方所认可，但尽管如此，政府内部还是存在反对地方政府官僚化的派别。于是，地方自治制度虽然出现，但得不到进一步发展。同时，这种情况还使地方政府陷入了一个尴尬的境地，它一方面要尊重地方自治局成员（其中大部分是社会名流的大贵族）的态度，另一方面还需对直接控制它的中央政府负责，而中央政府试图打破这个局面的做法必然使另一方感到不满[1]，但双方都明白，一旦己方退让，以后便很难恢复之前的既得利益。因此，自治制度常常被专制主义者诟病。

在这一时期，有许多受西方思想影响的激进分子不断抨击专制制度。他们大多都有在国外生活的经历，有的是因在国内犯法而被驱逐出境，有的是主动离开。在国外，他们了解到了一种能限制君主权力的制度，即君主立宪制。在这里，君主立宪制和政党政治是一种合法且被大众接受的政治理念。从 A. И. 赫尔岑到 H. Г. 车尔尼雪夫斯基再到 Г. B. 普列汉诺夫，几代知识分子在目睹西欧的制度后，对俄国的专制制度无不表达讽刺和抨击。

于是，在这些激进知识分子的宣传下，独裁君主制的理念逐渐在人们心

---

① Pearson Thomas S., *Russian Officialdom in Crisis. Autocracy and Local Self-Government*, 1861 – 1900, Cambridge: CUP, 1989; Еремян В. В. Муниципальная история России. М.: Академический проект, 2003. С. 439 – 470.

中动摇，并且一些受到影响的民众开始付诸行动。从 19 世纪 80 年代到 20 世纪初（1905 年前），频频发生刺杀政府官员和皇室成员的"恐怖活动"①，很明显，这些刺杀行动是人们向专制制度的宣战，可即便是在这种情况下，政府的选举改革方案也没有确定下来，其原因在于俄国政治制度十分复杂，长期存在哪些制度应该改革、哪些应该补充诸如此类的问题。此外，俄国的历任君主都追求建立"君民携手的太平治世"的政治梦想，而且不少沙皇也的确关注民众的福祉，例如在原则上民众可以向沙皇寻求帮助（尽管没有向沙皇求助的渠道）。然而，这种理想的场景也仅仅存在于人们的脑海中，有许多因素导致沙皇和民众产生隔阂。对上层官僚来说，帮助沙皇做出明智的决策、建立各种有效的机构才是至关重要的，而贵族专注于在军队的行政、指挥部门中担任重要的职务，而这也是沙皇和民众的关系产生隔阂的原因之一。同时，理想治世的实现还因现实的经济状况变得更加遥遥无期。此外，当时俄国的社会经济状况也呈现出另一番景象，即随着社会经济的发展，许多地方的贵族转化为普通的地主，而在世纪之交时，这些地主又逐渐资产阶级化，而且发展迅速，并作为一个新兴阶级登上历史舞台。

19 世纪末 20 世纪初，俄国在制度和机构上的变化以及社会团体组织的出现都与民众有着密不可分的关系。在这一时期，农民赤贫化趋势愈发明显，因此他们不断地发动起义（之前也很频繁）。同时，在 1861 年的改革中，部分农民获得土地，成为所谓的"有地农民"，而且随着经济的发展，社会上出现了两个新阶级——工业资产阶级和工人阶级，但他们一直被排除在体制之外，在俄国传统政治中无法占有一席之地，这样的境地使得工业资产阶级尤为不满，因为他们掌握着大量财富。而对于产业工人来说，他们也不是"君民携手的太平治世"中"人民"的一部分，因为他们是一种与农民阶级不同，并且不在官方传统认知范围内的新兴阶级，所以当时他们的处境更为恶劣。

---

① 内务部和负责刺杀的组织均使用了"恐怖活动"这一名词。

四　1905年的社会动荡

1905年，俄国进入了政治体制改革的重要阶段。值得注意的是，几乎所有参与改革的人都未曾触碰沙皇的特权。因此，许多人认为是1905年之前的改革方案引发了当年10月的"革命"。在改革过程中，沙皇也愈发倾向于保守，试图仅在小范围里进行改革，这使他本人受到来自社会各界的批评。而在笔者看来，正是他们激化了本已十分尖锐的社会阶级矛盾，使国家状况变得更加恶化。显然，政府在这一过程中是失败的，它在面对接二连三的民众暴动时显得束手无策。同时，这也让民众认为他们的政府的确已经病入膏肓了，只有反抗它，才能维护自己的利益。毫无疑问，政府并未乖乖就范。

在与专制制度的斗争中，存在众多党派团体，它们都有自己的纲领目标和斗争手段。在19世纪70年代，自由主义民粹派和土地平分派分道扬镳，后者逐渐发展为社会民主党，同社会革命党和其他的左翼政党相互竞争，吸引城市工人和周围村镇农民阶级的支持。只有在1905年的10月，这些党派团体才联合了起来，并采取了对抗政府的统一行动。

1905年初，俄国经历了剧烈的社会动荡，那种传统的政治梦想被现实击得粉碎，这在1905年1月的"流血星期日"事件中表现得淋漓尽致。然而，如果仔细研究1月的这次暴动就会发现，参与示威的工人实际上并没有自己的行动纲领。在游行示威的前一天，加邦神父撰写了一份请愿书，表达了他对改革方案的意见，但请愿书仅在加邦所领导的圣彼得堡工厂工人协会的一小部分同事中被商议过，所以其内容过于主观化，不能被视为广大劳动者想法的真实写照，当时圣彼得堡的工人们试图表达自己对俄国政治制度和祖国深陷日俄战争泥潭的不满，以及自己因受到剥削而日趋贫困的愤怒。其中，日俄战争对这次事件影响巨大，在战争初期，乐观的军事指挥部认为同日本的战事可以轻易取胜，但结果和他们预料的恰恰相反，这场远东的战争以俄国失败而告终，俄国不仅消耗了大量人力、财力，而且造成了严重的饥荒，统治者为了维护统治，不得不加强了对社会各团体的监控力度，而这一切最终激起了人们的愤怒。在当时，示威现场十分混乱，或许是沙皇不想，也或者是出于别的原因无法倾听人们的心声，总之他并未接见这些示威的民众。手捧圣像的人们缓缓走来觐见沙皇，并呈递请愿书，但不明真相的沙皇禁军面对如此多的请愿民众渐渐心生恐惧，因而对民众开了枪。实际上，这次流血事件是由于一些政府人员对这种表达自己愿望和需求的新方式感到了恐慌，毕竟这种方式不同于过去几百年里政府所熟知的农民起义，所以他们在情急之中采取了错误做法（笔者还将对此事的性质进行探讨）。过去暴动的主角是农民，而这次事件的主角是工人，这标志着一支新的社会力量登上历史舞台，但仍需注意的是，此时这支力量还没有一个明确的纲领。同时，这次示威活动规模庞大，而且并不是由许多小规模的游行组成的，其内部活跃着许多政党，例如社会民主党（布尔什维克、孟什维克）和社会革命党。然而，尽管这些政党共同参加了这次示威活动，但它们的思想并不统一，而且在示威前，这些党派并不希望和加邦神父合作，甚至在很多方面还反对他，这就是为什么参与示威活动的党派不少，但没有一个充当领导者。同样，加邦神父作为示威活动的主要人物，自己却没有一个十分清晰的社会改革纲领，他的请愿书包含了许多左翼的激进观点，但同时又寄希望于沙皇，幻想他能批准请愿书并且整饬政府内严重的官僚作风。由此可见，加邦更希望的是改革，而不是革命①。此外，加邦还长期与政府合作，甚至同警方也有交际，而这导致在十月革命后，他被马克思主义者批判为"沙皇政府和警察的间谍"。然而，通过对加邦神父进行大量的研究，笔者相信在1905年1月，他是受战友们的熏陶从而坚定了自己的想法。后来，他试图领导国际劳工运动，为此还和列宁、普列汉诺夫进行过争论，但不会左右逢源的他最终陷入艰难的境地，再后来，他被社会革命党杀害②。

在当时的所有政党中，左翼政党的思想和目标是最激进的，它们要求彻底摧毁沙皇专制制度，在俄国实现共和，并通过在民众中增强影响力的方

① Ксенофонтов И. Н. Георгий Гапон: Вымысел и правда. М.: РОССПЭН, 1996. С. 66 – 153.
② Ксенофонтов И. Н. Георгий Гапон: Вымысел и правда М.: РОССПЭН, 1996. С. 160 – 185.

式来达到自己的目标，它们支持实现普选，但通过改良选举制度能否达到理想的目标，还是个未知数。更为重要的是，当时缺乏代议机构和其组建方案，统治者会同意在议会多数党的基础上组建政府吗？诸如此类的问题在当时依然存在，而且不仅俄国，许多西欧国家亦是如此。总的来说，普选的实现并非一蹴而就，因为这种理念需要逐渐地被全民接受，例如在当下的英国，普选这一概念虽然已经深入人心，但这也是历经了多年的努力才换来的成果。在当时，一场关于代表选举和政府组建方式的大讨论在全欧洲范围内进行着，此时发生的 1905 年事件几乎把所有欧洲国家的目光汇聚在了这里。

1905 年初秋，社会的不满情绪进一步升级，此时各党派依旧没有联合行动，但暴动却在城市、农村和海军军队里（"波将金号"）相继爆发。对于这个帝国而言，这种暴动并不是什么罕见的事情，在过去的 100 多年里，相似的起义暴动发生了百余次，当我们将 1905 年的这些充满了强烈反抗情绪的起义暴动称为"革命"时，似乎忘记了一点，即尽管这一次政府在阻止暴动进一步蔓延和惩罚参与者的过程中比以往付出了更大的代价，但此次事件的结局同历史上的那些农民起义一样——都失败了。

对政府而言，只有 10 月的那场"革命"才是迫在眉睫的威胁。圣彼得堡工人大会开幕，导致首都的铁路工人罢工，不久演变为全俄铁路工人的罢工，后来又蔓延至社会各个领域，成为全俄各界的罢工。起初，工会采取谨慎的态度，并未表态，但随后便开始同情罢工者，而社会民主党的两派同社会革命党也暂时放下了路线纲领之争，决定参加这次罢工浪潮。此时，它们终于为了同一个目标——进一步推进罢工运动而搁置争议团结了起来。1905 年 10 月上旬，社会矛盾激化，中央政府陷入瘫痪，地方政府和士兵面对如此大规模的暴动也表现得无能为力，对此他们要么什么都不做，要么只采取一些微不足道的措施。的确，革命看似即将爆发，然而，这一步最终却没有迈出。

笔者认为，10 月事件并不是革命，因为最终沙皇在 С. Ю. 维特的建议下，颁布了《10 月 17 日宣言》，并在当中允诺将推行一系列的改革。

在这份文件中，关于国家杜马选举的条款比布里根草案更加进步，同时，自由派长期以来鼓吹的公民权在这份宣言中也得到了确认。毫无疑问，这份宣言缓和了民众的革命情绪，从而阻止了革命的爆发。可是，正如大家所知道的，宣言中的很多条款最终并未落实，尽管维特被任命为大臣会议主席并负责办理改革事务，但在自由派和其他大臣看来，他依然无力推动沙皇去处理当下亟待解决的政治问题，因为沙皇和原来一样掌握着最终决策权，但沙皇毕竟已经向民众保证将改革各部门的工作，所以这使得维特的处境十分艰难。当然，维特并不是改革派，而且在他看来，沙皇应独断专行，这意味着他并不认同西欧的那种分权制衡理念，更不会接受民主制和议会制。因此，尽管他会去主动考量一些民主人士的思想，但不会百分之百地赞同，毕竟他本身就是传统官僚体系中的一员，自幼所处的环境和所受的教育使他认定，一个高效的官僚体制可以有效地解决许多问题，例如建设铁路、处理国家财务问题、规范货币体系等。此外，他认为如果沙皇得到有力的辅佐，那么国家机器将会沿着正确的方向继续运转。然而，尼古拉二世当时并不十分青睐维特，因为他喜欢那些更加依附于自己的大臣。

五 1905年事件的成果

正如上文所述，俄国在1905年里频发罢工和暴动，到处都是革命的呼声，不少民众希望能动摇乃至推翻现有的政治制度。但如果仅是因为有这些企图所以认定1905年事件是一场"革命"的话，那么1905年可不仅仅只发生了这一场"革命"。可以肯定的是，当时的民众和各党派曾统一行动，掀起了一场反抗现行政体的大起义，但所谓的统一行动，也只是出现在10月的那场"总罢工"中，而且最终还失败了。此外，起义暴动在不同地区表现得也不一样，其中最著名的当属最后阶段的"莫斯科流血斗争"。尽管沙皇军队在某些地方进行镇压时伤亡过重，但所有起义暴动均被镇压的事实是无法改变的。因此，综观整个1905年，能看到革命的火星，但未成燎原之火。虽然当时的起义领袖们为推进事态进一步发展而绞尽脑汁地进行政治宣传，但最终还是失败了。而后来在 1905 年 12 月的起义暴动中莫斯科有上千人死亡，人们迫于政府的武力没能继续发动革命。由此可以得出结论，当年暴力推翻政府的革命并未发生。

然而，这并不意味着 1905 年事件未取得任何成果，众多事实表明，1905～1906 年的俄国政治制度有所变化，尽管有些只是沙皇的空头支票，最后并未实施，但若没有这些起义暴动，这一切变化都不会有，而这也证明了沙皇政府是迫于压力才推行改革的。在后面的章节里，笔者将更加详细地分析这段时间里俄国政治制度的变化和产生的结果。

综上所述，笔者认为，如果不是这个国家的制度遇到了巨大压力的话，很难想象有些改革措施能被统治者同意并推行，例如国家杜马制度。1904 年末，斯维亚托波尔克—米尔斯基公爵递交了一份改革提案，其中出现了俄国历史上首个关于建立国家杜马的条款，在 12 月 12 日的法令中，政府透露出将选举人民代表作为顾问的消息。之后，内务大臣 A. Г. 布里根制定了建立国家杜马的具体草案，这个以布里根名字命名的杜马在 8 月大会上讨论通过，并得到了沙皇的批准，但最后并未施行，因为一系列新的事件使布里根杜马方案又进行了一些修改，这导致国家杜马选举存在诸多限制，所以这个方案并未被人们接受。然而，在笔者看来，这类提案的出现以及部分内容的落实本身就是一个巨大的进步，因为它意味着沙皇做出了让步，接受了国家杜马制度，使之成为俄国政体中的新元素。但就实际效果来看，布里根杜马无法保证新政策的实施，人们也无法通过它来合法地获得言论自由权，更无法利用它来制衡沙皇的权力，罢工者当然也清楚这点，他们和那些有影响力的自由派一样，渴望获得"普遍、平等、直接、匿名"的选举权。

几个月后，新变化出现了，10 月 17 日，沙皇颁布了宣言，在这份文件中，沙皇同意人民获得公民权，并且允诺将基于更为广泛的选举活动选出各级代表。与布里根方案相比，如果后续的立法工作也交付于这个民选杜马的话，普选或许不日将会实现。可以说，这个宣言是沙皇和其身边的保守派，如 И. Л. 戈列梅金、A. A. 布德别尔克、尼古拉·尼古拉耶维奇大公（虽然大公曾劝告沙皇签署宣言）等人的巨大让步①。此外，维特还计划（宣言中未提到）设置一个职务，即大臣会议主席，但他的主要目的是希望沙皇同意自己通过这一职务来强化政府体系。

尽管《10月17日宣言》中的许多承诺屡遭推延，并且沙皇还未给予任何支持，但后来其中的一部分条款还是实现了。12月11日，政府公布了《关于修改国家杜马选举条例》，这份文件将具有选举资格的公民分成地主、市民、农民选民团，与之前的布里根杜马选举条例相比，新国家杜马的选举范围有所扩大。此次建立的俄国代议机构实行的两院制，国务会议代表社会上层，即"上院"，国家杜马由民选议员组成，即"下院"，两院在立法或处理其他事务时的权力相当。此外，沙皇还对国务会议进行改组，吸纳了社会中许多上层人士，他们和沙皇任命的心腹一起，组成了这个相对保守的机构。

宣言一经发布，沙皇便立刻同意设置大臣会议主席这个职务，而维特成为首任大臣会议主席，也许是他抱有一种既来之则安之的心态，在回忆录中还不忘写到他认为这个职务十分重要②。但他的继任者 И. Л. 戈列梅金称这个职位并没有什么特殊权力。后来，第三任大臣会议主席 П. А. 斯托雷平却成为大臣领袖，并且对其他大臣的人事调动都有重要的影响力。但或许这并不是因为他的职务有多么重要，而是由于他和沙皇的关系甚好。正如斯托雷平的追随者所说的那样，即便是斯托雷平权倾朝野，最终决定权还是在沙皇手中，所以沙皇只是出于对他的信任，才将所有的政务托付于他③。因此，斯托雷平既无法完全自主地行使主席的职权，也无法指挥其他大臣，在后来的政务处理上也是依附于沙皇④，从整个政治体制上看，沙皇的地位并未发

---

① Mehlinger H. D., Thompson J. M., *Count Witte and the Tsarist Government in the* 1905 *Revolution*, Bloomington: Indiana U. P., 1972, pp. 29 – 46.

② Витте С. Ю. Воспоминания Т. Ⅱ. Минск – М.: Харвест и АСТ, 2001. C. 74 – 89.

③ Федоров В. Г. Петр Столыпин: «Я верю в Россию». Биография П. А. Стольшина. Т. 1. СПб.: Лимбус пресс, 2002. C. 226 – 227 (有关斯托雷平在第一届国家杜马被解散前夕与立宪民主党人谈判的内容); Бородин А. П. Столыпин. Реформы во имя России. М.: Вечер, 2004. C. 39 – 53.

④ Conroy M. S., *Peter Arkadevich Stolypin. Practical Politics in Late Tsarist Russia*, Boulder, Colorado: Westview P., 1976, pp. 26 – 30.

生变化。

1905 年 12 月宣布的国家杜马选举条例使俄国迈出了重大的一步，但最后成型的国家杜马并不是像《10 月 17 日宣言》里承诺的那样，因为与维特和其他大臣在讨论选举条例的细则时，最后一次起义尚未平息，受此影响，他们在制定条例时做出了调整。而在此框架下，第一届国家杜马的性质介于西方议会和传统的咨议机构之间，因为它有传统咨议机构的形式，且具备一些西方议会的职能，同时，沙皇将改组后的国务会议和国家杜马并列为俄国"议会"的两院。这项改革虽然不是一个十分重大的跨越，但也具有相当重要的意义。

此外，所有关于国家杜马的条例规定，如组建流程、权力职能范围等问题都是由沙皇决定的，这意味着在沙皇看来，国家杜马仍然是一个咨议性的机构，所以对他进行控制是理所当然的。因此，国家杜马只不过是俄国政治制度的"补丁"，和原先的任何法律并不发生冲突，也没有真正意义上制衡行政机构的权力。但尽管如此，笔者依然认为，第一届国家杜马本身的形式和它从规划到出现这一过程比它在这个体制内所发挥的作用更具历史意义，关于这一点将在第二章第二节中进行更为深入的探讨。

六 改革取代革命，有何意味？

1905 年的一系列事件把俄国推向了历史发展的新轨道，一直持续到 1906 年的下半年。尽管 1905 年并未进行太多的改革，但这个方向十分重要。首先，《8 月 6 日宣言》中有一条十分简要但有决定性意义的条款，即"朕接受了关于建立国家杜马的提案，并且批准了杜马选举章程……"[1]，之后的《10 月 17 日宣言》里又出现了与之相似但更为完整的条款。如果前者被看作是一个关于建立国家杜马制度的承诺，那么 10 月的宣言则是进一步补充了如何建立国家杜马，从而可以视其为"法规"。除此之外，10 月的宣

---

① Институт выборов в истории России. Источники, свидетельства современников. Взгляды исследователей XIX – начала XX вв. / общ ред. А. А. Вешняков. М. : Норма, 2001. С. 536.

言承认了包括言论和集会自由在内的公民权。然而，宣言毕竟不是一部成文的法律，它仅是一个将要立法的承诺，例如在 1905 年，除了制定国家杜马选举章程，其余的承诺均未兑现。因此，尽管这个面向社会大众进行广泛选举的法律在 12 月 11 日被签署，但实际上依然存在诸多缺陷，而且同之前的宣言书一样，只是将这些问题推给了未来。

1906 年 4 月颁行的《基本法》使《10 月 17 日宣言》中的一些承诺具有了法律效力，但在一些关键的地方却发生了重大变化。例如，公民权没有像宣言中说的那样广泛，国家杜马的权力也被《基本法》中的新条款加以限制。

尽管这次改革存在不少缺陷，但不能否认它所具有的一些重要意义。首先，俄国出现了规定国家制度和公民权利义务的《基本法》，并且被沙皇接受，这是一件前所未有的大事，而且给尼古拉二世造成了很大的困扰，因为在原则上他已无法独断专行；其次，国家杜马在立法过程中的地位十分重要，因为所有法律都要经过它的讨论，通过后才可颁行；最后，国务会议实现改组，其成员不再全部由沙皇钦点，而是一半由沙皇任命，另一半从社会上层的大地主和工厂主中选举产生。

笔者将在后续的章节中更加详细地分析其他方面的改革，现在只需清楚一点，即参与 1905 年起义暴动的人们呼吁改革，并且统治者为了维护统治也推行了改革，在此过程中的一系列事件给俄国政治制度带来了重大变化。在本书的最后一章，笔者将对改革推动力问题进行分析。

在改革后的一段时间里再无新的起义暴动发生，政治制度较之前也没有发生本质上的变化，这证明 1905 年并未发生革命。然而，"革命"一词具有复杂的含义，除了通常所说的革命外，还有另一种含义——社会革命，通过这个含义，可以解读 1905 年的许多事件。毫无疑问，这种含义与笔者之前所讨论的"政治革命"有所不同。在研究过程中，虽然无法详尽地分析从 19 世纪 60 年代到 1905 年这 40 余年所有的社会革命，但是可以概括出社会革命的一些特点，这样一来，便能够揭示当时一部分民众的政治意图，同时也可以分析出某些社会阶层对政治制度改革的看法。

从 19 世纪 60 年代开始，农奴制的废止使农业领域发生变革。对于大量的无地农民来说，随后颁布的一系列法规为他们提供了保障。原先的地主经济在此时也发生了变化，这种变化一方面表现为农业生产规模不断扩大，另一方面表现为自然经济开始转向以市场需求为基础的资本主义农业。此外，地主经济的变化还成为当时"农业问题"出现的重要因素，而农业问题的影响将一直持续到 20 世纪初。

在 19 世纪末 20 世纪初，俄国资本主义工业进一步发展，传统的冶金和钢铁工业进入了新的发展阶段，出现了纺织业中心，机器制造业在首都和其他城市也发展了起来。此外，还形成了一支崭新的社会力量——工业无产阶级，其具体数量难以统计，但至少达到了 300 万人，他们中的很多人都来自农村，和村社还有着千丝万缕的关系。

当时的"社会革命"几乎发生在俄国各界，但最引人注目的是在社会上出现了新的意识形态。尤尔根·哈贝马斯教授在他的著作中曾提出著名的"资产阶级公共领域"理论，他认为，"资产阶级公共领域"占社会主流之前是"代表型公共领域"，其特点是统治者通过特殊手段和文化机制向民众彰显自己的特权，以便使民众臣服于自己。

18 世纪和 19 世纪时，在新兴的资产阶级群体中出现了俱乐部、沙龙等组织，它们在报纸杂志上发表带有资本主义价值观的文章，并且逐渐地形成了自己的公共领域。然而，资产阶级公共领域的出现和发展并不意味着当时那个占统治地位的"代表型公共领域"立即退出历史舞台①。

有许多例子证明这两个公共领域并存了很长一段时间，例如代表社会上层的沙皇和他的宫廷还在继续着原先的生活，尽管资产阶级公共领域在社会上迅速发展着，但在统治者们看来，全国的公共领域只有代表型公共领域。11 世纪末，以私人商会和其他形式的经济合作为代表的经济协会在这一时期开始出现，这些新成立的组织都有自己的宣传机构，有些只有简单的布

---

① Habermas J. Strukturwandel der Öffentlichkeit: Untersuchungen zu einer Kategorie der bürgerlichen Gesellschaft. Frankfurt/M: Suhrkamp, 1990; Habermas J. Theorie des kommunikativen Handelns. Frankfurt/M: Suhrkamp, 1988 (1981). Vol. 2. S. 447 – 547.

告，但有的还会出版宣传册。而在后来的资产阶级公共领域中，人们进行过许多激烈而又富有展望性意义的讨论，许多大学的知识分子也积极地参与进来。例如，19世纪后半叶的民粹运动就曾印刷各种出版物以宣传 H. K. 米海洛夫斯基和其他民粹派成员及其思想理论，同时代的其他派别也是如此，这也就解释了为何立宪民主党的 П. Б. 司徒卢威和 П. H. 米留可夫会有如此大的影响，尽管后来民粹派逐渐沉寂。此外，那些影响力日益扩大的党派团体还联合了许多资产阶级公共领域内反专制的学术界知识分子。同德国的情况一样，俄国的资产阶级公共领域也分为"学者"和"资本家"两个部分，而且在俄国这样的社会背景下，他们之间保持着密切的联系。

此外，俄国资产阶级还有一些其他特点，笔者将在后文提及。资产阶级公共领域的发展引起了社会上其他阶层的注意，19世纪末20世纪初，有许多有封号的贵族参与了农业改革，并成为其领导者，他们当中很多都是大地主，例如沙克霍夫斯基公爵和特鲁别茨科伊公爵，以及十分有威望的李沃夫兄弟。然而，他们的目的是希望在俄国政治体制改革的公共讨论中，和资产阶级共同发挥主导作用。

虽然资产阶级公共领域十分自由开放，参与者也不仅限于一些经济状况良好且在工业生产领域内掌握生产资料的资本家，但即便如此，对于广大农民和工人来说，他们没有足够的自由时间和学识能力参与其中。于是这时，一些受到过高等教育的人便以发表报刊文章或参加团体组织的方式来代表劳动者，并在公共讨论中维护他们的利益，而且凭借他们的才能在这些组织中很快就成为极具号召力的领导人。这就是为什么许多出现在社会民主党和社会革命党宣传手册中的领导人虽然并非出身底层，例如有的出身贵族，有的出身资本家，但既可以在劳动群众中一呼百应，又同时能在资产阶级公共领域中占有一席之地。

在这一时期，保守派也有所发展。众所周知，村社制度是代表型公共领域的社会机制，而当时出现了是否将其废除的问题。对此，工人阶级和保守派都表达了强烈的反对，并且保守派成功地利用了资产阶级公共领域所提供的环境。1900 年"俄罗斯大会"① 成立，它一经出现便打出了维护传统君主专制的口号，并且积极地参与社会公共讨论②。例如 A. B. 梅谢尔斯基公爵曾创办了极右派报纸——《公民报》，并且同教会和传统保皇派一起宣传反犹主义思想。据学者多恩·罗森估计，1905～1907 年，大约有 17 家报刊要么直接宣布自己属于右翼，要么间接地透露自己的右翼立场，所以，这一时期保守思想迅速发展的现象并不是一个偶然现象。

在 19 世纪末，俄国的社会革命导致了资产阶级公共领域迅速膨胀，各类媒体、党派组织及成员大量增加，社会上出现了活跃的争鸣景象，这些都不同程度地对 1905 年改革中的措施产生了影响。"社会革命"并不是一场突如其来的变革，它在 1905 年之前就在潜移默化地改变俄国社会，尽管这场变革比欧洲其他大多数国家短得多，前后仅十余年而已，但它也着实为后来的改革打下了基础。在当时，社会各个阶层的人士都在以不同的思想理论畅想着改革蓝图，而这一切最终导致 1905 年事件的结果不是革命推翻王朝，而是政府同意推行改革。

第二节　选举的方案与结果——1905～1907年俄国社会上的"民主"、"立宪"和"革命"思潮

一　引言

历经了多年的斗争，俄国人民终于在 1906 年初迎来了第一届国家杜马选举。但是，为了更好地维护自身利益，面对社会上众多立场不一的党派，选民们又将做出何种抉择呢？对此，当时的人们争论不休，按照一般的理解，此时的社会舆论应偏向于两个极端，要么民主，要么守旧，但和欧洲其

① 俄国右派组织，主张君主制和正统主义，成立于 1900 年，1917 年二月革命后逐渐停止活动。——译者注
② Кирьянов Ю. И. Русское собрание 1900–1917. М.：РОССПЭН, 2003.

他国家一样,这种非左即右的论调在 1905～1907 年的俄国并不存在。当时的社会舆论多集中在一系列类似的话题上:为了人民的利益,是否真有必要迈出"革命"这一步?开展选举是否一定要修改宪法?为了让统治者同意推行改革,该如何划定"人民"这个概念?等等。此外,几乎所有自诩为人民"真正代表"的人都不赞同民主化,所以与暴力革命相比,合法斗争是否更适用于当时呢?或是说暴力革命仅仅在某些情况下才可以被大众接受呢?毫无疑问,这场运动最核心的理念就是"民主",它不仅与"革命"和"立宪"有关,而且会使接受它的人们以"平等"的目光来重新定义这个社会。当时,农民最关注的土地问题与其他阶级的利益产生关联,所有人都想利用选举这样的机会来表达自己的政见,然而这一切都是建立在民众手中有选票的基础之上的。对于选举权这一问题的详细分析笔者放在了第二章第一节,本节仅分析选民在选举期间所面对的参选党。

1905～1906 年,俄国政党在自己的党章纲领中大多都会使用"革命""民主""宪政"等词,但正如我们所知的,不同政党对这些概念的理解不尽相同,这导致它们在政府权力、社会财富分配等问题上的看法也有所差异,也就是说所有政党团体都有各自关于所关注的社会问题以及相对应的政见的观点,但是在此次研究中对该领域不会做太过深入的分析。

第一届国家杜马召开前夕,俄国政局风起云涌,革命一触即发,但一纸《10 月 17 日宣言》暂时熄灭了革命的火星。尽管这是沙皇迫于压力而做出的承诺,但无疑为俄国打开了通往民主宪政的大门,而且通过比较,笔者认为这次改革在许多方面同当时欧洲其他国家的民主改革几乎完全一致。然而,史学界把"1905 年事件"称为"革命"的说法似乎早已根深蒂固,甚至许多学者不认为这一时期的俄国能与同为帝制的德奥相比,这种理论范式为何能够存在,难道是"立宪"和"革命"在俄国历史的特殊性下发生了某种变化,始终让俄国无法像欧洲其他国家一样建立起议会民主制吗?

总之,在 1906 年,俄国人民在政治领域究竟获得了哪些民主权利,"立宪""革命""平等"等概念又是如何在"民主文化"的影响下构建的,这都是本次需要研究的问题。20 世纪初,民主文化已经在俄国扎根,但是俄国的政治制度还相对落后，所以笔者认为：这个看似十分保守的选举改革制度对俄国本身来说已经是一个历史性的跨越，而这历史的一小步终将推动俄国民主的大发展。

衡量一个国家的人民是否真正拥有选举权，关键看他们是否有权提出自己的问题和需求。史学界常用"专制"来形容俄国政治制度，尽管这么描述十分恰当，但若要将其用于社会公共领域，则会显得十分蹩脚，因为人们围绕"自治"问题在社会上掀起的大讨论几乎贯穿整个19世纪。当然，这场大讨论仅限于那些无权无势的知识分子之间。尽管俄国官方常常掩盖其内部纷繁复杂的政治斗争，给人们呈现统治阶层一片祥和的假象，但知识分子们还是会以文学期刊或新闻报纸为平台，批评政府，宣扬"宪政主义"等形形色色的意识形态和社会观念[①]。显然，统治者并不会默许这一切，虽然专制政府并没有以"诽谤政府"的罪名大规模干涉报刊言论，但零星的审查、封禁案例还是时有发生，而异见分子一旦被政府逮捕定罪，等待他们的将是监禁徒刑或是流放到遥远的西伯利亚。

尽管俄国政治制度被打上了"专制"的标签，但俄国也存在"选举"传统，这与"地方自治制度"息息相关，这种制度并非"花瓶"式的，而是被官方认可且有实际效果的。随着地方自治制度的发展，向全社会广泛推行选举权的呼声也越发强烈。虽然与沙皇关系紧密的政府作为最高官僚机构坚决反对政治社会化，但如果沙皇不下决心阻止其蔓延，那么没有决定权的政府也无能为力。当时的资料表明，事实上除了尼古拉二世本人，宫廷中的其他左右近臣和宗亲都反对政治社会化。然而，这些保守派大臣最终并未如愿以偿，在1905年危机之后，选举作为原先地方性的活动变为由中央政府组织的国家活动。如果按照这个方向继续顺利发展下去，那么新诞生的民选杜马将成为压制专制政府最强有力的机构。

当政府宣布将召开首届国家杜马选举时，还有两个问题亟待解决。而且

---

① Wartenweiler D. , *Civil Society and Academic Debate in Russia*, 1905 – 1914, Oxford：Clarendon, 1999, C. 82 – 126; Billington J. H. , *Michailovsky and Russian Populism*, Oxford：Clarendon, 1958, pp. 53 – 85.

如果沙皇政府接受民选杜马，那么就意味着自己将受到制约，这无异于自铸囚笼。所以，沙皇政府不论如何都不会乖乖就范，它会以各种手段限制人民参选，甚至是伪造选举结果，因为只有这样，才能保证自己大权在握。

二 尼古拉二世和群臣们的决议

《8 月 6 日宣言》在谈到关于建立国家杜马的问题时，附上了对选举程序做出的规定，却只字未提"政党"或是其他相似的概念①。虽然这个缺陷在后来的 12 月 11 日法令中也有体现，但就总体来说，这项法令是对《8 月 6 日宣言》的补充，并对其中的一些条款进行了修改，然而这项法令既没有表明政党如何参选，也未明确政党在国家政治中的地位。正如之前《8 月 6 日宣言》所公布的那样，任何阶级都能派出代表参与竞选，并向政府提出自己的需求或建议。但大多数选民之间的联系极为松散，甚至无法为了共同的利益而团结一致，经过对投票这一环节的规定进行分析后，笔者发现，虽然关于投票程序方面的规定较为完整，却没有提及选民组织②。

1905 年 6 月 23 日，一场会议在夏宫召开，各部大臣和沙皇的左右近臣都参与了会议，在会议上，他们讨论了布里根杜马草案中的阶级构成问题。与会人员所提出的主要疑问是：是否有足够的贵族代表和农民代表参与选举，是否严格按照阶级原则划分选民团，此外，考虑到精明的犹太人有可能利用新制度获利，所以少数民族选举自己的代表进入杜马的问题也被提上议程③。最终，与会的核心人物们对布里根杜马在职权范围、代表比例等方面做出了规定，并且态度十分坚决，对"异见分子"更是无法容忍，因为在

---

① Институт выборов в истории России. Источники, свидетельства современников. Взгляды исследователей XIX – начала XX вв. / общ ред. А. А. Вешняков. М. : Норма, 2001.

② Институт выборов в истории России. Источники, свидетельства современников. Взгляды исследователей XIX – начала XX вв. / общ ред. А. А. Вешняков. М. : Норма, 2001.

③ Институт выборов в истории России. Источники, свидетельства современников. Взгляды исследователей XIX – начала XX вв. / общ ред. А. А. Вешняков. М. : Норма, 2001. С. 487 – 535. 当 А. А. 纳雷什金提出犹太人不应享有选举权时，只有圣彼得堡省长 Д. Ф. 特雷波夫支持，但随后便遭到 А. Д. 奥博连斯基、В. Н. 科科夫佐夫和海军上将 Н. М. 契哈耶夫的反对，最终尼古拉二世听取了后者的意见。

他们看来，哪怕是内部出现一个"异见分子"，也会导致他们对此做出的努力付之东流①。当然，对他们而言，最棘手的莫过于农民代表问题，这项议题讨论的时间也最长，因为既要最大限度地维护自己的利益，又要保障农民阶级尽可能地参与进杜马②。一位参与者曾回忆道，"由于贵族们各自心怀鬼胎，所以在议会上分歧不断"，抛开意识形态来看③，这句评论或许十分符合当时的真实情况。此外，与会群臣心中的另一个担忧来自非贵族的地主，因为无人能够确定这类地主对当局是否忠诚④。对他们来说，无论是未来杜马中的哪一方，只要与自己意见相左，便是自己的敌人，为了避免这种情况，他们十分急迫地制定各种规章条例来限制选民的权利，从而实现对选举的控制，但他们忽略了这一过程中"政党"的作用。在当时没有任何行政职务的戈列尼舍夫－库图佐夫伯爵认为，群臣们试图控制杜马的做法会造成一系列的不良后果，他曾对此质问道："难道当杜马成员全部是贵族的时候，你们才心满意足吗"？在他看来，既然已经决定召开杜马，那么所有的阶级都应当派出自己的代表，这样才能真正有效地解决问题，并且最大程度地维护各阶级的利益。但即便是这位相对开明的伯爵，在他的一系列评论中，也丝毫未提及政党。

---

① Институт выборов в истории России. Источники, свидетельства современников. Взгляды исследователей XIX – начала XX вв. / общ ред. А. А. Вешняков. М. : Норма, 2001. С. 493 (граф Сольский), 496 (министр Ключевский), 504 (генерал – губернатор Герард), 505 (землевладелец и фабрикант Рябушинский), 508 (министр финансов Коковцов), 509 (министр внутренних дел Булыгин), 510 (генерал, государственный контролер П. Л. Лобко), 511 (бывший помощник министра внутренних дел А. С. Сташинский).

② Институт выборов в истории России. Источники, свидетельства современников. Взгляды исследователей XIX – начала XX вв. / общ ред. А. А. Вешняков. М. : Норма, 2001. С. 522 – 531. 许多人都参与了对此类问题的讨论。

③ Институт выборов в истории России. Источники, свидетельства современников. Взгляды исследователей XIX – начала XX вв. / общ ред. А. А. Вешняков. М. : Норма, 2001. С. 494, 499 (Н. С. Таганцев, юрист, сенатор с 1906 г.).

④ Институт выборов в истории России. Источники, свидетельства современников. Взгляды исследователей XIX – начала XX вв. / общ ред. А. А. Вешняков. М. : Норма, 2001. С. 494 – 495 (граф Голенищев – Кутузов), 495 (Ключевский), 503 (статс – секретарь Е. В. Фриш).

毫无疑问，在大多数与会者看来，贵族才是整个社会阶层结构中最重要的部分，他们的利益几乎与各阶级都有联系，而社会上的那些个别"团体"似乎与贵族没有任何的瓜葛，所以"政党"并未被纳入会议的议题。但并不是所有的与会者都被这种表面现象迷惑，一些大臣也在试图了解这些政党。例如时任内务大臣助理的 А. Д. 奥博连斯基公爵就曾在会议上谈到了政党，他警告说，那些组织团体实际上是议员们在杜马外的"指挥所"，能够不断地为他们出谋划策。然而，政府又不可能每时每刻都盯着这些杜马议员的一举一动，所以，大臣们心中的忧虑进一步升级，而奥博连斯基公爵对此说道，"万万不能行此下策"[①]。此时的 А. А. 纳雷什金还仅是国家财政大臣助理，不足以影响会议的最终决定，否则俄国政党的合法与否将成为一个未知数。在他看来，人民斗争会使俄国滑向宪政民主的"深渊"，而执政大权将落入政党之手，为了避免这种情况的发生，当务之急应是研究如何利用政党政治的漏洞，他曾对此表示道，"我们的目标不是仿行西式民主，建立一个民选杜马，而是确保那些'可靠'的人出任杜马议员"[②]。纳雷什金的一席话引起了弗拉基米尔－亚历山德洛维奇大公的质疑，因为在大公的印象里，多尔戈鲁科夫、特鲁别茨科伊、戈利岑、沙霍夫斯科伊、库兹明－卡拉瓦耶夫、彼得伦克维奇等已享誉社会的"自由派"领导人都出自上流阶层，所以大公认为即便是贵族，也有可能不是自己的利益维护者[③]。就大多数与会者而言，他们根本就没有考虑过政党问题，或许是不想冒犯沙皇，因为作为最高统治者，那些积极要求参政的政党如同他的眼中钉。

在《8月6日宣言》编写的最后阶段，国务会议召集了群臣，再次讨论

---

①　Институт выборов в истории России. Источники, свидетельства современников. Взгляды исследователей XIX – начала XX вв. / общ ред. А. А. Вешняков. М. : Норма, 2001. С. 497.

②　Институт выборов в истории России. Источники, свидетельства современников. Взгляды исследователей XIX – начала XX вв. / общ ред. А. А. Вешняков. М. : Норма, 2001. С. 506.

③　Институт выборов в истории России. Источники, свидетельства современников. Взгляды исследователей XIX – начала XX вв. / общ ред. А. А. Вешняков. М. : Норма, 2001. С. 507. 当纳雷什金说到"阶级意识"时，弗拉基米尔－亚历山德洛维奇大公立即提出质疑，认为如果按照他的说法，我们当中"彼得伦克维奇"式的人物早就应当被驱逐出去了，但事实并不是这样，在贵族阶层中仍有不少"自由派"。

了杜马的建立问题。就像君主颁行法令一样，杜马最终以"御赐"的形式确立下来。当时的会议文件表明，会议氛围较为宽松，尼古拉二世允许他的列位臣工畅所欲言，但最终决定权依然掌握在自己手中，他会批准那些与他想法相近的奏章。就整个会议过程来看，沙皇除了在奏章上批阅准否外，并没有表达自己的想法。最终成稿的宣言只是一份简短的文件，其内容仅涉及杜马制度，并包含选举章程，看似已经十分完整的宣言书实际上还有一个重大缺陷，即尽管宣言已经对选举资格和程序问题阐述得十分清晰①，却没有谈及这些旨在维护自身利益的选民之间的关系，选民也只知道自己手中有一张选票，却不知道如何通过手中的选票去维护自己的利益，而官方只是不断地罗列选民独立参选后可能出现的结果，丝毫未提及政党。

《10月17日宣言》给予了公民包括言论、出版、结社、集会在内的许多权利②，而这导致部分政党的面貌发生改变，当然，也包括一些协会。这是因为在宣言颁布后，政府又允诺将准备国家杜马选举。然而，在接下来的一个半月里，这些承诺只停留在纸面上。

同年的12月11日，新法令颁行，其中修改了《8月6日宣言》关于选举的一些条款，并增加了有关"社会团体组织"参选的规定，但依然没有确切提到"政党"。按照官方的规定，选举依照阶级原则首先在选民团内部进行，并分门别类地做出了规定，在这当中，关于工人阶级参选的规定最为特殊，即在选举之前，将工人选民的姓名、组织等信息登记在册，这一点与现代政党的参选程序极为相似③。

然而，在12月11日法令颁布前的夏宫会议（12月5~9日）上，该法

① Институт выборов в истории России. Источники, свидетельства современников. Взгляды исследователей XIX – начала XX вв. / общ ред. А. А. Вешняков. М. : Норма, 2001. С. 537 – 548.

② Институт выборов в истории России. Источники, свидетельства современников. Взгляды исследователей XIX – начала XX вв. / общ ред. А. А. Вешняков. М. : Норма, 2001. С. 556 – 557.

③ Институт выборов в истории России. Источники, свидетельства современников. Взгляды исследователей XIX – начала XX вв. / общ ред. А. А. Вешняков. М. : Норма, 2001. С. 579 – 586.

令的研讨历经了一波三折。会议一开始，议题方向与之前6月底的那次夏宫会议完全不同，主要表现在此次会议对政党问题尤为关注。但不久前刚刚加入十月党的著名地方自治派成员Д. Н. 希波夫认为，这样的议题会导致革命党的活动更加猖獗，并且高呼"十月党人不要革命"。之后，另一位十月党人——А. И. 古奇科夫也站在了希波夫这边，并且言辞更加激烈，矛头直指左翼革命党人[①]。可这些言语却引来了左翼势力的指责（指责希波夫是"伪自由派"[②]），并且加速了他们开展社会动员，而这使民众渐渐相信，只有政党才能真正地影响最终的选举结果。这次夏宫会议经过一番讨论后，拟出了两份不同的草案，其中的一份就是后来的12月11日法令，笔者将在第二章第一节中谈到这项法令的内容和作用，以及当时国务会议成员们的关系。尽管此次会议对政党极为重视，但最终发布的12月11日法令中却没有明确地提到"政党"，笔者发现，面对政党问题，之所以沙皇近臣们在会议一开始时态度发生了转变，是因为政党已经登上了历史舞台[③]，掩耳盗铃的做法已不能解决问题。然而，尽管几乎所有的与会者都参与了对这一议题的讨论，并认为民众有自由入党（左翼政党）的权利，但这并不意味着他们支持政党，同意用政党竞选执政代替百年来的个人号令，这就是"政党"一词未在12月11日法令条款中出现的原因。

三 1905~1907年的俄国政局

按照12月11日法令，除了工人阶级外，其他阶级的参选人均没有进行选举前的登记，而政党也并未被明确地纳入法令规定，但很显然，各政党并

---

① Институт выборов в истории России. Источники, свидетельства современников. Взгляды исследователей XIX - начала XX вв. / общ ред. А. А. Вешняков. М. : Норма, 2001. С. 557 - 559，561.

② 希波夫虽然倾向于君主主义，但他认为引入宪法和议会制度有利于巩固政权。（Пайпс Р. Струве. Биография. Т. 1. Струве: левый либерал 1870 - 1905. М. , 2001. С. 410. ）

③ Институт выборов в истории России. Источники, свидетельства современников. Взгляды исследователей XIX - начала XX вв. / общ ред. А. А. Вешняков. М. : Норма, 2001. С. 557 - 579.

不想放弃这次机会。虽然政府完全不知道哪些人或党派会参选，但是计票人员却不同，他们不仅知道哪个党的群众基础更好，而且还意识到，俄国已经出现了类似西欧的政党政治。按照法律，选民可按照自身情况自决选票的投向，这无疑意味着政党将大规模参选。尽管社会民主党和社会革命党被禁止提名候选人，但它们可以通过其他方式参与选举。也正因如此，在第一届国家杜马中，有17人被标明是"社会主义党"，这说明他们并未以自己党派的身份参与竞选。这样一来，虽然法令中没有提及政党，但政党依然参与着选举，法令条款和事实结果之间出现了巨大差异，对此，外交部大臣 А. П. 伊兹沃利斯基曾在回忆录中进行了较为客观的比较①。

为了全面地分析当时的政局，笔者有必要对所有政党进行逐个的分析，无论是否入选国家杜马，都在此次研究范围内。但是，如此大范围的研究并非易事，而且作为首届选举，毫无前例可循，更是无法进行对比研究。对此，笔者将竭尽所能。

（一）前两届国家杜马中的政党

苏联史学家在编写这段时期的政党史时，常常依照阶级标准，将这些政党分门别类地进行叙述，在谈到前两届国家杜马时，传统的史学家们认为有四类政党参与了这次选举。据此，笔者将首先把这些政党罗列出来，然后逐个进行分析。

第一类是俄罗斯人民同盟、法律秩序党②、十月党、工商联合会③、和平革新党④，这类政党代表地主阶级和金融工商业资本家的利益，它们既能得到不少工商团体的支持，也能吸引一部分农民。第二类是民主改革党⑤、

① Извольский А. П. Воспоминания, Минск: Харвест, 2003. С. 77.

② 1905 年由 А. И. 萨文科创立，该党代表大地主和企业主的利益，主张"法律、秩序和君主的力量"，1907 年解散。——译者注

③ 1905 年由 Г. А. 克雷斯托夫尼科夫创立，该党主张全面协助政府实施《10 月 17 日宣言》中的内容，并维持正常的社会秩序，1906 年解散。——译者注

④ 1906 年 6 月 12 日由前十月党左翼成员 П. А. 葛伊伊、Д. Н. 希波夫、М. А. 斯塔霍维奇等人创立，该党主张在俄国建立君主立宪制政体，1907 年解散。——译者注

⑤ 1906 年 1 月由 М. М. 卡瓦列夫斯基、М. М. 斯塔秀列维奇等人创立，该党信奉古典自由主义，主张直接民主，1907 年解散。——译者注

人民自由党（立宪民主党的别称）等，它们代表了工农业资产阶级的利益，其中，立宪民主党在包括大学教师在内的知识分子群体中有着极强的影响力。第三类是代表小资产阶级利益的政党，包括民族社会主义党（又称人民社会党）[①]、劳动派[②]、社会革命党、社会民主党的孟什维克派。而第四类是社会民主党左派，即布尔什维克，是代表工人阶级利益的无产阶级政党。

之后，笔者将逐个对这些政党在立场方面的差异进行分析，而对于它们的性质问题的探讨则留在第二章节第二节。在这些政党中，最吸引人的莫过于布尔什维克，因为与人民社会党、劳动派、社会革命党和孟什维克派相比，它有着一套独特的思想理论。毫无疑问，由于每个党派都代表着各自的利益群体，所以它们的立场主张必然也不尽相同，在 20 世纪初，它们的立场还算十分鲜明。然而，对于无党无派的普通大众来说，它们之间细微的差异还是难以捕捉，但同深邃的言语不同，外在表现出的活动在他们看来是最好理解的，例如恐怖行动，对此，他们赞成与否的态度就十分鲜明。对于布尔什维克而言，它们与孟什维克和其他小资产阶级政党的差异表现在意识形态上，也正因如此，它们有着截然不同的社会基础。同样，小资产阶级政党之间也有分歧，由于社会革命党和劳动派的社会基础和主要关注点是在农村，而孟什维克和人民社会党却与之不同，所以，这类政党中的分歧主要来自社会革命党和劳动派之间，以及孟什维克和人民社会党之间。

在这一时期，一部分农民已经获得了土地，由于占有生产资料，所以他们越来越接近"小资产阶级"。此外，在人民社会党中，有一个特殊群体，即由大学职工和学生组成的铁路工人，但毕竟该党的主体是由作家、教授、记者、工程师等知识分子组成的，所以它和社会主义政党之间还是存在巨大

[①] 1905 年由 A. B. 彼舍霍诺夫等人创立，该党倾向于民粹主义，但反对恐怖行动，1907 年"六三政变"后，该党停止活动，直到二月革命后该党才逐渐恢复活动，1918 年解散。——译者注

[②] 1906 年由 A. Φ. 阿拉金、C. B. 阿尼金等人创立，该党在一定程度上继承了民粹派，主张联合工人、农民和劳动的知识分子，1917 年解散。——译者注

的差异，从阶级构成上看，该党更接近于立宪民主党①。

同时，笔者还将明确指出自由主义者和传统主义"卫道士"的异同。自由主义者往往对资本主义的发展持肯定态度，这其中还包括一些社会主义者，例如合法马克思主义者，在他们看来，社会主义是资本主义发展道路中的一个阶段②，而传统主义的卫道士们对此则是坚决反对。然而，他们之间也会存在交集，例如，在包括传统主义者在内的右翼阵营中，民族主义和斯拉夫主义影响甚广，这种理念后来也被一些左翼政党不同程度地吸收。

在苏联官方史学看来，布尔什维克作为社会民主党的左翼，在俄国革命中发挥了独特且不可替代的作用，为了将其同别的政党做出区分，官方史学才按照阶级原则将它们分门别类。为了证明这个观点，笔者将对传统观点下的研究成果进行分析，并从中得出结论。

（二）官方文件中各政党的情况

政党的大规模参选让当局始料未及。按照选举法，多级选举的最后阶段是选举国家杜马议员，所以参选人必须向全社会公开自己的党派身份。为了清晰地反映投票结果，官方必须制定一个科学的统计方法，但由于此次选举无前例可循，所以结果由政府代为发布。统计数据汇总为一张表格，表格上有各党的名称，而被禁止参选的社会民主党化名"社会主义党"也出现在了表格中，在这些名称的后面，填有投票的结果。

在这张表格中，大部分政党是独立成行的，但也有一些政党被汇集在一起，例如在"右翼政党"的栏目下，有俄罗斯人民同盟、法律秩序党等。在上述的第二类政党中，只有立宪民主党的代表是独立成行的，其余党派的代表与和平革新党的代表合并在一起，并冠以"进步人士"的栏目名。而人民社会党的领导人之间的意见尚未统一，劳动派也并未经合法注册。此外，社会革命党、社会民主党被排斥在选举之外，它们的许多活

① Сыпченко А. В. Народно - социалистическая партия в 1907 - 1917 гг. М. : РОССПЭН, 1999. C. 47 - 56, 67 - 69. （关于知识分子作用的部分。）

② Пайпс Р. Струве. Биография. Т. 1. Струве: левый либерал 1870 - 1905. М. , 2001. C. 170 - 171, 320 - 333, 356 - 384.

动都被视为非法，活跃的成员则被政府通缉，所以社会民主党的成员才不得不使用"化名"。

笔者收集了当时参加竞选的政党团体①，并按照政治坐标轴，从左到右排列如表 1 - 1 所示。

表 1 - 1 参加竞选的政党团体

政党团体														
社会主义党（革命派）	社会主义党（民主派）	人民自由党（立宪民主党）	民主立宪同盟	民主改革党	温和进步党	进步经济党	全俄工商联合会	人民经济党	十月十七日同盟	法律秩序党	保皇党	俄罗斯民粹同盟	祖国同盟	俄罗斯大会	俄罗斯民族同盟

上述的政党名称均来自当时的表目原文，后来一些组织的名称有所变化。此外，表目上出现的"社会主义党（革命派）"并不是通常所说的"社会革命党人"。官方统计的数据和当时制定的政党表目证明，各阶级都组成了政党，并且都参加了第一届国家杜马选举。但在官方文件中，一些政党的名目被临时删去，再加之官方提供的数据和制度机构上的缺陷使不少学者怀疑在选举前官方是否将候选人名单及信息向选民们公布。而就这次选举而言，笔者认为它能在当时背景下的俄国出现就是一件具有深刻历史意义的大事。

选举后，相关部门按照预定方法进行计票，过程由专门负责此事的行政机构进行监督。而在此之前，就已经对计票时出现的特殊情况进行了规定，所以这次选举在计票环节上所具有的公正性应该得到肯定。此外，笔者认为此次选举的计票结果并未伪造还另有原因，即由于选举是政府被迫而为的，而且政府深知选举出的代表人不再是自身利益的维护

---

① Представители Государственной думы. СПб. , 1906；Урусов П. Н. Россия перед созывом Государственной Думы. С. 69；РГИА. Ф. 1327. Оп. 2. Д. 40.

者，所以并不对选举的结果抱太大的期望，但这不意味着中央和地方政府的代表不再参与竞选，放弃争取选民，既然政府之前已做出承诺，而且其代表也和各党派走同样的程序参与选举，所以在选票统计上，官方数据应该是可靠的。但由于地方政府在选举中处于相对有利的地位，加之政府在选举前对其做出的一些限制，选民难以通过选举完全自由地表达自己的政治话语。同时，这也使笔者不易从选举结果中看出他们真实的政治倾向。

四 对"革命"的争论

在 20 世纪初，"革命"还停留在人们的脑海中，它对俄国和大多数欧洲国家，甚至对整个世界而言，都有着非同一般的意义。总的来说，不同的人对其看法不一，而在俄国，对"革命"的态度主要有两种，这与个人所接受的理论思想有着直接关系，对于那些希望建立"乌托邦"的人来说，"革命"是实现大跨越的最好方式，例如立宪民主党的左翼、社会民主党和社会革命党，它们都对"革命"持积极态度。

但这些左翼党派对"革命"的认同程度如何呢？实际上，除立宪民主党左翼以外的左派政党在宣传上都表现出对革命的炙热态度，所以它们的观点看起来有些相似。

此外，还有另一种对革命持"中立"的态度，既认为革命在特定条件下是必要的，又认为革命会违反法律，破坏社会秩序，所以持这种观点的党派在对具体问题进行讨论时会直言不讳地反对革命，而且会就问题本身务实地提出解决措施。值得注意的是，在 1905 年，立宪民主党中的领导人大多持这种观点，其中就包括 П. Н. 米留可夫①。在日俄对马海战后，米留可夫参加了呼吁举行立宪会议的示威活动，虽然从他的回忆录中可以看出，他后

---

① 米留可夫等人主张"要从半革命的理论思想中分析实际政治局势，并据此务实地解决问题本身"。在这种"半革命"的思想影响下，米留可夫长期以来一直在思考这一问题，并在 1905 年 6 月的解放社会议上和众人讨论了这个问题。（Милюков П. Н. Воспоминания М.：Вагриус，2001. С. 247 – 248.）

来对参与这一活动表示懊悔，但正如斯托克代尔所记录的①，米留可夫在当时十分积极，并代表自己所领导的工会联盟向全国人民发表演讲，主张推翻当局，召开立宪会议。此后不久，在工联会议上，左翼代表提出"要立即通过普选、直接和无记名的投票选出人民代表，并由他们组成议会"，而由施托夫所领导的右翼仍主张以请愿的方式，将希望寄托给沙皇，此时米留可夫充当了中间派，在 20 世纪 30 年代，他将这种思想写入了回忆录中。尽管米留可夫后来逐渐趋于温和，但至少在 1905 年夏初，米留可夫与工会联盟、解放社的其他领导人十分迫切地呼吁开展一场社会示威活动，在现在看来，这场示威活动极有可能引发革命。随着这场风暴的逝去，呼吁和号召活动逐渐减少，最后只留下了一句句简单的口号。

为何这些政团组织的"革命"活动最后逐渐销声匿迹？笔者认为，这些政党并非像布尔什维克那样真正地追求革命，它们打出革命口号的目的仅仅是随社会环境的变化而做出的一种姿态，后来社会环境趋于稳定，革命"姿态"对它们来说也就变得可有可无了，这种实用主义的态度证明"革命"并未在这些政党的指导思想中占据主要地位。毕竟革命不仅是一种姿态，而且真正的革命党也不会因为当局的点滴改良去转换目标。毫无疑问，左翼政党的要求是建立一个"民主"的政治制度，可政府如果拒不接受且继续倒行逆施的话，革命或许是唯一的解决手段。

实际上，这种实用主义态度并未在 20 世纪初的社会中盛行。相反，大多数人把"革命"视为改造俄国社会的主要环节，然而如何用革命改造俄国？改造成什么样的？对于这些问题，社会上众说纷纭。众所周知，民粹主义者在 19 世纪中叶频繁活动并受到了政府的压制，半个世纪后，组建政党得到了当局的许可，各派政党纷纷成立，其中一大批与民粹派有渊源的左派分子组建了左翼政党，与新兴的右翼相比，它们凭借之前积累起的丰富经验迅速活跃在 20 世纪初的政治舞台上。民粹主义者分为三派，П. Л. 拉夫罗

---

① Stockdale M. K., *Paul Miliukov and the Quest for a Liberal Russia, 1880 - 1918*, Ithaca & London: Cornell U. P., 1996, pp.135 - 136. 这本书引用了左翼政党的提案，其援引自 Милюков П. Н. Воспоминания М.: Вагриус, 2001. С. 243.

夫主张在革命前先进行长时间的和平宣传，М. А. 巴枯宁认为应当立刻发动农民起义，П. Н. 卡特乔夫主张由少数知识分子密谋夺权。尽管三派在手段和方式上存在差异，但都认为"革命"才是实现俄国社会变革的必要条件。这三派对后来左翼政党的形成和发展起到了重要作用，例如社会革命党在组织管理方面就是受到了民粹主义中的卡特乔夫派的影响，此外，民粹主义左派曾对土地问题进行了讨论，并在斗争策论上先后分成三派——"土地与自由社"、"民意党"和"土地平分派"，而这对后来社会革命党的理论思想产生了深刻的影响。对于广大农民来说，"土地平分派"似乎更具吸引力，因为"平分土地"是农民阶级梦寐以求的事情，而且在 19 世纪 60 年代的改革中，大多数农民的希望落空，所以"土地平分派"的思想和口号在之后的十余年中一直被激进的知识分子所使用。由于社会革命党的许多成员来自民粹派组织，所以他们在思想上带有民粹主义色彩，此外，其中一些成员曾组建的地方团体也成为社会革命党组织的一部分，也就是说，社会革命党无论是在思想上还是在组织上，都很大程度地继承了民粹派的"遗产"，但这也导致社会革命党内部日趋分为三派，其中只有左翼成员沿袭了卡特乔夫派的思想[1]。

许多俄国政治家都出自民粹派，例如俄国马克思主义之父——Г. В. 普列汉诺夫，他在成为马克思主义者之前，曾积极参与"民意党"和"土地平分派"的活动[2]。此外，尽管列宁对 19 世纪 90 年代民粹派自由化的蜕变持批判态度，但仍然肯定了它在 70 年代从事的革命活动，因为这积累下了丰富的经验[3]。

对于转而支持马克思主义的普列汉诺夫而言，19 世纪末的民粹派变得过于极端，他们认为通过少数人的刺杀活动就可以带领"群氓"掀起革命。

---

[1] 《Народничество》/Советская историческая энциклопедия. Т. 9，М.，1966. С. 922 – 935.；Billington James H.，*Michailovsky and Russian Populism*，Oxford：Clarendon，1958，pp. 53 – 85，99 – 119，153 – 160.

[2] Тютюкин С. В. Г. В. Плеханов. Судьба русского марксиста. М.：РОССПЭН，1997. С. 60 – 106.

[3] Поспелов П. Н. и др. Владимир Ильич Ленин：Биография. 5 - е изд. М.，1972. С. 34.

而马克思主义者却认为革命是社会发展规律的作用，所以普列汉诺夫拒绝了和民粹派继续合作。1895 年，普列汉诺夫与 H. K. 米哈伊洛夫斯基开展了一场论战，后者认为资本主义在俄国出现是一个"偶然"现象，并且最终不会在俄国成长起来，但普列汉诺夫对此表示反对，因为他研读了马克思关于前资本主义的人类早期历史的研究成果[1]，所以他把讨论转向了历史发展规律的问题上，他用马克思所总结的人类历史发展具有规律性的观点，证明革命和当下俄国出现的情况是一系列必然事件，所以开展政治活动符合历史的发展，然而米哈伊洛夫斯基的态度最终还是激怒了他。后来，普列汉诺夫发现黑格尔和马克思的理论都过于深邃[2]，难以普及，相比之下，米哈伊洛夫斯基及其追随者在"党"和"公民权"问题上的主张似乎更能吸引普通民众。此外，米哈伊洛夫斯基还认为，国家和政府应当在农业发展的基础上满足人们在政治自由等方面的一系列权利，因此他认为实现政治自由是迈向社会主义的第一步[3]。在当时，各派在俄国的报纸杂志上展开了激烈的辩论，其中就包括合法马克思主义者 П. Б. 司徒卢威[4]。同米哈伊洛夫斯基不同，司徒卢威试图证明俄国农业除了源于法律领域的特点以外并无任何特征，他认为，政府应当取消对市场农业发展的限制，因为这种限制导致了俄国农民的贫困，在取消后，俄国农业将迈向资本主义，而这与马克思总结的"先资本主义后社会主义"规律相吻合。当时，参与宣传马克思主义的知识分子都赞同这种"过渡"的观点，但司徒卢威的这种立场并不是真正意义

---

[1] Плеханов Г. В. К вопросу о развитии монистического взгляда // Избранные философские произведения. Т. 1，М.：Политиздат，1956，С. 706 – 708.

[2] Плеханов Г. В. Еще раз, г. Михайловский, еще раз «триада» // Плеханов Г. В. Избранные философские произведения. Т. 1. М.：Политиздат，1956. С. 731 – 737.

[3] 1893 年米哈伊洛夫斯基在杂志《人民之权》中第一次提及这种理论，次年，出版社被政府查抄，除米哈伊洛夫斯基以外的领导全部被捕。后来他在杂志《俄罗斯财富》上完整地叙述了该理论。（Billington James H.，*Michailovsky and Russian Populism*，Oxford：Clarendon，1958，pp. 157 – 160.）

[4] 1894 年，在看完司徒卢威发表的论文《关于俄国经济发展的注意事项》后，普列汉诺夫立即发表《再一次……》一文支持司徒卢威的看法，但同时该文也透露出作者的一些看法，即司徒卢威太过遵循西方的思维模式。

上的"革命",而只是改良派思想的体现①。

因此,在 19 世纪末 20 世纪初,对政治问题解决方案的争论实际上是不同思想和主义的争锋。由于这一时期思想活跃,社会上辩论不断,而且各流派间又有历史渊源,所以很难将各种思想完全划分开。对于左翼政党而言,当时还不存在所谓的统一战线,它们在从事革命或是非法恐怖活动时总是各自为战。例如:卡特乔夫派的恐怖行动主要为秘密刺杀,并且定期行动,马克思主义者虽然拒绝恐怖行动,但其中大多数人却认同自己发动革命时必然会伴随违法行为,而司徒卢威将"合法性"和"马克思主义"结合起来,时称"合法马克思主义",但这种理论却不被传统马克思主义者们认可,于是二者逐渐分道扬镳。最终,司徒卢威在对市场经济的研究中逐渐走上了自由主义的道路。

(一)列宁和布尔什维克

俄国在 1905 ~ 1907 年形成了一股"左翼势力",这股势力并非自发形成,而是各左翼派别根据自己的路线逐步发展的结果,并且它们正紧锣密鼓地为革命做着准备。当时左翼的革命派和温和派暂时放下了路线分歧,用有组织的抗议行动代替了原先自发的请愿和演讲。此时,列宁根据社会民主党内部的情况撰写了《社会民主党在民主革命期间的两种策略》,该书在 1905 年 6 月的会议上通过,奠定了社会民主党的理论基础,并且在这次大会上,社会民主党彻底放弃了改革路线,而列宁也相信自己将在革命事业中大显身手②。但是,考虑到当时的俄国专制残余浓厚,以及资本主义发展程度比西欧落后的情况,他提出了"资产阶级民主革命"这一概念③,这个观点在整个社会民主运动的理论框架中显得独具一格,而向社会主义过渡的"革命

---

① Пайпс Р. Струве. Биография. Т. 1. Струве: левый либерал 1870 – 1905. М., 2001. С. 147, 153 – 176.

② Революция 1905 – 1907 гг. в России: Революционнье движения в России весной и летом 1905 года. Апрель – сентябрь. Ч. 1, М., 1955, С. 16 – 26.; Савельев Я. В., Бирючинский Г. Н., Гончаренко Г. Н.《Третий съезд РСДРП》/Ред. А. М. Панкратова. Первая русская революция 1905 – 1907 гг. М., 1955, С. 15 – 64.

③ Тютюкин С. В., Шелохаев В. В. Марксисты и русская революция. М., 1996. С. 54 – 60.

两阶段论"也在 1903 年的党代会上被通过，纳入了布尔什维克的纲领，但这导致社会民主党分裂成布尔什维克和孟什维克两派。A. B. 卢那察尔斯基是布尔什维克的一员，他通过研究，也认为资本主义阶段是向社会主义过渡的必要前提，并且在 1905 年 12 月发表了关于这一问题的文章①，后来这也成为布尔什维克的理论方针之一。总的来说，这套理论认为，由于社会发展阶段不同，社会主义革命会分为不同阶段，每个阶段的任务也不尽相同，但所有阶段的行动都是"革命"，且最终目标是向社会主义过渡。

值得注意的是，尽管"革命"一词被列宁频繁地使用，但这并不是用来描述某个政治事件，其主要目的是推进政治活动，《社会民主党在革命期间的两种策略》一书就是一个典型的例子，在当时的俄国，有这样目的的人并不只有列宁一个。在布尔什维克中，存在一个热衷于从事非法破坏活动的派别，即卢那察尔斯基派，但显然这一派属于少数，因为社会上大多数党派及其领导人，例如司徒卢威、普列汉诺夫、孟什维克、经济派等，都不赞同破坏或刺杀行动。在法律问题上，司徒卢威持自由主义立场，而普列汉诺夫却显得犹豫不决，所以后者没有在这个问题上表明自己的态度。

1903 年，列宁出版了《怎么办？》一书，书中对经济派的"工联主义"思想进行了批判，并宣传了"工人运动"的革命目标。同年，在社会民主党第二次代表大会上，普列汉诺夫发表对自由民主的看法，他十分担心民主思想导致"极端化"现象出现，例如选举权和议会自由权在人们的意识中变得神圣不可侵犯，最终演变成"绝对民主"，这种看法得到了大多数人的支持。同样也正是在这次会议上，布尔什维克和孟什维克彻底决裂，普列汉诺夫为了缓和两派的矛盾不断地进行调解，但最终在几个月后倒向了孟什维克，并在列宁和马尔丁诺夫就民主斗争方式和革命目标之间关系的论战中站在了后者的一方②。

在 1905 年事件发生时，列宁猜测这次事件可能会成为"革命"的起

---

① Тютюкин С. В. , Шелохаев В. В. Марксисты и русская революция. М. , 1996. С. 59 – 60.
② Тютюкин С. В. , Плеханов Г. В. Судьба русского марксиста. М. : РОССПЭН，1997. С. 181.

点，于是他和其他社会民主党人拒绝了加邦神父的"联合"主张，并认为俄国革命应由自己领导。然而，他发现社会革命党人不仅与自己的态度截然相反，而且利用此事取得了重大的进展，于是才相信加邦神父发起的请愿游行具有一定的革命价值①。毫无疑问，列宁现实主义的处事风格使他毫不犹豫地将当时的社会现实和自己的意识形态联系在了一起，所以，对列宁而言，1905 年事件的确是一场"革命"，所谓的"1905 年革命"已经成为他所构想的俄国革命进程的一部分。此外，列宁和普列汉诺夫在土地问题上的看法存在分歧，列宁对此曾在《火星报》上发表文章，认为应实行土地国有化政策，而普列汉诺夫坚持认为土地已经归属国有，因此再采取土地国有化措施显然不切合实际②。

正如 C. B. 久久金和 B. B. 施罗哈耶夫所言③，列宁的所有政论都有一个共同点，那便是紧扣"当前时刻"，例如他在《怎么办?》一书中认为，当前的中心任务是建立一个统一的革命党。所以，列宁的思想不应该被无理由地贬低，因为从他流亡期间开始，他的所有想法和论断都是根据当时俄国政治局势而提出的，具有极高的价值。

值得注意的是，列宁在 1905～1906 年并未担任社会主义革命的实际主要领导人，而是退居次要的位置，或许是因为此时的列宁身处国外。然而，列宁逐渐发现党的行动要么变得越发独立，要么是被地方领导人掌控，尽管其他人的目标也是革命性的，但他们在行动时表现得缺乏远见性。在圣彼得堡和莫斯科，社会民主党的杰出领袖们参加并指导了社会主义运动，其中包括 И. B. 巴布什金、И. A. 萨梅尔、A. A. 波格丹诺夫、E. M. 雅罗斯拉夫斯基、Л. Б. 克拉辛、Г. E. 季诺维也夫、B. A. 安东诺夫 - 奥夫谢延科和孟什维克的 Ю. O. 马尔托夫，以及当时以中间派身份出现的 Л. Д. 托洛茨基等人。在 1905 年前，社会民主党基本上与社会革命党处于合作状态，所以完

---

① Тютюкин С. В. , Шелохаев В. В. Марксисты и русская революция. М. , 1996. С. 45 – 47.

② Тютюкин С. В. , Плеханов Г. В. Судьба русского марксиста. М. : РОССПЭН, 1997. С. 171.

③ Тютюкин С. В. , Шелохаев В. В. Марксисты и русская революция. М. , 1996. С. 51, 54 – 55, 59.

全可以称之为"左翼势力"①。

社会民主党的两派都呼吁男女平权普选。然而，自 1903 年以来，孟什维克似乎比布尔什维克更关注这个任务，在党的第二次代表大会上，两派就社会主义革命目标产生了分歧，而时任主席团主席的普列汉诺夫站在了列宁这边。正如列宁在 1903 年所声称的那样，党内日益严重的自由化倾向可能会导致党的行动与规章程序发生冲突。实际上，当时党内固然存在裂痕，但在是否发动革命问题上，两派却达成了一致，即用暴力手段推翻专制制度。1905 年事件表明，当社会民主党人视其为革命的那一刻起，他们便毫不犹豫地赶赴这一事业当中。此外，经过讨论，社会民主党拒绝了"恐怖行动"。

（二）社会革命党人

社会革命党人从不掩盖自己的革命意图，相比于其他党派，社会革命党人是最认同"革命"这一概念的，他们的所有行动都是围绕"革命"开展的，可以毫不夸张地说，该党视"革命"为全党最重要的任务。他们所说的革命不仅是要改变政治制度，而且要改变所有的社会基本准则和规范，为了实现这个目标，社会革命党人不断地宣传自己的理论和"恐怖"手段，并且将后者付诸行动。例如，在 1904 年 6 月，社会革命党人刺杀了内务大臣 В. К. 普列韦，同年 12 月又刺杀了莫斯科总督谢尔盖·亚历山德罗维奇大公。

在社会革命党内，有专门负责"恐怖"活动的秘密网络，以及负责准备革命的"战斗组织"②。他们不仅大量购买常规的枪支弹药，而且热衷于打听那些市面上威力强、破坏大的武器③，这些行动恰恰表明了社会革命党人有着极为热切的革命决心。1906 年，党内的领导人决定暂不发动新的

---

① Тютюкин С. В. , Шелохаев В. В. Марксисты и русская революция. М. , 1996. С. 78 – 128.

② Городницкий Р. А. Боевая организация Партии социалистов – революционеров 1901 – 1911 гг. М. : РОССПЭН, 1998.

③ Леонов М. И. Партия социалистов – революционеров в 1905 – 1907 гг. М. : РОССПЭН, 1997. С. 178 – 87.

"革命"，但全党依然要时刻做好准备，必要时还会采取暴力行动①。社会革命党也印有报刊，其中包括分发给群众的《革命俄国报》，该报从第三期开始成为党的机关报，在日内瓦印刷②。在社会革命党的宣传下，许多人认同了"革命理念"，这也使得该党拥有了极好的群众基础。总之，"革命"这一个概念不仅成为党内信奉者的振奋剂，而且被用来吸引各阶层的民众。在第一届国家杜马选举前，党内出现了分歧，一部分成员主张抵制选举和其他相关活动，并以此试图领导全党的行动。同时，在某些地区，社会革命党掀起了更加频繁的恐怖活动，这意味着沙皇的选举承诺并未扑灭他们的革命热情③。

（三）从地方自治运动到米留可夫与立宪民主党

1. 地方自治运动和地方自治派

地方自治运动原先是一个自发性的运动，后来逐渐发展出正式组织进行领导，并在一定程度上改变了宗旨，从原来的仅要求地方事务自主扩大到社会各领域事务自主。然而，在其存在的最后阶段里，地方自治派开始涉足国家政治制度领域，也曾制定出一些改革方案，换言之，此时的他们已不再把基层民众自治问题列为首要目标。

1903 年 4 月，地方自治派召开了首届代表大会，并向政府正式表明了自己的要求④。后来，这个运动的组织性越来越强。同时，1904 年日俄战争中俄军战败，在一部分军队的援助下，地方自治派的声望日趋高涨⑤，随着进一步的发展，它逐渐确立了更为明确的政治目标。在当时"左翼势力"

---

① Леонов М. И. Партия социалистов - революционеров в 1905 - 1907 гг. М. : РОССПЭН, 1997. С. 196 - 198.

② Политические партии России: Энциклопедия. М. : РОССПЭН, 1996, зап. слово «Революционная Россия» (1).

③ Леонов М. И. Партия социалистов - революционеров в 1905 - 1907 гг. М. : РОССПЭН, 1997. С. 187 - 215, 260 - 277.

④ Либеральное движение в России 1902 - 1905 гг. М. : РОССПЭН, 2001. С. 12 - 20, 22 - 26.

⑤ Porter T., Gleason W., "The Zemstvo and the Transformation of Russian 1995", Society //Mary S. Conroy (ed.), *The Emergence of Democracy in Late Imperial Russia*, Boulder: U. of Colorado P., 2000, pp. 60 - 87.

的革命宣传下，一部分成员逐渐走向激进，而另一部分反而对革命的态度越发谨慎。1905 年 5 月 24 ~ 26 日，地方自治派在莫斯科召开会议，经讨论后认为，俄国政治制度发生了重大变化，这种变化超出了政府制定布里根杜马法案时的预想范围，这才使俄国革命最终没有发生。会议还讨论了杜马选举和公民自由权的问题①。6 月 6 ~ 8 日，地方自治派举行了规模更大的"地方—城市自治运动活动者大会"，在会议中，温和派占据了上风，但仍然要求修改布里根杜马草案。其中最激进的是沙霍夫公爵，他说道："不应当有人反对我国人民团结一致……我们必须倾听人们的心声。"② 而 И. И. 彼得伦克维奇认为，人民永远等不来沙皇的主动改革，他也激进地说道："争取自由民主，只能靠人民自己……革命在所难免，但是我们应力求以和平的手段实现目标。"这些言论在当时的俄国社会褒贬不一③，虽然他们并没有说要去主动发动革命，但字里行间中包含了对政府委婉的批评和对改革的呼吁④。

同年 9 月，地方自治派起草了一份议案，其中主张民众应享有包括集会、信仰等自由在内的公民权，以及要求选举应是普遍、平等、匿名、直接的⑤，并且认为应开展立宪改革，但议案中并未对改革提出具体方案。

2. 1905 年 10 月前的立宪运动

在 1905 年之前，俄国立宪派有两个互不所属的组织，分别是立宪派地方自治人士协会和解放社，二者有各自的代表大会，并且与工会联盟的关系十分紧密。当时的工会联盟主席是米留可夫，他积极地与立宪派地方自治人士协会合作。虽然立宪派地方自治人士协会和解放社在许多方面有着共同点，但米留可夫等人依旧认为二者是截然不同的派别。1903 年 4 月，一些立宪派分子举行了非正式会议，并于 1904 年 1 月召开了第一次代表大会，

---

① *Либеральное движение в России 1902 – 1905 гг.* М. : РОССПЭН, 2001. С. 252 – 254（резолюции），248 – 252（краткий отчет）.

② *Либеральное движение в России 1902 – 1905 гг.* М. : РОССПЭН, 2001. С. 277.

③ *Либеральное движение в России 1902 – 1905 гг.* М. : РОССПЭН, 2001. С. 277.

④ *Либеральное движение в России 1902 – 1905 гг.* М. : РОССПЭН, 2001. С. 292 – 300.

⑤ *Либеральное движение в России 1902 – 1905 гг.* М. : РОССПЭН, 2001. С. 416 – 420.

正式成立了"解放社"，1905 年 3 月 25 ~ 28 日，解放社召开了第三次代表大会，会议通过了一份议案，其内容表明该组织对"革命"有着极高的兴趣。然而，尽管该组织在第一份决议案中就说到需要"革命"，但在实际的宣传中并未真正地打出革命口号。相反，解放社主张立即召开立宪会议，通过平等、匿名的全民公投来制定国家宪法。此外，解放社的许多文件都提到了改革。显然，在解放社看来，通过召开立宪会议可以实现对国家政治制度的改良，而且这并不算是一场革命。总的来说，解放社的改革计划有两大部分，一部分是立宪改革，另一部分是社会改革①，且二者都是长期性的。此外，解放社对革命实际的态度明显偏向于中立。

值得注意的是，尼古拉二世在 1905 年 10 月 17 日颁发了《10 月 17 日宣言》，承诺召开拥有立法权并保障一些公民权的国家杜马，在此之后，立宪派开始发生分裂。

曾经是"合法马克思主义派"的司徒卢威在 1903 年后逐渐倾向于自由派，并且积极地参与立宪运动，此外，他以解放社的杂志《解放报》为平台，明确提出了民主与宪政这两大要求②。1904 年，在解放社举办"宴会活动"的同时，他发表了关于宪政和民主改革的要求，但具体内容模棱两可③。1904 年 10 月，《解放报》声称解放社制订了一套完整且代表广泛的民主改革计划④。司徒卢威经过分析后认为，解放社在本质上是支持改革抵制革命的。相比之下，同时期的自由派，例如米留可夫等人还没有在公民权方面形成明确的立场（有关立宪民主党人，请参阅"4."）。

1905 年 8 月，解放社召开了第四次代表大会，与会代表反对抵制布里根杜马，并且对参加杜马选举及相关活动的具体事宜展开讨论。在会议中，

---

① Либеральное движение в России 1902 – 1905 гг. М. : РОССПЭН，2001. С. 158 – 162.

② Шаховской Д. И. «Союз Освобождения». Воспоминания // Либеральное движение. С. 540.

③ Шаховской Д. И. «Союз Освобождения». Воспоминания // Либеральное движение. С. 568 – 569.

④ Шаховской Д. И. «Союз Освобождения». Воспоминания // Либеральное движение. С. 582.

他们再次肯定了要在俄国实现民主与宪政的目标①。通过对解放社的几次代表大会和一些议案文件的分析,笔者认为该组织明显偏向于改革,而不是革命。

3. 十月党人

显然,《10 月 17 日宣言》改变了一些自由派的立场,他们接受了宣言中沙皇承诺的立宪纲要,而且认为不再需要其他的计划,仅凭这个纲要就可以带领俄国走上民主与宪政的康庄大道。正如"10 月 17 日同盟"的这个名称,该组织坚决拥护《10 月 17 日宣言》,并且在盟代会上没有通过任何党章文件,尽管该组织在 1905 ~ 1907 年开过许多次会议,但从其会议记录中可以看出,这些会议几乎从未对民主改革问题进行过讨论②。1906 年初,在第一届盟代会上,十月党人讨论了《10 月 17 日宣言》,但结果仅是对人民和立法机构之间的关系进行了笼统的解释,而且也没有对自己的解释进行探讨和进一步的完善③。时任同盟书记的米柳京表达了对《10 月 17 日宣言》和改革方案的态度,他认为同盟的路线和政府的规划几乎完全一致,但在同年 10 月 12 日,政府废除了之前赋予公民的结社自由权。不久后,维特受邀参与十月党的会议,他在会议上曾多次强调公民权利的重要性④,而米柳京在演讲中不仅谈到了公民权,而且讨论了立宪问题。十月党人认为,为了限制皇权,沙皇必须承认,任何法律在经过国家杜马批准之前都不能生效。此外,十月党人还主张宪法应凌驾于君主之上,君主专制并不意味着"君权至高无上",因此即便是沙皇,也不能违反宪法⑤。

后来,十月党的党魁 Д. Н. 彼霍夫和书记米柳京就立宪和公民权问题阐

---

① 《Информация журнала " Освобождение " о работе съезда » // Либеральное движение. С. 383 – 388.

② Партия «Союз 17 октября». Протоколы съездов ЦК 1905 – 1907. М.：РОССПЭН, 1996.

③ Д. Н. 希波夫 的 报 告。(Партия « Союз 17 октября » . Протоколы съездов ЦК 1905 – 1907. М.：РОССПЭН, 1996. С. 108 – 110.)

④ Партия « Союз 17 октября » . Протоколы съездов ЦК 1905 – 1907. М.：РОССПЭН, 1996. С. 110 – 111.

⑤ Партия « Союз 17 октября » . Протоколы съездов ЦК 1905 – 1907. М.：РОССПЭН, 1996. С. 111 – 112.

明了自己的态度，但他们对民主原则迟迟未表态。总的来说，十月党内的主要分歧在于是否应当相信沙皇将会带领国家走向立宪之路，这种分歧主要产生在领导和普通成员之间，前者认为沙皇的最终决定权应转交于国家杜马，但后者恰恰相反①。经过反复讨论，十月党最终确定了当前最重要的四项任务，其中就包括加速开展国家杜马选举。此外，十月党还对选举提出了具体的方案，但对参加国家杜马会议还未做好准备②。然而，在 1907 年之后，十月党逐渐发生蜕变，对政府的态度由批评转向支持，甚至在"六三政变"后也站在了拥护的立场上。这种转变主要和当时选举法的变化有关，即政府通过修改选举法使选民人数大量减少。尽管之前十月党人主张任何不经过国家杜马批准的法律均不能生效，但在此时，十月党人并没有站出来表示抗议，因为他们已经蜕变成了反动分子。

4. 立宪民主党

1905 年 10 月，在沙皇和维特等人讨论《10 月 17 日宣言》草案期间③，立宪民主党于 12 日宣布成立并召开了第一届代表大会，而且公布了大会内容，其中包括与会者的一系列重要报告和一份提案性的文件。这份文件的第一条写道，"所有俄国公民，不分性别、宗教和民族，在法律面前一律平等"，第一章中还提到了"公民的基本权利"。此外，文件还涉及了地方自治、财政和经济制度，以及劳工和教育等方面的内容④。

在谈到选举时，这份文件主张必须对人民代表进行立法，明确规定人民代表应是由普遍、平等和匿名的方式选举产生的，而且在选举过程中不能有任何的宗教或民族歧视。此外，立宪民主党在文件中还认为，当涉及国家财政预算、监督或审查任何行政部门的工作时，人民代表有权出席并听取相应

---

① Партия «Союз 17 октября». Протоколы съездов ЦК 1905 - 1907. М. : РОССПЭН, 1996. C. 112 - 154.

② Партия «Союз 17 октября». Протоколы съездов ЦК 1905 - 1907. М. : РОССПЭН, 1996. C. 155.

③ Витте С. Ю. Воспоминания. Т. 2. Минск - М. : Харвест и АСТ, 2001. C. 3 - 73.

④ Съезды и конференции конституционно - демократической партии 1905 - 07. [Съезды кадетов, 1997]. Т. 1. М. : РОССПЭН, 1997. C. 34 - 41.

部门的汇报，如果汇报或提案不能通过，那么该法令或政策则不能施行，在立法过程中，人民代表还享有提案权。在权责上，各部大臣应对立法机构负责。但是，立宪民主党人在立法机构应为"一院制"还是"两院制"的问题上产生了分歧①。

由此可见，"立宪"与"民主"是立宪民主党人最重要的两个信条。在当时，许多知名的贵族地主和大资产阶级知识分子，例如大贵族多尔戈鲁科夫家族的帕维尔·迪米特里耶维奇和彼得·迪米特里耶维奇，以及 Д. И. 沙霍夫公爵等人，都对民主制度十分关注。此外，自由派的思想家，例如 П. Б. 司徒卢威和 И. И. 彼得伦克维奇，以及 П. Н. 米留可夫等人，他们在立宪民主党的成立和发展过程中发挥了巨大的作用。对他们而言，民主是有一系列制度作为标志的，即不分性别、民族、信仰的全民普选等，在俄国建立这样的制度也是立宪民主党人的目标和追求。同时，立宪民主党人还规划了宪政体制下政府的职权范围，即政府各部门大臣对"议院"负责，政府部门的工作应在"议院"的监督下开展，各部门大臣在其会议期间有提案权。与十月党人不同，立宪民主党人从来不会对争取民主和立宪等目标和要求划分主次，因为在他们看来，为了在俄国建立宪政体制，这些要求同等重要而且缺一不可。但是，按照立宪民主党人的理念，他们是否赞同"革命"呢？

在立宪民主党章程中，第一条便是党的宗旨，即在俄国建立起君主立宪制度，但在 1907 年初，这个宗旨受到了来自社会各界的质疑，因为人们不知道如何实现这一目标。此外，1907 年的局势和两年前不同，政府向各党派施加压力，致使许多左翼党派转入地下，而立宪民主党为了不被政府认定为革命政党，经过讨论，党的中央委员会最终决定坚持使用合法手段在俄国争取建立君主立宪制②。在当时，立宪民主党的领导人米留可夫时常在《言

---

① Съезды и конференции конституционно - демократической партии 1905 - 07. ［Съезды кадетов, 1997］. Т. 1. М. : РОССПЭН, 1997. С. 36.

② А. А. 科尔尼洛夫的报告谈论了 1905～1907 年间党中央的活动。（Съезды и конференции конституционно - демократической партии 1905 - 07. ［Съезды кадетов, 1997］. Т. 1. М. : РОССПЭН, 1997. С. 507.）

论报》上登文，通过研究 1905～1906 年间他在该报上发表的文章，可以看出他认为留给政府的选择只有两项，要么拒不妥协，要么做出让步（同意召开国家杜马），其中前者会在社会上引发巨大的革命浪潮，而后者或许会阻止革命爆发，最终挽救政府①。但是，米留可夫依然未彻底放下"革命"的口号，在他看来，1905 年"革命"并非开始于加邦神父领导的 1 月 9 日示威游行，而是在 1904 年秋季，即自由派积极活动期间。因此，他向自由派所掀起的"革命"表示敬意，但后来，他在回忆录中提及"二次革命"时，重新审视了曾经对自由派的评价。实际上，这本回忆录受到了他本人在 20 世纪初诸多经历的影响，主观性过强，因此不能被视为俄国在 1905～1907 年间一系列事件的真实写照②。

（四）右翼政党

对于俄国保皇党等右翼分子来说，他们既无法接受"民主"，也无法理解"革命"，并且对二者的评价极为消极，因此似乎没有必要详细地分析他们的观点。但是，他们和左翼政党一样，活动十分频繁，只是方向截然相反，而且以各种手段反对那些宣传"革命"和"民主"的左翼政党。政府决定召开国家杜马之后，他们也参与了选举，在这期间，他们也感受到了社会上日趋高昂的民主热潮。然而，右翼政党的分散性，导致他们在选举前准备不足。

尽管右翼政党反对民主制度，但他们承认参选是宣传自己思想理念的最好方法。在选举期间，他们积极活动，以各种社会平台向民众鼓吹保守思想，他们主张君主专制制度是沙皇和人民团结统一的基础③。此外，他们还认为沙皇本人并不代表政府，所以需要对那些有损于人民和国家的政策负责

---

① Волобуев О. В. Первая российская революция в публицистике П. Н. Милюкова // Шелохаев В. В. и др. П. Н. Милюков. Историк, политик, дипломат, М. : РОССПЭН, 2000, С. 431 - 448. （О. В. 沃洛布耶夫是基于米留可夫所著的《奋斗之年》来进行分析的。）

② Милюков П. Н. История второй русской революции. М. : РОССПЭН, 2001. ; Милюков П. Н. Воспоминания М. : Вагриус, 2001.

③ Правые партии. Документы и материалы 1905 – 1910 гг. М. : РОССПЭН, 1998. С. 72.

任的，是政府而不是沙皇本人①。

右翼政党的言论和主张十分荒诞，他们一方面极力主张"沙皇与人民团结统一"，另一方面又将沙皇和政府割裂开来，称需要对一切政治行为负责任的是政府，而沙皇不需要负任何的责任。

作为右翼政党的"俄罗斯人民同盟"就是一个典型的例子。该党认为，在俄国历史上，沙皇和人民始终是团结一致的，并声称："沙皇可以直接听到人民的呼声，在'人民君主制'下，君民共治。"② 在他们看来，是沙皇体制保持了这种"理想状态"，所以无论在过去还是现在，这都是俄国不可或缺的制度。此外，该党还认为，国家杜马必须在人民广泛支持参与的情况下融入现行的沙皇专制体制。总之，"俄罗斯人民同盟"始终在试图证明"人民"在当下的政局中已经发挥了重要的作用，所以民主制度没有必要在俄国建立。

1906 年 2 月，"俄罗斯大会"召开了第一届会议，并通过了一份文件，该文件认为，《10 月 17 日宣言》的发布并不是标志着俄国将要立宪，沙皇的专制权力也不会因此而遭到削弱。此外，该文件还宣布，任何情况下都无法接受在俄国召开立宪会议③。

通过分析各右翼报纸杂志或宣传手册中的文章，我们可以看到各右翼党派之间存在一些细微的差别。当然，它们都具有一个共同点，那便是尽管肯定人民在政治领域内的重要性，但坚决地拒绝民主思想和制度。而它们所做的一切都是为了向民众证明：俄国不需要宪法和民主。此外，它们还认为，"同心同德"和"人民性"是"人民君主制"保持稳定的最关键因素④，而其他因素在这二者面前都显得无足轻重，同时，沙皇不应有任何的束缚，他只需从人民中挑选出最值得信赖的"精英"为其辅佐即可。

---

① Правые партии. Документы и материалы 1905 – 1910 гг. М.：РОССПЭН，1998. С. 72.

② Правые партии. Документы и материалы 1905 – 1910 гг. М.：РОССПЭН，1998. С. 79.

③ Правые партии. Документы и материалы 1905 – 1910 гг. М.：РОССПЭН，1998. С. 126.

④ Sergeyev V.，Birukov N. Russia's Road to Democracy：Parliament，Communism and Traditional Culture. Aldershot：Elgar，1993.

放眼当时的欧洲，在大多数国家都存在这样的保守势力，他们大多声称本国的传统具有特殊性，故不宜实行民主。因此，俄国的保守派并非欧洲的特例，但值得注意的是，他们在思想上有一个特殊之处，即主张无限君主制。

五 "立宪"与"专制"的争锋

1905～1906年间，人们对"立宪"这个概念至少有三种截然不同的认知，而且由于认知的不同，社会上出现了围绕这个话题的争鸣，主要是对其理论性质和在具体实施上的争论。从辩论方式上看，单一地用理论争辩明显比理论结合实际要轻松许多，其中，前者以理论为标杆，向社会民众解释本国的立宪是否符合"标准"。

（一）激进立宪主义者与极右传统主义者

立宪民主党内的大多数左翼成员认为，对于实现完全的宪政而言，仅通过一项厘清君主与议会权责的法律是远远不够的，所以立宪无法在现有的俄国政治制度下实现。这种态度是对沙皇政府的"伪立宪"行径表达出的抗议，因为在沙皇政府操纵的"立宪"活动下，民众显然没有发挥决定性的作用。为了立行宪法，立宪会议是必不可少的，同时，会议应对国家新制度和新机器做出相应的规定，法国和美国就是在大革命中完成了这一进程，但显然，俄国受现行政治制度的限制，无法正常地召开立宪会议，更不可能产生真正的宪法①。所以在俄国的政治环境下，首先应当发动革命，推翻君主专制制度，然后召开立宪会议制定宪法，而这一过程在1917年革命中实现了一部分，因为当时一度召开了立宪会议，并从1917年底开始讨论制定宪法，但后来，其职权和作用并未被苏联继承②。

俄罗斯人民同盟和保皇党等右翼政党组织坚决地站在了立宪的对立面，

---

① Протасов Л. Г. Всероссийское учредительное собрание. История рождения и гибели. М. : РОССПЭН，1997. С. 11 – 19.

② Протасов Л. Г. Всероссийское учредительное собрание. История рождения и гибели. М. : РОССПЭН，1997. Гл. 4 – 5.

并认为不能以任何形式束缚沙皇的双手，因为沙皇生来就是专制的化身①。所以他们强烈谴责《10 月 17 日宣言》，认为企图立宪的做法破坏了沙皇专制。总之，他们反对任何有损于沙皇专制的改革。对他们而言，一切理念和制度都不如传统的"君民携手的太平治世"更可靠、更理想，他们还声称俄国在"人民"的治理下，信仰东正教的农民受到了体谅和关怀。此外，他们抵制不同民族文化和宗教在俄国的传播，而且不承认工业化给俄国社会带来了一系列的变化②。显然，他们对这两个问题的立场十分反动，而在民族问题上，他们中的大多数人略偏向于穆斯林，对犹太人却极为歧视，不断地煽动社会上的反犹情绪，从国家层面上看，尽管 C. Ю. 维特和 П. A. 斯托雷平等人对此表示反对，但民族歧视依然在皇室和政府官员中大行其道，所以这可以被认为是官方非制度性政策的一部分③。

（二）立宪民主党

通过观察十月党、立宪民主党和其他自由派党派的活动，可以发现它们在立宪问题的观点相较于其他政党来说较为中立，它们似乎是处在俄国政治坐标轴的"原点"附近，换言之，可以将它们称为中间派政党。实际上，立宪民主党依然在试图制定偏左的纲领，即制定宪法，推行宪政。

由于许多立宪民主党人曾是地方自治派成员，所以在身份转换过程中，不少人产生了一些矛盾的观点，甚至因此给该党带来了许多问题。在立宪问题上，立宪民主党人自始至终都表现得极为支持，在经过一系列的协商之后，他们对立宪的细则终于达成了一致，同时，召开立宪会议的想法也得到了其他立宪主义者的支持。在 1905 年 10 月的党章中，虽然称国家为"俄罗

① A. П. 鲍罗廷分析了自 1906 年以来国务会议中右派人士的主要观点，他认为这与本次研究的内容有密切联系。（Бородин А. П. Государственный Совет России 1906 – 1917. Киров, 1999. С. 49 – 63.）按照 1906 年初的改革，国务会议半数成员从社会上流人物中选举产生，并且它被改为俄罗斯议会的上院，而国家杜马为下院。

② Правые партии. Документы и материалы 1905 – 1910 гг. М. : РОССПЭН, 1998. С. 78 – 79, 80 – 81, 93 – 100, 138 – 139.

③ 没有更详细的文件证明当时的俄国官员发布了歧视性政策，但当时的右翼政党——俄罗斯人民同盟是十分狂热的民族主义团体，而且拥有一支被称为"黑帮"的准军事组织。（Pipes R. , *The Russian Revolution 1899 – 1919*, London：Harvill, 1990, pp. 46 – 48, 68 – 71.）

斯帝国",但并未提到国家元首,无论这个帝国的元首是沙皇还是总统,总之这个话题被回避,根据这一现象也可以大致猜到,在国家元首这一问题上党内仍然存在分歧。立宪民主党人曾公开表示,未来俄国的宪法中应包含基本法的具体内容①。而在 1906 年 1 月制定的新纲领中,立宪民主党人的目标被总结为"将俄国改造成一个君主立宪制的宪政国家",并且再次提到要让宪法成为国家的根本大法②。

立宪民主党制定的社会改造方案并未勾勒出沙皇、大臣和国家杜马之间分权制衡的细致蓝图,更未说清大臣会议主席的地位,在《10 月 17 日宣言》颁布后,立宪民主党人立即开始修补之前所做出的方案,在大臣和国家杜马的权责问题上,该党提出了两份方案,其中一份写道,"政府各部大臣对国家杜马负责,各级代表有权监督政府人员的工作"③。然而,这个表述有一个巨大的漏洞,即这些职权究竟是出于法律还是政治,如果特指出于后者,那么这个职权在推行过程中将如何行使,所以这又衍生了新的问题。总之,这个自诩为"立宪"的政党在制定政府组建方案上显得极为"业余",在后续制定的一系列方案中,立宪民主党对大臣任免方式、大臣会议主席地位等重要问题也没有谈及。

立宪民主党人以自由主义立场支持立宪的说辞还有一个明显的缺陷,即忽略了国务会议作用。尽管当时俄国的自由派政党都构想过建立"两院制"的议会,但让他们始料未及的是,国务会议的地位在 1905 年秋骤然上升,成为议会两院中的"上院"。

1904 ~ 1905 年间,社会上提出的立宪方案大多体现了自由主义倾向,但它们在具体实施的内容上却显得极为模糊,例如 П. Б. 司徒卢威在 1904 年 12 月 2 日(俄历 11 月 19 日)的《解放报》上发表的文章就流露出这种

---

① Съезды и конференции конституционно - демократической партии 1905 - 07. [Съезды кадетов, 1997]. Т. 1. М. : РОССПЭН, 1997. С. 36. Вся программа. С. 34 - 41.

② Съезды и конференции конституционно - демократической партии 1905 - 07. [Съезды кадетов, 1997]. Т. 1. М. : РОССПЭН, 1997. С. 190. Вся программа. С. 189 - 196.

③ Съезды и конференции конституционно - демократической партии 1905 - 07. [Съезды кадетов, 1997]. Т. 1. М. : РОССПЭН, 1997. С. 36, 190.

模棱两可的态度，他认为立宪运动应规范化、合法化和公众化。与要求立行"民主宪法"相比，似乎争取地方自治更符合解放社的传统，所以后来解放社在该报上补充道，必须在宪法中添加有关扩大地方自治权的条款①。美国学者派普斯发现，司徒卢威曾在 1904~1905 年间的文章论著中支持恢复芬兰宪法和波兰宪章，这两者是在 1815 年由亚历山大一世批准颁行的，但在1830 年被尼古拉一世废止。此外，派普斯认为，在少数民族的权利方面，司徒卢威的主张比 1904 年 9 月在巴黎会议上的决议更加激进，但最核心的想法仍是用"宪政"和"民主"来取代"专制"②。尽管如此，具体的内容依旧没有说明。梅丽萨·斯托克代尔认为，司徒卢威的这些立场和观点形成于 1903 年，也就是在他决定加入米留可夫所领导的自由派组织之前，虽然他的思想在世纪之交发生了明显的变化，但其理论大多源于"民主"与"宪政"这两大概念。这样来看，司徒卢威并不算是一位"半立宪主义者"③，这个名号用在 Д. Н. 希波夫这样的人物头上或许更为恰当。

从 1904 年 12 月 3 日（俄历 11 月 20 日）开始，解放社不断地组织一些支持"宪政民主"的群众参加"宴会活动"。后来，当解放社的许多成员开始讨论召开立宪会议来制定宪法，以及如何破坏君主专制的根基时，这项运动逐渐走向激进，但在年底的例会上，这些地方自治派依旧只提出了一些温和的立宪主张④。

1905 年 6 月，司徒卢威呼吁俄国应当全面进入民主时代，为此政府必须保障人民权利⑤，他在报纸杂志中大力倡导全民普选。在米留可夫看来，"立宪"是自由主义政治的基础，因此，他将和司徒卢威并肩作战，并且他也认为对国家各权力机构之间关系的问题不需要进行细致入微的描述，所以

① Пайпс Р. Струве. Биография. Т. 1. Струве: левый либерал 1870－1905. М. ，2001. C. 514.
② Пайпс Р. Струве. Биография. Т. 1. Струве: левый либерал 1870－1905. М. ，2001. C. 509.
③ Stockdale M. K. Paul Miliukov and the Quest for a Liberal Russia, 1880－1918. Ithaca & London：Cornell U. P. ，1996. P. 104－105.
④ Пайпс Р. Струве. Биография. Т. 1. Струве: левый либерал 1870－1905. М. ，2001. C. 517.
⑤ Пайпс Р. Струве. Биография. Т. 1. Струве: левый либерал 1870－1905. М. ，2001. C. 594－595.

他也没有提出具体的立宪步骤。值得注意的是，他强烈反对将沙皇的宣言视为宪法，甚至将维特曾私下承认宣言实际上只是沙皇维护专制的缓兵之计这样的言论公之于众。米留可夫曾写道："之前革命者的错误和自身力量的分散，导致我们的政治权利无法由自己掌握，这才出现了来决定我们地位的《10 月 17 日宣言》。"① 此外，在日俄战争期间，他反对司徒卢威主张的"自由主义者团结军队"的想法，为了实现宪政，米留可夫高喊出了"打倒专制政府"的口号，这相当于呼吁全社会组成反专制的统一战线②。在立宪民主党成立大会的开幕式上，米留可夫没有谈到立宪会议，只是援引西欧国家的斗争经验来制定本国自由派的策略③。不久后，米留可夫和立宪民主党的其他领导人逐渐倾向温和，并在 1905 年 10 月到 1906 年 1 月间改变了党的策略。

（三）十月党

许多学者认为，尽管十月党从 1906 年秋到 1907 年一直在讨论立宪问题，但实际上该党对立宪的兴趣并不大。然而，这或许是人们对十月党的一个错误印象，因为该党的会议记录表明，它的任何一次会议都没有表现出这种态度。反之，有两份会议记录完整地保存了十月党对宪法问题的讨论，这证明了十月党人致力于关注《10 月 17 日宣言》中的立宪问题。

正如希波夫在莫斯科和圣彼得堡召开的中央委员会会议上所说的那样，《10 月 17 日宣言》是俄国建立君主立宪制的开端④。在后续的一系列讨论

① Съезды и конференции конституционно - демократической партии 1905 - 07. ［Съезды кадетов，1997］. Т. 1. М.：РОССПЭН，1997. С. 68.

② Stockdale M. K., *Paul Miliukov and the Quest for a Liberal Russia, 1880 - 1918*, Ithaca & London：Cornell U. P.，1996, p. 116f.

③ Stockdale M. K., *Paul Miliukov and the Quest for a Liberal Russia, 1880 - 1918*, Ithaca & London：Cornell U. P.，1996, pp. 143 - 145. 在立宪民主党的第二次代表大会上，米留可夫更多地谈到了选举准则，他认为所有参选的政党都要做好执政的准备。（Съезды и конференции конституционно - демократической партии 1905 - 07. ［Съезды кадетов，1997］. Т. 1. М.：РОССПЭН，1997. С. 63 - 70. 关于选举准则参见 С. 66 。）

④ Партия «Союз 17 октября». Протоколы съездов ЦК 1905 - 1907. М.：РОССПЭН，1996. С. 46.

中，H. H. 佩尔佐夫提到了宪法问题，他提到了关于新法律具体内容的传闻，以及国务会议和国家杜马的职权规定将于 1 月 18 日公布的小道消息。希波夫听闻后，立即将话题引向政府管理层方面，他认为维特应该离开现在的岗位，由 П. Н. 杜尔诺沃替代他①。在此次会议的第二天，大会对希波夫方案的具体实施方面展开了讨论，但因 A. И. 古奇科夫无法苟同，该方案最终没有通过②。

1906 年 1 月，在谈到十月党的目标时，科尔夫男爵表示，党的目标就是在俄国建立"二元君主立宪制"，他还认为，那些反对君主制的人就是十月党的敌人，党的宗旨就是确保《10 月 17 日宣言》的顺利推行③，从某种意义上说，这一番言辞可以被视作十月党为参选国家杜马而向全社会发表的一次声明。此外，米柳京有一次在参加中央委员会议时发表了长篇演讲，会议就这次演讲展开了激烈的讨论，并且详细地阐述了政府和其他党派的关系④。

（四）立宪之争

"立宪"是选举前各政党间争论的焦点，但没有任何一个党派在辩论中占据绝对优势。立宪民主党认为，只有在全民普选的基础上组建立宪会议，再由立宪会议投票通过的草案才能成为宪法。而那些极右派政党则认为，任何人和机构都无权在俄国颁行宪法，因为俄国必须沿着专制的道路前行，而正是这些极右派活动家后来逐渐成为"二元君主立宪制"的狂热信徒。

在君主国家"立宪"意味着立法权将从皇权中抽离，但许多人对其的

---

① Партия «Союз 17 октября». Протоколы съездов ЦК 1905 – 1907. M.：РОССПЭН，1996. C. 47.

② Партия «Союз 17 октября». Протоколы съездов ЦК 1905 – 1907. M.：РОССПЭН，1996. C. 57.

③ Партия «Союз 17 октября». Протоколы съездов ЦК 1905 – 1907. M.：РОССПЭН，1996. C. 70 – 72.

④ Партия «Союз 17 октября». Протоколы съездов ЦК 1905 – 1907. M.：РОССПЭН，1996. C. 73 – 85（Милютин），85 – 103（остальная дискуссия）.

了解也仅限于此。总之，当时社会各界对宪法的态度可以分为三大类：
（1）反对《10月17日宣言》中的立宪条款，要求召开由普选产生的立宪
会议；（2）反对各种形式的立宪活动；（3）对专制制度的局限性有部分了
解，但对立宪保持中立态度。然而，在选举之前，任何政党都未意识到，西
欧国家政府和议会的关系之所以和谐稳定，是因为在立宪制度下二者可以有
条不紊地运行。

六 民主化——俄国民主文化的衍生物

在前两次选举中，社会上的民主之声不绝于耳，参选的政党在一次次的
演讲中公开了自己的立场。

如果以是否支持全民普选为标准划分界限的话，那么十月党毋庸置疑是
反普选的典型，而敌人正是立宪民主党、社会民主党、社会革命党，以及其
他支持"民主"的党派团体。此外，俄国的右翼政党，如俄罗斯人民同盟、
俄罗斯大会等其他民族主义组织都毫不隐瞒自己对"民主"的敌视。尽管
他们承认在现有的机制下人民和沙皇缺乏沟通的渠道，但他们只是呼吁二者
要"同心同德"。同样，在政府内部，尽管各部大臣在许多政治问题上存在
分歧，但他们对"专制制度"从未表示过怀疑，所以没有人对"民主"表
示兴趣和同情，即使是被称为"自由主义者"的维特也从未彻底地倒向民
主，他制定的所有政策并非基于民主原则①。

民主，并不只是体现在投票的那一刹那，而是在一个特定的政治环
境中，它本身的光辉方能展现。此外，在投票时，人们也应多方面考虑，
对任何一个政党都应客观地看待。对于左翼政党而言，"革命"是"民
主"的先决条件，而"君主专制"是它们必须扫除的对象。对于立宪民
主党和部分十月党人来说，"立宪"是"民主"的一个重要组成部分，在
他们看来，"立宪"意味着各大臣各司其职，对政务也有一定的决定权，

---

① Mehlinger H. D., Thompson J. M., *Count Witte and the Tsarist Government in the 1905 Revolution*,
Bloomington: Indiana U. P., 1972; Витте С. Ю. Воспоминания Т. 1 – 2. Минск – М.:
Харвест и АСТ, 2001.

并对国家杜马负责。在 1907 年的第三届国家杜马召开之前，十月党尚未明显右倾，他仍在积极地强调传统"君民关系"中"人民"的权利和地位。

社会革命党，正如其名，其宗旨就是发动暴风雨般的革命。在 1904 年前后，虽然"革命"始终是该党唯一不变的信条，但"社会主义"思想在一定程度上被社会革命党吸纳，革命活动的性质有所变化。而党内的主要分歧是在进行革命活动时，恐怖行动开展的范围和作用[①]，从该党后续的活动来看，恐怖行动得到了党内大多数人的认可，并且从实际效果上看，这些恐怖行动产生了巨大的社会影响力，甚至该党的民主改革纲领与其相比也会黯然失色。总的来说，从社会革命党的纲领来看[②]，他们认为若要建立真正的民主共和国，必须摧毁沙皇专制制度，所以他们渴望民主的愿望是显而易见的。具体而言，纲领中提到，"年满 20 周岁，不分性别、宗教和民族，全国公民都享有普选权"，毫无疑问，社会革命党人的构想表明，他们十分清楚用什么样的手段可以将俄国推上民主之路[③]，这一点与只是高喊"立宪"口号和制定提纲，但不思考具体实施手段的立宪民主党截然不同。此外，该党还追求消灭阶级差异和所有特权，并主张实现各省自治，以及推动俄国形成公民社会，呼吁进一步完善法律[④]。社会革命党认为自己是国际社会主义运动的一部分，他在 1906 年所制定的方案带有一定程度的民主社会主义色彩，建立"民主共和国"的要求是之前几年党内争论的焦点之一，虽然党

---

① Леонов М. И. Партия социалистов – революционеров в 1905 – 1907 гг. М. : РОССПЭН, 1997. С. 32 – 35.

② 1903 年和 1904 年，社会革命党分别制定了两个计划方案：Партия социалистов – революционеров. Документыи материалы 1900 – 1917 гг. М. : РОССПЭН, 1996, С. 111 – 125. 此外，在 1905 年 12 月到 1906 年 1 月举行的党内会议上，社会革命党人又制定出第三套方案：Партия социалистов – революционеров. Документыи материалы 1900 – 1917 гг. М. : РОССПЭН, 1996. С. 273 – 278 （проект），278 – 381 （дискуссии），381 – 401 （голосование по отдельным частям программы）.

③ Партия социалистов – революционеров. Документыи материалы 1900 – 1917 гг. М. : РОССПЭН, 1996. С. 276.

④ Леонов М. И. Партия социалистов – революционеров в 1905 – 1907 гг. М. : РОССПЭН, 1997. С. 106.

内仍有成员对此有所异议，但最终还是以多数票通过①。同时，该党还草拟了一份有关参加全俄立宪会议时的提案，尽管这项提案与党章的部分内容相矛盾，但依然得到了多数成员的支持。对于许多社会底层民众而言，自世纪之交民主之风袭来，召开立宪会议成为他们心中的信念，因为在这个新式的国家体系下，所有人都能享有充分的合法权利②。另外，对于社会革命党来说，社会主义实际上只是一个被束之高阁的核心思想，他们对"社会主义革命"的态度其实并不明确。反观社会民主党，虽然党的左右两派都支持全民普选，但在革命问题上，布尔什维克和孟什维克却意见相左，而身为调和派的普列汉诺夫实际上更倾向于革命，所以在这个问题上他支持列宁。社会民主党的一些领导人认为，革命是实现社会主义的重要手段，更是必要条件，所以"合法马克思主义者"很快就遭受了批判，因为他拒绝使用暴力斗争手段。而社会民主党和社会革命党在意识形态上的矛盾很可能导致二者相互抨击，П. Б. 阿克谢里罗德和 Ю. О. 马尔托夫写于 1905 年 6 月的信件显示，社会民主党的各派都不认为社会革命党是社会主义政党，因此二者并非革命道路上的"同志"③。

社会民主党对"民主"这个概念有一套独特的理解，他们认为"民主"需经"革命"方能真正实现。虽然和立宪民主党左翼一样，社会民主党也对"革命"和"民主"持积极态度，但差异在于，后者不认为通过立宪会议和选举可以实现真正的"民主"。

出于对"革命"的否定或恐惧态度，一些政党不断地对其进行抨击，甚至在立宪改革问题上，社会民主党与一些左翼政党竟也展开论战，并且占

---

① Леонов М. И. Партия социалистов – революционеров в 1905 – 1907 гг. М. : РОССПЭН, 1997. С. 107.

② 关于召开立宪会议的要求：Протасов Л. Г. Всероссийское учредительное собрание. История рождения и гибели. М. : РОССПЭН, 1997. 社会革命党人决定继续坚持对立宪会议的争取，普罗索塔夫对此写道："社会革命党人坚持不懈的呼吁召开立宪会议，毕竟他们控制了当时大多数的俄国报纸，这对宣传来说是一个巨大的优势。"（Протасов Л. Г. Всероссийское учредительное собрание. История рождения и гибели. М. : РОССПЭН, 1997. С. 37. ）

③ Леонов М. И. Партия социалистов – революционеров в 1905 – 1907 гг. М. : РОССПЭН, 1997. С. 107.

据上风。值得注意的是，这些政党大多在宣传中使用"人民"等字眼，例如立宪民主党就是在"解放社"的基础上成立的，而"解放"的对象正是"人民"。按照他们的构想，在新机制下，立法、行政、预算等一切权力都将由"人民代表"来行使①。此外，另一个相反的保守方案是由当时的右翼政党——俄罗斯人民同盟提出的，这个组织推崇狂热的民族主义，宣扬传统的君民关系，反对任何形式的改革，并以此为基础提出了许多保守的措施。在性质上，俄罗斯人民同盟既不是资产阶级政党，也不是沙皇的御用近臣，从该党的成分看，90%的成员出身农民阶级。

一边高喊着"人民"，一边自圆其说地解释"民主"的概念，从极左到极右，20世纪初的许多政党都不约而同地希望在社会上争取到足够广泛的群众基础。在它们看来，民众的支持与否至关重要，例如对左翼革命政党来说，革命必须有足够的群众参与；在立宪派阵营中，制定民主宪法和责任政府都需要人民的支持；而在右翼保守派所描绘的"君民共治"蓝图中，"人民"的重要性更是不言而喻。

对于一个党派而言，纲领思想极为重要，当1906年第一次竞选活动开始后，各政党便立即把自己的立场和态度展示给全国选民，与俄国历史上的其他时期相比，这或许是最自由、最开放的一刻。可能许多公民受文化程度或其他原因的限制，难以察觉到候选人真正的思想，但由于各政党在"革命"、"立宪"和"民主"三个方面的立场可谓是泾渭分明，所以这并不妨碍人民投出手中的选票。

第三节　政治领域的变迁

一　社会模型的理论和运用方法

（一）"公共领域"的概念及其运用

在近代欧洲社会中，公共领域的发展和新式交流媒介的出现深刻地改

---

① 《Проект программных документов оргбюро съездов земских и городских деятелей》 // Либеральное движение. М. , 2001. С. 416 – 418.

变了社会面貌。德国著名哲学家、社会学家尤尔根·哈贝马斯根据这些现象总结了许多基本概念和社会模型。具体而言，就是指从 18 世纪下半叶到 19 世纪中叶近一个世纪以来，整个欧洲大陆都发生了由"代表性公共领域"到"资产阶级公共领域"的转变，这一转变不仅标志着统治者和主体民众间新的交流媒介的出现，而且还意味着政治讨论的"社会化"趋势加强。如果说"代表公共领域"是指统治者向民众展示自己强大的军事力量和神秘莫测的皇权的话，那么日益发展的"资产阶级公共领域"则意味着社会议政风气的蔓延和社会团体的出现，以及体现资产阶级思想书刊的大量出版①。

事实证明，哈贝马斯的理论为社会科学研究做出了重大贡献，特别是 1962 年出版的《公共领域的结构转型》和 1981 年出版的《交往的理论》，这些著作很好地诠释了"公共领域"这一社会学理论。但毕竟笔者的研究对象是俄国，其历史在全欧洲范围内具有一定的特殊性，所以在研究中并不会完全照搬哈贝马斯的理论。笔者在研究俄国"公共领域"的转变过程时需要面对两方面的问题。其一，当参与公开辩论的社会阶层范围不断扩大，资产阶级再也无力将其"垄断"时，俄国社会上的"资产阶级公共领域"究竟发生了何种变化（这意味着此项研究超出了哈贝马斯首部作品内的年代范围）？其二，只要对比俄德两国的历史，就不难发现，俄国的"资产阶级公共领域"并未像德国那样有较充分的发展。当时有许多俄国知识分子试图在受过教育的阶层中培育他们对政治的责任感，但在专制政府的压力下，他们大多被逮捕，并被流放或主动流亡国外。然而，依旧有部分知识分子选择留在俄国，他们不仅继续着自己的使命，而且担负起了宣传国外流亡者新思想的任务。许多学者对此表现出了浓厚的兴趣②，并且在史学界引起

① Habermas J. Strukturwandel der Öffentlichkeit: Untersuchungen zu einer Kategorie der bürgerlichen Gesellschaft. Frankfurt/M: Suhrkamp, 1990; Habermas J. Theorie des kommunikativen Handelns. Frankfurt/M: Suhrkamp, 1988 (1981). Vol. 2. S. 447–547.

② Venturi F., *Roots of Revolution: A History of the Populist and Socialist Movements in Nineteenth Century Russia*, London, 1960; Wartenweiler D., *Civil Society and Academic Debate in Russia, 1905–1914*, Oxford: Clarendon, 1999.

了激烈的争论。从某种程度上看，政府与知识分子的冲突在德国、奥匈帝国、法国等国家表现得更为激烈，尽管这些国家的政治环境看似更为宽松。俄国的"代表性公共领域"的力量远比这些国家强大，直至 1890～1914 年间，它还在为巩固自己的地位而拼死挣扎。就像所有国家的"代表性公共领域"一样，在帝国的挽歌声中，它还渴望不断地向人们展示自己的财富和奢华，但显然，它如同一座破败的中世纪堡垒，在新兴政党的宣传炮弹下即将灰飞烟灭。

正如上文所言，笔者研究的对象是俄国民主文化的兴起与发展，由于"公共领域"理论涵盖范围极广，所以笔者不会完全套用哈贝马斯的全部理论。然而，毕竟"政治领域"是"公共领域"中的一个重要组成部分，因此笔者在对其进行分析时仍将会借鉴这个理论的研究方法。

（二）史料收集和研究方法

在撰写本节时，笔者收集了大量的文献资料，但目的并不是要在既有成果上增添史料，而是想对这些资料进行更全面的研究，为此，笔者将从选举的视角去分析政治领域的发展演变。首先，笔者要提到两部著作，其中一部是为纪念俄国 1905～1907 年"革命"爆发 50 周年而出版的文献著作——《1905～1907 年的俄国革命》，由 A. M. 潘克拉托娃院士主编，这部著作对社会民主党人发动革命表达了深深的敬意。而对其他党派的研究，笔者则主要是参考了由俄罗斯政治百科全书出版社出版的《19 世纪末 20 世纪初的俄国政党》，这部著作记录了 1905～1907 年间右翼政党、十月党、立宪民主党和社会革命党的活动，并以详略不同的篇幅记录了这些政党的早期发展史。此外，笔者还参考了一些著名政治家的回忆录，其中有些还记录了 1917 年革命后的历史，也许是受革命热情的影响，他们写下了对未来政治走向的畅想。尽管这些回忆录可能带有主观色彩，但毕竟作者不可能预见到自己的记录会被后人用于研究，故部分内容的真实性还是可以肯定的。同时，这些政治家在著书时参考了一些在当下已经佚失的文件，所以这些回忆录具有较高的史料价值。

在莫斯科国立大学的图书馆中，储存了少量当时政党的宣传手册，而这些手册意味着它们在第一届国家杜马竞选期间以史无前例的方式向民众宣传了自己的思想，并且最终收到了良好的效果。这些宣传都各具特点，要么包含了深邃的思想，要么引起了社会上层的同情，要么是在群众中一呼百应，引起示威游行，而靠宣传在竞选中赢取某些职位则另有手段。各政党在宣传手册中几乎从未承认自己的宣传就是为了竞选，但通过这些小册子发行的日期可以确定，它们必然与1906～1907年间的选举有关。然而，莫斯科国立大学图书馆的收藏并不完整，因为当时完全有可能还发行了其他类似的读物。

在第一届国家杜马解散后，随之而来的是第二届国家杜马，但是这两者选举筹备的方式却大相径庭，那些单行本小册子又不得不面向新的竞选活动，因此各政党又印刷了新版的宣传手册，而之前的逐渐停产，并在漫长的历史中佚失。所以，笔者无从得知在第一届国家杜马竞选期间宣传手册的印刷规模。

二 宣传目标的转变

A. M. 潘克拉托娃院士和他的编委组在编著《1905～1907年的俄国革命》时，收集了1905年1月2日到1907年6月社会民主党地方组织的大量文件，以及一些党内领导人的个人资料。而且该书详细地记录了1905年"事件"发生的始末，但笔者不会在潘克拉托娃院士或其他研究人员的成果基础上得出结论，因为当时的社会环境并不宽松，该书对社会民主党的偏向性极为明显。然而，若要研究社会民主党人宣传方式的话，此书无疑提供了极为宝贵的史料。

这部书收集了大量的原始资料，例如公共传单、知识分子的报纸杂志和一些政治活动家的信件，这些资料在潜移默化中使读者对社会民主党人产生敬意。总的来说，社会民主党人的宣传范围广、手段多，其具体步骤是由党的地方组织根据情况决定宣传的具体内容，然后印刷出版[1]。在跌宕起伏的

---

① Революция 1905 – 1907 гг. в России/Отв. ред А. М. Панкратова М. 1955 – 1965. Российское законодательство Х – ХХ веков. Т. 8, М., 1994. 出版物中附有大量关于政府警察的报告的

1905 年里，社会民主党人多次采取行动来吸引民众的支持，这在后来 1906 ~ 1907 年的竞选期间表现得更为明显。

　　然而，不是只有社会民主党人才会积极地宣传自己的思想，社会革命党人也是如此，并且和社会民主党一样，他们的中央和地方组织也分工明确，相互配合。在笔者参考的著作中，该党内部讨论的文件、工作报告、传单等资料较为充足①，可相比于社会民主党，仍显得相对匮乏②，也正因此，笔者很难将两党的活动进行比较。但毫无疑问，社会革命党作为当时的左翼大党，其活动和影响力必然不逊于社会民主党。

　　社会民主党和社会革命党均在 1905 年前成立，这使它们在宣传方面占据优势，但这也意味着相互之间的竞争。为了能抢先一步对政治问题发表自己的看法，两党都需要有自己的信息获取渠道。尽管许多政党内部争论不断，但在争取民众方面十分统一，它们将自己内部讨论通过的文件汇编成册，并且大量出版，在这些出版物中，无外乎向民众通告当下的俄国政局，以及自己将采取什么措施来解决问题。由于当时社会上的罢工情绪愈发高涨，但广大的劳动人民依然不清楚自己斗争的对象，所以越来越多的工人和农民参与到公共政治领域，试图洞察身边的世界。后来，他们逐渐拥有了自己的立场，加入了某些政党，并在这些政党的领导下开展了维护自身利益的行动。

　　当然，左翼政党并非一枝独秀。多年来，"俄罗斯大会"也在积极地争取有保守倾向的群众的支持。然而，它并非一个组织严密的政党，而是类似于"俱乐部"，在组织活动中通过传单、手册的方式宣传保守思想。事实证明，这个组织在上流阶层中得到了一些人的支持③，直到"俄罗斯人民同盟"成立后它才逐渐停止活动。该组织当时的传单旨在吸引支持者加入自

---

① Леонов М. И. Партия социалистов - революционеров в 1905 - 1907 гг. М. : РОССПЭН, 1997.

② Партия социалистов - революционеров. Документы и материалы. Т. 1. М. : РОССПЭН, 1996. С. 171 - 230.

③ Rawson Don C. Russian Rightists and the Revolution of 1905. Cambridge : CUP, 1995. P. 46 - 55. ; Кирьянов. Ю. И. Русское собрание 1900 - 1917. М. : РОССПЭН, 2003.

己，而且很明显，该组织的核心思想是"人民"（农民阶级）应当为维护俄国的专制制度做出贡献①。

对于1905年下半年成立的政党来说，它们的优势在于其一经成立便出现了新的政治形势，不需要调整策略的它们或许更能获得普通大众的支持，而且这些新兴政党的领导人也立即参与到原先的辩论舞台，讨论着新局势下的任务。1905～1907年间，几乎每个政党都意识到俄国的公共领域扩大了，但那些资产阶级自由派的学者依旧习惯于在高校的报纸杂志上发表论著，这很显然束缚了他们的社会影响力，于是资产阶级自由主义思想在"受过教育的资产阶级"群体中陷入了死循环，社会上的普通大众始终难以接受他们的思想。所以，在新形势下，让民众听到自己的声音是所有政党的当务之急。当政府同意以某种方式开展选举时，米留可夫对立宪民主党的新任务发表了自己的看法，他说道："我们现在要把宣传的触角伸出首都，伸向国家的各个省份，而且在省级党组织的帮助下，我得以走遍祖国的各个角落，将那里的'自由主义者'和'革命者'团结在立宪民主党的旗帜下。"② 米留可夫还回忆道："根据多尔戈鲁基兄弟的'决定'，立宪民主党人将深入群众，与人民群众一道商讨政治改革事宜……而关于选举制度的方案则由全员大会商议。"③ 最后，米留可夫还评论了立宪民主党的第四次代表大会，也就是宣布解放社与立宪派地方自治人士协会正式合并的会议，他认为立宪民主党的成立意味着解放社从一个地下组织正式成为现代意义上的政党（可能是援引了自己的日记）④。总之，解放社这一时期发生的种种变化表明，其内部的领导人意识到在新形势下自己必须调整策略。在选举的大舞台上，是否吸引群众成为判定一个政党成功与否的标准，社会民主党和社会革命党的活动也是围绕于此，因为它们都需要通过争取群众来扩大自己的

---

① Правые партии. Документы и материалы 1905 – 1910 гг. М. : РОССПЭН, 1998. С. 71 – 120, 160 – 170.

② Милюков П. Н. Воспоминания М. : Вагриус, 2001. С. 236.

③ Милюков П. Н. Воспоминания М. : Вагриус, 2001. С. 247. （参考米留可夫的引述，但该引述来源不详。）

④ Милюков П. Н. Воспоминания М. : Вагриус, 2001. С. 253.

政治基础。

与政党的反应恰恰相反，政府中的大臣们并未注意到政治领域内的变化，伊兹沃利斯基、科科夫佐夫等人都没有对选举活动做出任何评论，只有维特轻描淡写地说道："当然，我们不会干预选举。"事实证明，这三个人确实一直在观望着选举，从未涉足，毕竟他们是政府大臣，不是社会上的政治活动家，而且从他们的回忆录中可以发现，对他们而言，无论获选的代表来自哪个政党，只要最终争取到他们的支持就足够了[①]。

三　立宪模式

在 19 世纪末 20 世纪初的俄国政治领域中存在一个奇特的现象，即国外的思想理论为国内的政治辩论提供着不竭动力，这或许是因为俄国大多数激进的知识分子都迫于专制政府的压力而远走他乡，他们中的许多人在国外流亡了若干年之久，但是按照俄国法律，"诽谤"政府的知识分子应流放至西伯利亚，而不是国外。对于这些知识分子，专制政府始终关注着他们的一举一动，并随时准备把他们送进监狱或驱逐至西伯利亚。然而，由于无法将他们斩草除根，所以这些知识分子在刑满释放后，会重操旧业。

俄国的政治精英对西欧国家的政治制度非常熟悉，自近代以来，俄国频繁地与西欧国家来往，国内逐渐形成了两大对立的派别——"西方派"和"斯拉夫派"，在 1905 年之前，二者的矛盾十分激烈。后来，围绕着这些问题，俄国官方政府内部也展开了旷日持久的争论，而且这些争论引起了越来越多"受教育阶层"的兴趣，他们经常把俄国和其他国家进行比较，最常见的是同英法对比，其次是与奥地利和德国，主要内容是比较政治制度和法律等方面。这就是为什么俄国知识分子如此重视欧洲，而很少有人提到非欧洲国家，例如美国。

---

① Извольский А. П. Воспоминания, Минск: Харвест, 2003. C. 17. ; Коковцов В. Н. Из моего прошлого (1903 – 1919). М., 2004. C. 216 – 217.

时任圣彼得堡大学编外副教授的 B. M. 格里博夫斯基[①]在 1906 年撰写了一本分析君主制的小册子，他在书中援引了奥匈帝国在行政和立法方面的法律，该国君主有权任命或罢免政府各部大臣。此外，他还列举了一些与之相似的国家，如比利时、意大利、普鲁士、瑞典和丹麦等。在谈到英国时，他说道："尽管英国没有宪法，但按照传统法律，英王有权任命他的大臣。"[②]总之，这本书十分贴切地介绍了其他国家的政府组建体系，特别是对多党制的英国政府描述得最为详细，他在书中写道："在君主立宪制下，国王根据议会的选举结果就可以知道谁将担任下一任首相，还可以根据组阁的多数党成员来预测政治走向。"但格里博夫斯基在后文又补充道，并不是所有的君主立宪制国家都是在议会多数党的基础上组建政府，除此之外，还有一种被称为"二元君主立宪制"的政体，在这种体制下，"立宪"只不过是标榜民主的"花瓶"，君主在议会选举和选择首相时表面置身事外，实则在操纵着这一切。最典型的"二元君主立宪制"国家是普鲁士王国，以及后来的德意志第二帝国，在这种体制下，君主有权任免百官，并且挑选亲信来组阁[③]。此外，格里博夫斯基认为，这两种立宪君主制的差异还体现在大臣责任方面，在"议会君主立宪制"下，由于政府大臣由议会选举产生，所以他们既需要对议会负政治责任，亦需负法律责任，而在"二元君主立宪制"下，政府大臣由君主任免，所以他们只需承担法律责任。谈到俄国政体时，格里博夫斯基对俄国的《基本法》进行了一番分析，并且认为自 1906 年以来，俄国已经成为一个"二元君主立宪制"国家。在分析过程中，他提到了《基本法》中的第 17 条和第 123～124 页，据此认为俄国的政府大臣需承担法律责任，并根据第 13～14 页的条款认为他们只需对沙皇负政治责任。之后，他将俄瑞两国的政府大臣在宗教和历史方面的发展变化进行了比较，

---

① B. M. 格里博夫斯基（1867～1924），俄国法学家，被称为"法律界的历史学家"。——译者注

② Грибовский В. М. Настоящее и будущее европейскаго парламентаризма. СПб. , 1906. С. 10.

③ Грибовский В. М. Настоящее и будущее европейскаго парламентаризма. СПб. , 1906. С. 10 – 11.

例如，瑞典的宪法明文规定，政府大臣必须为信仰"路德宗"的瑞典人，但俄国《基本法》没有对政府大臣的民族和宗教进行限制。

在该书的最后，他对君主制进行了总结。他先归纳了英国议会制的发展历史，之后是比利时、西班牙、意大利、奥匈帝国和德国，最后得出结论，认为既能保持君主的一定权力，又能使立法权掌握在议会之手的"二元君主立宪制"更加适合俄国。因此，在谈到美国的政体时，他认为美国总统应当享有对各部部长的任免权。此外，该书的另一个主题是讨论一个国家的元首、政府部长和议会议员如何产生的问题，对此，他说道，"部长（大臣）对议会多数党负责实际上就是对社会上大多数人负责"，但他没有分析不同国家在选举法或现行民主上的差异。在当时，不可侵犯的议会制度成为"二元君主立宪制"国家矛盾和冲突的焦点，与西班牙、奥匈帝国和德国一样，在俄国通过新的法律也被沙皇视为一种"仁慈的妥协"①。

除了 В. М. 格里博夫斯基写的这本小册子之外，还有一本由 П. Г. 米茹耶夫在 1906 年发表的《现代欧洲主要国家的议会制度及其代议形式》一书，他在书中对各国政府的制度进行了更为透彻的分析。相比格里博夫斯基，米茹耶夫参考了更多的欧洲国家，例如德国、奥匈帝国、罗马尼亚、保加利亚、意大利、瑞士、丹麦、瑞典、挪威、爱尔兰、英国、荷兰、比利时、法国和西班牙，其中，他较为详细地分析了奥匈帝国、德国、英国和比利时。此外，作者还提到了许多非欧洲国家，例如英国的海外殖民地，但只对美国进行了比较深入的分析。

米茹耶夫对比了这些国家在政治方面的异同，书中的内容表明，他本人对这些国家的议会制度，以及其职权范围、运作方式和法律规定等方面十分熟悉。在资料方面，他引用了各国的法律原文和一些二手文献，并且充分地利用这些资料，集中关注各国的议会制度。对于公众而言，这是一本极具科普意义的著作。在谈到欧洲国家的代议制时，米茹耶夫说道："议会制度和

---

① Грибовский В. М. Настоящее и будущее европейскаго парламентаризма. СПб., 1906. С. 16 – 32, 24. （引言部分。）

宪政如同一枚硬币的两面，二者相互依存，不可分割。"在米茹耶夫看来，判断一个国家的议会制是否行之有效，关键看政府部长或大臣是如何被任免的，他认为英国的议会在这方面所起的作用最明显①，他还强调了议会任命政府官员的重要性，但同时也承认议会无法控制政府，因为议会无法行使政府的行政权。此外，他还提到了议会中的辩论和记录，并认为这些都是极具意义的竞争方式。总之，米茹耶夫认为议会制度是一种可以有效地防止政府滥用职权的制度模式，选民有权知晓议员们的观点，并自决选票的投递对象。同样，面对政府，议员也有权投票通过或是否决其提案和工作报告，所以，无记名投票也是一项十分重要的制度。为了保障国家机器的正常运作，议会必须每年召开，而议员应当享有完全的言论自由权，不能因为在议会中的发言而受到政府或其他机构的报复②。

米茹耶夫用了二分之一的篇幅探究各国议会制度的特点。例如，在第八章中，他详细分析了各国关于议会的法律规定；在第九章中，他讨论了在议会制度下，多党竞争的方式和它们在议会中的权力；而在第十章中，他分析了各国议会在不同领域内的管理方式。

总的来说，此书的论据极具说服力，但米茹耶夫并未详细分析各国的选举程序，以及它与议会在整个国家体制中的作用和重要性。通过全书的内容安排，笔者发现，米茹耶夫对政府部长同议会的关系和议会如何选举部长，以及如何制衡部长们的行政权等问题更为感兴趣。

该书对选举议员的问题进行了深入的分析，米茹耶夫多次指出，议会制度真正的程序和规则在俄国并未完全体现③。但是，关于选举规则将如何保

---

① Мижуев П. Г. Парламентаризм и представительная форма правления в главных странах современной Европы. СПб. : Издательство Г. О. Львович, 1906. С. 30 – 35.

② Мижуев П. Г. Парламентаризм и представительная форма правления в главных странах современной Европы. СПб. : Издательство Г. О. Львович, 1906. С. 10 – 30, 29. （结论部分。）

③ 例如，在第98页他说道："'反君主专制'的思想不仅出现在俄国，在普鲁士也十分盛行，那里的法学家遵循'法治国家'的原则对君主专制进行批判，而且这种思想在俄国广泛传播。此外，他还引用了一些他所支持的俄国学者的理论。"

障代议制稳固的问题，作者在书中并未详谈。毫无疑问，代议制是此书的主题，作者对上述国家代议制的许多方面进行了非常详细的研究，并且阐述了欧洲国家选举制度的发展历程。

除此之外，格里博夫斯基还对伊斯托明在 1907 年发表的关于英国议会程序的小册子进行了分析评价，他认为此书带有强烈的主观色彩，而且有违英国议会制度的原则，或许作者认为"议会制度"是英国维护殖民体系的重要工具。显然，格里博夫斯基并不喜欢伊斯托明。伊斯托明抵制少数服从多数的原则，并经常提到"大逆不道的阿尔比昂"①，声称斯拉夫民族无法抗拒专制②，而这番言论揭示了伊斯托明特殊的政治立场。

总之，格里博夫斯基、米茹耶夫和伊斯托明在他们的小册子中分别阐述了自己对"议会制"的看法。显然，他们更愿意从欧洲的视角来看待这种制度，并认为英国是"议会制"国家的典型。此外，格里博夫斯基和米茹耶夫还分析了议会制度的法律基础，其中前者并不隐瞒自己是权力制衡体系的支持者，他主张在议会制下，各部大臣由议会任命，君主不得干涉。米茹耶夫却恰恰相反，尽管他提出了君主的行政权应受到制衡的理论，但他依然不愿意坦率地公开自己的立场。而至于伊斯托明，他曾直言不讳地承认自己就是斯拉夫主义者。此外，这三人在分析议会制度时，都首先考虑了它与政府的关系，而且尽管他们都提到了议会选举代表的职能，但没有深入分析选举程序，以及这种有限选举和一些重要人物的历史作用。

在 1905 年，有两本分析第一届国家杜马的著作问世，但书中的分析仅限于国家杜马本身，对选举制度并未涉足，而且出版时第一届国家杜马尚未召开，其全面性也有待研究。就内容来说，这两本书以学术手段来维护俄国

---

① 阿尔比昂，即英格兰古称。——译者注

② В. А. 伊斯托明认为，英国议会制完善的原因和它广袤的海外殖民地有关。（Истомин В. А. Очерк парламентаризма в Англии в связи с причинами обусловившими мировое преобладание британского королевства среди других государств земного шара. М. : Издание Комиссии по устройству чтений для московских фабрично-заводских рабочих, 1907. ）

的专制制度。其中的一本由斯拉夫主义者 A. C. 霍米亚科夫所著[1]，书中以同情的口吻，叙述了俄国专制制度的历史，并认为正是由于专制制度的存在，俄国在历史上才未偏离传统的轨道[2]。而另一本书是由 П. Н. 谢苗诺夫所著，他在书中以 60 页的篇幅对专制制度进行了分析，作者认为帝国应该保持原样继续前行。但同时他认为，地方自治的权力应该有所下放，这种观点或许带有一定的自由主义色彩，而在谢苗诺夫锒铛入狱后，他对地方自治的态度逐渐发生转变，认为君主应当掌握一切权力，在政务处理时需独断专行[3]。

四 毁誉参半的国家杜马

虽然在 1905 年时，还有像霍米亚科夫和谢苗诺夫这样强烈地支持专制制度的作者在出版著作，但仅仅时隔一年，这样的书籍便被大量包含有与之相反的激进观点的作品所淹没，这可能与政府在 1906 年 6 月 9 日强制解散国家杜马有关。此外，在当时有一本仅 14 页的小册子流传甚广，其作者一栏写着"奥列格维奇"，很明显，这是一个笔名，后来，通过图书馆的副件，学者们最终破译其作者为沃尔肯施泰因。他在书中主张要追求"最完美"的国家杜马[4]，并呼吁人民相信社会革命党人将领导大家建立真正自由平等的共和国。对于目前的选举法，他深表遗憾，因为获得选举权的人民数量极少，大部分工人和无地农民，以及全国女性都没有选举权。在他看来，之所以发生这种情况，是因为政府希望保留更多的权力，而选举会破坏这一切，所以才制定高门槛的选举法，这无疑有利于政府控制选民。但同时他也认为，这种情况在未来会有所改变的。在这本书的最后，他声称在拥有选举

---

① Политические партии России：Энциклопедия. М. ：РОССПЭН，1996. C. 665.

② Хомяков А. С. Самодержавие. Изд - во не указано, напечатано в «типо - литографии Товарищества И. М. Машистова». М. ，1905. （1905 年 3 月 5 日通过审核在莫斯科出版。）

③ Савин П. Н. Самодержавие как государственный строй. СПб. ：Сенатская типография，1905.

④ Ольгович. Кого и как выбрать во вторую Государственную думу. М. ：Книгоиздательское Товарищество，1906.

权的民众当中，只有70%的选民参加了选举，对此，他写道："为了不失去农民和工人的心声，必须确保所有选民都参与投票。"① 这段话在原文中被特别标记，说明这是沃尔肯施泰因在该书中最重要的结论。此外，他还认为，为了更好地了解候选人，同时提高选民的参与度，可以在当地建立一个无财产资格限制且各阶层代表均衡的委员会。

就全书整体内容而言，沃尔肯施泰因并没有直截了当地批判选举程序，只是含蓄地声称选举的规则不公平，没有体现真正的民主。

然而，同样是对选举程序的批判，另一本题为《国家杜马》的小册子却有着与沃尔肯施泰因完全不同的结论②。此书由 Б. 阿维洛夫所著，于1906年出版，他在书中写道："俄国人民十分失望，而且迫切地需要属于自己的权利。"书中写到了1905年12月9日的流血事件，但阿维洛夫却没有提到有些社会主义运动的领导者实际上也曾反对过这场起义，他只是将其简单描述为工人阶级联合起来，抗议政府违背《10月17日宣言》中的承诺。此外，他在书中的第4页写道，在民主的国度里，所有的政府公务人员都来自民选，人民享有充分的政治自由权。而杜马议员必须了解人民的所想所需，否则他将愧对"人民代表"的称号，并且再也没有权利代表人民发言。在谈到投票问题时，他说道，"在民主国家，人人都享有言论、集会的自由……"，并认为这样有利于民众之间相互了解，而且社会上的政党各抒己见，公开性极高，因此公民的民智成熟，知道自己该把选票投给哪个党、哪位候选人。当谈到俄国时，阿维洛夫说道，"虽然我们也有政党，它们的政见、纲领等方案都是公开的，但它们都无法自由地捍卫自己的目标"。

阿维洛夫还列举了一些政党：（1）保皇主义的俄罗斯大会；（2）右倾的中间派政党；（3）十月党；（4）工商业资产阶级政党；（5）立宪民主党；（6）社会革命党；（7）社会民主党。他指出，在专制制度下，立宪民主党在行动上有时会遇到困难，因为政府会审查和限制它的出版物，同时，和之

---

① Ольгович. Кого и как выбрать во вторую Государственную думу. М. : Книгоиздательское Товарищество 1906. С. 12.

② Авилов Б. О Государственной Думе. М. : Книгоиздательство «Молот», 1906.

前的四个政党一样，立宪民主党也是代表了某些富裕阶层利益的政党。当分析到后两个政党时，阿维洛夫认为二者都赞成通过建立民选政府的方式来改变当下的政治制度。显然，政府不会允许一切企图分割自己权力的行为，而且政府很清楚这些政党想做什么，所以政府官员不断地以各种名义逮捕政党领袖，并用这种恐吓的方式告诉他们，谁才是这个国家的主人。然而，社会不能没有言论、出版、集会等自由，因为如果自由权不能得到保障，选举也将成为一张空头支票，或是正如作者所言，"只能进行伪选举"。

此外，阿维洛夫还对按财产、阶级来划分选民团的方式进行了批判，强调这是一种不公平的举措，为了证实批判的合理性，他还举了地方上的一些例子，这些例子都体现了地主、资本家与工人、农民相比所具有的优势地位。在对比中，他并没有把工人和农民进行区分，但书中所提供的数据表明，工人处于比农民更加弱势的地位。在对选举程序进行了一番分析后，阿维洛夫断言，选举出的国家杜马将成为维护特权、富裕阶层的工具。更为重要的是，由于选举改革赋予了"半御选半民选"的国务会议与国家杜马相同的权力，所以在阿维洛夫看来，民选的国家杜马如同民主"花瓶"，不仅无用，甚至成为阻碍人民谋求幸福的绊脚石。在全书的最后一页，他写下这样的话："愿真正的人民代表入选国家杜马。"

面对即将召开的第二届国家杜马，阿维洛夫不仅表达了对现行杜马制度的指责，而且鼓动工人和农民抵制选举。但与此同时，社会民主党的路线与其恰恰相反，而沃尔肯施泰因也主张利用一切手段确保能够入选国家杜马。

除了沃尔肯施泰因和阿维洛夫的作品，还有一些反对国家杜马支持政府的小册子。与这些立场鲜明的论调相比，Л. Н. 沃罗诺夫在书中的态度就显得模棱两可，因为书中没提到任何人和政党①。他批评第一届国家杜马无权做出任何决议，最终被解散，并提醒选民，在国家杜马中不要进行毫无意义的争论，应就事论事地解决问题。就全书内容而言，其主要是致力于证明土

---

① Воронов Л. Н. Пора за дело. К выборам в Государственную Думу. М. : Издание Комиссии по устройству чтений для московских фабрично - заводских рабочих, 1906.

地改革的重要性，这表明沃罗诺夫赞同斯托雷平的观点。

和沃罗诺夫一样，A. H. 布良恰尼诺夫也从未坦言自己的政治立场，他在著书时①，希望这本书能够启发读者思考为何第一届国家杜马被解散，以及政局将如何发展。为此，他在书中引用了大量的文献资料，并用严谨的分析将其串联成文。全书贯穿第一届国家杜马存在的始末，布良恰尼诺夫分析了这段时间内政府的举措，认为第一届国家杜马集会期间有两届政府：维特—杜尔诺夫政府和斯托雷平政府。此外，该书侧重于讨论农业问题，他在书中的第 62 页称斯托雷平至少在农业问题上恪守了公平，所以值得敬佩。

还有一本小册子，和之前的有所不同，它是在大学发表的。通过分析研究，最终确认作者是 M. Π. 安迪翁。作者在书中不断地嘲讽国家杜马及其议员，并明确表示，杜马议员只是站在各自的政治立场上维护自己的利益，所以没有必要再召开新一届的国家杜马了。但沙皇妥协了，同意进行新一届杜马的选举②。

此外，有一本自始至终都在批判国家杜马的小册子，作者是 B. Π. 阿列克谢耶夫。全书以批判的立场分析国家杜马的权力和相关法律，但他批评的对象始终是杜马制度本身，而非杜马内的议员。首先，他认为国家杜马和国务会议同时并存是对西欧议会制蹩脚的模仿；其次，他分析了欧洲议会制国家上院的几种类型，分别是继承制、任命制和选举制，以及在个别国家中存在的混合制，但他忽略了一个重要的国家——奥匈帝国。阿列克谢耶夫认为，按照议会制的原则，下院才是权力的核心，但俄国恰恰相反，上院占据着明显的优势，这意味着在国家杜马休会期间，国务会议会以御用身份继续行使职权。所以，在作者看来，俄国的这一套议会制度有违所有宪政国家的议会制原则。

阿列克谢耶夫还分析了国家杜马的职权范围，并认为沙皇擅自和外国签

---

① Брянчанинов А. Н. Роспуск Государственной Думы. Причины – последствия. Псков，1906.

② Андион М. П. За что к примеру сказать，думу потревожили. М.，1906.

订贸易协定的做法违背了立宪君主的原则。他在第18页写道，贸易协定必须提交议会审核通过后方能生效，即便是君主有权宣战，战争部署等方面也应由议会掌握。他认为，凡是国家杜马通过的法律草案，按照宪法必须生效，除此之外，国家杜马还应掌有立法提案权和制定预算权，各部大臣应对国家杜马负责，定期汇报工作。但他知道，俄国的国家杜马在这些方面无一做到，专制政府极可能绕过国家杜马擅自行事，在他看来，国家杜马在整个俄国制度体系中是一个无关紧要的机构。阿列克谢耶夫坚持从学术角度出发对国家杜马进行讨论，并且经常谈到一些政党，为了避免书中有宣传政党之嫌或是将不同政党混淆，他甚至在撰写结论时也是本着谨小慎微的态度。他认为，国家杜马失败的事实证明，当下只靠《基本法》根本不可能建立起一个强有力的立法机构，因为激烈的政治斗争摧毁了旧的政治制度，而新的还未形成，所以在这样的背景下诞生的第一届国家杜马走向失败是在所难免的。在谈到即将召开的第二届国家杜马时，阿列克谢耶夫说道："杜马议员们的当务之急应是改变自己的法律地位，因为这样可以使国家杜马获得完全独立的立法权，进而建立责任大臣制，最终起到制衡政府的效果。"此外，他还补充道，为了准备好新一届的选举，参选者应当罗列出对专制政府的要求，并印刷成传单在社会上发放[1]。

这本小册子被收录于"'自由俄罗斯'文集"，这个文集中包含了与1848年革命、法国工人运动和1861年农奴制改革有关的许多著作。毫无疑问，这些书蕴含了当时欧洲的激进主义者们渴望革命的情绪，就这些书的内容来说，其都具有极高的史料价值。阿列克谢耶夫的小册子也不例外，书中不仅记载了当时立宪民主党、社会革命党和社会民主党的激进主张，而且更为重要的是，他在书中透彻地分析了俄国杜马制度在法律上的缺陷。

---

[1] Алексеев В. П. Первый русский парламент. М.：Издание Е. В. Кожевниковой и Е. А. Коломийцевой，1906. （Библиотека «Свободная Россия»，№. 30），–44 с.

五 结论

在 1905～1907 年的俄国，几乎所有政党都积极参与了杜马竞选，为了能够顺利地进入国家杜马，它们采取了包括印刷宣传物在内的诸多方法。但是在撰写本章时，笔者并未去寻找它们当时用于宣传的新文献，而是立足现有的资料，对它们进行重新审视，挖掘出前人未曾研究到的历史信息。所以，这就决定了此次研究必须着眼于当时俄国的公共领域，更准确地说，是公共领域中的政治领域。笔者试图证明在 1905 年后，俄国的政治领域在社会上迅速扩大，或是说俄国的政治社会化进程加快。而且事实也表明，当时的许多政治活动家认识到了这一点，并有意识地通过 1905 年事件和前两届国家杜马选举推动这一进程。

无疑，1905 年在俄国政党史上是一道分水岭，随着政治氛围的逐渐宽松，各政党纷纷走出"地下"，全身心地投入杜马竞选。但同时，它们也意识到，竞争的成功与否，取决于自身的宣传在民众中是否更具吸引力。在本章的第二节中，笔者分别以社会民主党、社会革命党、立宪民主党（以及前身）和俄罗斯人民同盟等组织为视角，对它们所印刷的宣传资料进行分析。此外，它们也十分重视自己在学术界内的影响力，可这么做无非还是为了能够争取更多民众的支持。尽管专制政府承诺将进行国家杜马选举，但无法容忍一些政党的"得寸进尺"，所以它们有时会受到政府的弹压，无法参与社会上的公共辩论。对于选举前后的有关问题，笔者必须通过详细的研究最终得出一般性的结论，因为这些材料的涵盖面并不广泛，很难被用于概括性研究。

正如米留可夫和其他的一些立宪民主党人所言，在新的政治环境下需要制定新的策略。但在一些新诞生的党派面临新局面时，我们并未看到它们有这样的言论或是行动上的转变，或许是它们并未意识到这种变化，也正因如此，它们早早地退出了历史舞台。尽管它们的失败并不能完全归结于策略上的失误，但毕竟良好的策略是一个政党保持生命力的重要因素之一，这方面的缺失的确对不少政党的活动产生了消极影响。

　　除了良好的策略，理论主张是另一个重要方面。但对于当时的俄国来说，重要的不是这些理论是否先进，而是在 1906 年第一届选举中，各种各样的声音首次回响在普通民众耳边。虽然民众可能很难理解这些深邃的理论，但在政治社会化的大潮下，思想启蒙之风迅速吹遍了全国，"民主"、"革命"和"立宪"这三个最基本的思想深入人心，人们可以凭借这三个最通俗的概念迅速分辨出哪个党、哪位候选人是自己阶层利益的代表。这样一来，手中的选票该投给谁的问题便不复存在了。

第二章
政治社会化与国家杜马中的选举

在本章中，笔者将研究选民参选的过程，而这一过程在史学界也被认为是 20 世纪初俄国政治制度发展演变的重大事件之一。在笔者看来，俄国民众参选的过程是民主文化形成和发展的必要条件，同时也是必然体现。因此，本书将从不同角度对这一过程进行研究。

笔者将重点分析选举制度，因为这套制度及相应法律是罗曼诺夫王朝维护统治的重要工具。历史事实证明，在 20 世纪初政治、经济和社会现代化的进程中，这套保守选举法不仅无力改变俄国这条大船的"专制航向"，而且很快便被民主潮流远远地抛在了身后。对于这方面的研究来说，其有必要知晓当时的政府为那些"社会团体"参政都提供了哪些渠道，若要弄清这个问题，必须首先分析在国家杜马选举初期民众所面临的政治环境。

毫无疑问，代议制度作为俄国民主潮流的一朵浪花，深刻地改变了俄国的社会面貌。那么在它形成期间，俄国的选民们又有什么样的反应和行动呢？这将是本章研究的落脚点，为此，笔者将分析一些党派的社会构成、参政方式和性质。

同时，还需要了解选民信息以及不同选民团内部的选举。因此，在本章的第二节，笔者将研究一些省份里选民政治倾向和其他方面的信息，以及样本省份中选民代表的相关情况，并根据这些信息和资料，分析在全国范围内选民群体之间"政治认同感"的形成过程，以及在这一过程中的区域特点。因此，第二节的核心问题是"社会认同"意识在各选民群体内部的投票参政过程中是如何发挥作用的，并且有何特征。此外，众所周知，选民投票的最终目标是把自己阶层利益的维护者送进国家杜马，那么在"社会认同"的意识下，他们又将采取哪些行动呢？

总之，对于上述问题而言，选民参选的区域特征是必不可少的信息之一，所以有必要对参选的基层民众进行研究，还需要着重关注反映地方选举情况的资料档案和研究成果。因此，在第三节中，笔者将对一些地方史志中的选举记录进行研究，例如弗拉基米尔省、沃罗涅日省、卡卢加省等的资料，其中包括选民代表的名册和档案表，而这些都是极为珍贵的原始文献。在第四节中，将对地方上选民参政的过程、性质和特点进行讨论，其中包括坦波夫省、顿河军区和下诺夫哥罗德省。而在第五节中，笔者将对选举的投票结果和入选国家杜马的议员，以及作为上院的国务会议在这套"民主"程序中的组建和运作程序进行分析。

第一节　选举法和选举流程

一　选举法的出台

（一）夏宫会议

俄国的选举法是一套规模庞大的体系，它开启了俄国选举时代的大门，看似将带领人们走向民主的康庄大道。但这个成果的背后是一次次的罢工、骚乱和政治集会，这一系列的事件给了罗曼诺夫王朝巨大的压力，迫使它不得不在民主大潮中主动地顺势而为。终于，政府在1905年8月6日颁布了选举法，这标志着俄国这艘大船的舵手终于下决心转动手中的舵盘，朝着西方民主的大海中驶去。而随后的《10月17日宣言》和12月11日选举法则意味着俄国在民主改造道路上迈出了重大的一步[1]。毫无疑问，这套选举法

---

① 当时的选举法是一系列法令的总和，其中包括1905年8月6日的《国家杜马选举条例》、《国家杜马机构的工作准则》、《12月11日法令》和1906年3月9日关于杜马预算问题的《最高准则》。Законы о выборах в Государственную Думу/Под ред. проф. Лазаревского. СПб. , 1906；Казанский П. Выборы в Государственную Думу по законам 6 августа, 18 сентября, 11 октября, 17 октября, 20 октября, 11 декабря 1905 г. и проч. СПб. , 1906；Селунская Н. Б. , Бородкин Л. И. , Григорьева Ю. Г. , Петров А. Н. Становление российского парламентаризма начала XX века. М. , 1996.

是一把双刃剑，一方面缓和了社会矛盾，维护了王朝的统治，另一方面却为相当广泛的民众参选提供了法律保障。

1905 年 12 月，一场协商会议在夏宫召开，一些与会者提出了与尼古拉二世相左的意见。在会议的最后，制定出了两份选举法草案，其差异主要为工人是否有权选任单独的议员进入国家杜马等方面，为此，他们展开了争论。维特在回忆录中进行了只言片语的记载，第一个方案更接近于立宪民主党的要求，即开展普遍、平等、直接、匿名"四位一体"的选举①，但维特对工人的态度十分消极，所以对这套方案的评价极低。有趣的是，尽管著名的十月党领袖 Д. Н. 希波夫和 А. И. 古奇科夫是这套方案的制定者之一，但在会议上也反对工人阶级选派代表，其中希波夫的态度十分强硬，他认为如果同意工人阶级选派代表，那么将会推动工人组织的发展，这番言论得到了许多大臣的附议，但他党内的战友——П. Л. 科尔夫男爵对此提出了反对意见，他警告说，这种对工人阶级的歧视可能会带来意想不到的危险后果。而出任会议主席的维特在大会的第一天采取了观望的态度，在会议上的言辞十分谨慎，但很快他还是表明了自己的立场。实际上，他既想成为这场政治游戏的中间派，又想向群臣们表达自己非保守的立场，他错误地把当前社会不稳定的原因归结于工人阶级在莫斯科等地建立罢工委员会，并赞同除工人以外的各阶级选派议员进入国家杜马，其中也包括当下掌权的贵族，他说道，"这种情况在俄国并非特例，其他国家早有实践，例如法国"，同时，他还提到了一位法国的著名政治家——亨利·罗什福尔。在维特看来，真正的威胁并不是工人阶级和他们的罢工运动本身，而是其推翻政府、操纵政权的目标。按照维特所想，哪怕一开始只有区区 14 名工人议员进入杜马，那么这些看到"希望"的工人将会加紧步伐，不断地逼迫当局做出让步，于是，一批又一批的工人议员在当局的妥协中进入国家杜马，而且在这一过程中可能会发生流血事件。对此，维特在回忆录中写道："这就是我认为第一种选

---

① Витте С. Ю. Воспоминания. Т. Ⅱ，Минск - М.：Харвест и АСТ，2001. С. 166.

举方案不妥的原因。"①

维特的态度意味着统治阶级不会对工人阶级的力量坐视不管。同时，这说明工人阶级的力量逐渐壮大。从当时的人口统计上看，在20世纪初，产业工人数量已经从19世纪末的300万人增长到了1000万人，这也证明尽管第一套方案同意工人阶级选派代表，但从当前的俄国阶级构成来看依然是不公平的。而在第二套方案中，没有为工人阶级划拨专门的代表名额，所以这套方案在维特看来是最合适的②。

这次会议表明了维特在当时俄国政坛中的影响力，在此之前，大臣委员会已经召开了商讨这两套方案的会议，经过讨论，他们决定参照第二套方案对第一套方案进行修改，维特在回忆录中写道，他曾派克里扎诺夫斯基根据自己的指示负责该项目的起草工作。尽管维特的回忆录并非完全可信，但没有别的史料证明这是他人的主张，所以可以肯定，是他本人直接参与了对12月11日选举法的制定工作。这个方案经过大臣委员会的通过后，才被提交给在夏宫召开的扩大会议上，出席这次会议的人数众多，有不少国务会议成员，甚至还有几位来自皇庄的大公，以及社会上的知名政治活动家，例如希波夫、古奇科夫和未来的杜马秘书 C. A. 穆罗姆采夫等人。这些代表都是沙皇亲自邀请的，但毫无疑问，维特可以在沙皇的批准下邀请更多的参会者。会议前，维特曾猜测哪些参会者可能与自己意见相左，他认为第二套方案将在这次会议上得到大多数人的赞同。然而，意外的是，他所信任的科尔夫男爵和博布林斯基伯爵却选择了第一套方案③，这让维特感到十分不解。正因为维特有十足的自信，所以他才如此坚决地拒绝第一套方案，但维特知道，自己的方案还是受到了来自第一套方案的竞

---

① Витте С. Ю. Воспоминания. Т. Ⅱ, Минск‒М. : Харвест и АСТ, 2001. С. 568‒570.

② Витте С. Ю. Воспоминания. Т. Ⅱ, Минск‒М. : Харвест и АСТ, 2001. С. 569.

③ Витте С. Ю. Воспоминания. Т. Ⅱ, Минск‒М. : Харвест и АСТ, 2001. С. 165‒166. 维特写道，他要求这两人对各自的立场进行解释。至于博布林斯基伯爵，根据他的发言实际上很难确定他到底支持哪个方案，他只是慷慨激昂地发表了一个声明，表明了自己对民主改革急迫性的看法。（Институт выборов в истории России. Источники, свидетельства современников. Взгляды исследователей XIX‒начала XX вв. / общ ред. А. А. Вешняков. М. : Норма, 2001. С. 560‒561.）

争，尽管自己是大臣委员会主席，但辩论中的"滑铁卢"还是无法完全避免，为了不去冒这个险，他决定动用自己所有的职权，力保第二套方案通过。

在会议上，维特发表完演讲后，再次声明自己无法对工人阶级持积极的态度，所以不会赞同授予工人组成选民团的权利，而且他还借此反对第一套方案。在会议进入总结阶段时，尼古拉二世说道，虽然他对这个问题并不感兴趣，但他认为第一套方案对全国的臣民来说或许更为公平，而且在他看来，如果采取第一套方案，将会减少社会暴乱。正如尼古拉二世所见，他的直觉告诉他不应该采取第二种方案①。然而，或许是他弄混了方案编号，也可能是会议记录出现了偏差，最终尼古拉二世竟莫名其妙地批准了第二套方案。

此外，经过会议讨论，最终决定以划分"选民团"的方式进行选举，并废除他们在6月制定并颁布的按照社会等级来选举的规定。尽管所有的参会者为了社会的稳定绞尽脑汁，但他们依然不能保证俄国在新制度下能够走出困境。然而他们意识到，杜马制度是这套新体制的核心，这其中就包括允许民众选派代表的选举制度，既然要选举，那么就必须制定出选举的原则和程序，例如划分选民团来选举。事实也正是如此，尼古拉二世身边的大多数大臣最初为了缓和社会矛盾，也赞同削减对选举资格的限制，在社会上扩大选举范围，但在维特和他的幕僚们所制定的选举方案中，选举严格按照"选民团"和资格制度来进行。

第二套选举法的方案被通过后，维特发表了演讲，他称这将是被永久载入史册的一日，因为在这一天，俄国有了自己的选举法。但后来维特表示，他依旧对这套方案不满，为了使他制定的草案通过，他做出了巨大的妥协，致使这套方案变得"左倾化"，并且他不断地询问他人，如果那套更民主的第一套方案通过将会给俄国带来什么样的结果②。

① Институт выборов в истории России. Источники, свидетельства современников. Взгляды исследователей XIX – начала XX вв. / общ ред. А. А. Вешняков. М. : Норма, 2001. C. 574.
② Витте С. Ю. Воспоминания. Т. II , Минск – М. : Харвест и АСТ, 2001. C. 166.

（二）选举法的基本功能

12 月 11 日选举法颁布后，俄国社会逐渐形成了一个新的社会群体——选民团。选举采取间接的方式，先由三个选民团（后改为四个）在内部举行选举，选出的代表将有机会进入国家杜马。我们应当理解这种制度在主客观两方面的影响①，首先，主观方面，对于选民个体而言，持不同政治立场的民众因选民团制度联系在了一起，这样有利于他们熟悉参政过程；其次，客观方面，这种制度打破了俄国传统的社会等级划分，两种制度的新旧交替促使 19 世纪 60 年代的改革在 20 世纪初进一步深入。这样一来，新制度使传统的社会等级开始瓦解，以财产的来源、规模和社会分工为标准，新的社会结构逐渐形成，这不仅清晰地划分出了市民和地主选民团，还在农民选民团的形成过程中出现了各个势力。而在颁布的 12 月 11 日选举法中，所谓的"工人选民团"作为另外三个选民团的补充也被确立下来，并做出相应的规定。

此外，多少人获得了选举资格，以及各选民团的规模对研究而言也十分重要。按照选举法，民众必须达到自己所在选民团的财产资格标准方能获得选举权，而且在这种制度下，民众的集中性加强，这样一来便有利于政府直接管控。为了明确规定各地选民代表的数量，政府还颁布了《各省选民代表人数分配表》②。

12 月 11 日选举法是推动俄国选民群体形成的重要因素之一，从这个角度出发能够探寻罗曼诺夫王朝在制定这项法令的过程中是如何在汲取历史上

---

① 关于俄国第一届国家杜马选举史的研究，学者们大多集中于党派和政党制度的作用。例如：В. В. 施洛哈耶夫（Шелохаев В. В. Кадеты - главная партия либеральной буржуазии в борьбе с революцией 1905 - 1907 гг. М.：Наука，1983.）以及外国历史学者 T. 艾芒斯（Emmons T.，*The formation of Political Parties and the First National Elections in Russia*，Cambridge. Mass. & London：Harvard U. P.，1983，pp. 150 - 190.）和研究各省选民代表和国家杜马议员的 Д. 达里曼（Dahlmann D. Die Provinz wählt. Russlands Konstitutionell-demokratische Partei und die Dumawahlen 1906 - 1912. Köln-Wien：Böhlau，1996. S. 123 - 164，164 - 176.）。

② 有关农民、地主和市民选民人数的统计数据，请参阅 1905 年 8 月 6 日选举条例中的《各省选民代表人数分配表》。

改革经验的基础上追寻西欧民主模式的。而在此之前，俄国的历史学家们已经发现了这套选举法在制度和实施上的弊病。选举法和选举进程作为俄国政治民主化的重要环节，最终促进了"政治社会化"，因此，笔者将着重对这两方面进行分析。众所周知，政党源于一些有相似或相同政治立场的个人以签订某种协定的方式联合在一起的组织，而选举法和选举活动显然推动了当时俄国政党的形成和发展。

实际上，选举法只是对选举程序做出的一纸明文规定，而选民团制度为选民的参与提供了较为充足的机会。因此，笔者将从这个角度入手，分析俄国的选举制度。

二　有关选民参选的法律条款

得益于选民团制度和资格制度，选举法的颁布一方面给了普通民众参与国家管理的机会，另一方面无异于给行将就木的王朝打了一针强心剂。尽管选举不是普遍且直接的，但对于那些普通民众来说，在获得选举权后，他们便立即将注意力转向如何利用自己手中的选票去维护自己的利益等问题，这样一来，笼罩在罗曼诺夫王朝头上的阴云便有所消散了。

正如上文所述，这次选举并不是普遍的，某些群体被排除在选民之外①。除女性之外的"被排除"群体如下文所示。

25 岁及以下的人和学生不能参选（后者通常被认为是社会动乱的原因之一）。

那些居无定所和有前科的人，以及伤残受人赡养的农户也被列入"被排除"名单。理由是他们会妨碍国家杜马行使职能，所以必须通过制定条文规定的方式维持社会稳定。

当然，以上的规定并非个例，综观 20 世纪初的大多数民主国家，上述

---

① Законы о выборах в Государственную Думу/Под ред. проф. Лазаревского. СПб., 1906. С. 11, к ст. 6 «Положения о вьборах в Государственную Думу»; Казанский П. Вьборы в Государственную Думу по Законам 6 апуста, 18 сентября, 11 октября, 17 октября, 20 октября, 11 декабря 1905 г. и проч. СПб., 1906. С. 5 – 6.

两类群体和妇女都被以各种理由排除在选民范围之外。

此外，还有一些政府官员，例如省长、副省长、高级教士、地方警察等，他们虽然被中央命令管理地方的选举，但一方面为了确保选举的公平性，另一方面为了维护他们的既得利益，他们也被禁止参与选举。

在讨论 12 月 11 日选举法时，官方认定工人阶级代表性不足，所以并不是所有工人都获得了选举权，只有那些拥有多于 50 名工人的企业，国家才赋予企业中的工人选举权。但尽管如此，意义依旧十分重大，因为作为新兴阶级的工人终于有权参与选举，这意味着他们有机会通过自己的力量去维护自身的利益。

三 选民团制度和俄国农村各阶层参选前的情况

按照法规，各级选举必须保证选出的代表奉公守法，且能代表大多数人的利益，因此，能够将不同社会地位和政治立场的民众联合在一起的选民团制度就发挥了重要的作用，而资格制度为选民团制度遴选出了那些"忠诚可靠"的社会民众。虽然这两种制度打破了传统的等级社会，重新按照特殊的标准划分出不同的群体，但古老的农民阶级却没有随传统的等级制一同走下历史舞台，而是改头换面，独立组成了"农民选民团"，和其他"年轻的"阶级一起走向了选举之路，但同时也使得选举局势日趋复杂，使人更加难以预料。

实际上，俄国作为农业国的性质在很大程度上决定了选举模式，即确保农民"忠于当局"。基于这种思想，选举法为国家杜马提供了一支庞大且力量薄弱的农民议员队伍。从比例上看，国家杜马中的一名议员对应社会上 2000 名地主、4000 名市民、30000 名农民和 90000 名工人。

同时，选民资格和各省县选民团（农民、地主、市民）人数定额分配制决定了新的代议制度是不平等的。除了一般的规定外，政府还以《选举条例》和法律附件的形式对一些特殊地区做出了规定，如波兰、西伯利亚、高加索地区、草原地区、中亚地区、滨海边疆区和远东。8 月 6 日的《选举条例》对地主阶级的参选做出了较高的财产资格限制，规定地主十分之一的土地份额和房地产价值不低于 15000 卢布时才能获得选举权，并由各县登记后审查资格，而这份文件中的财产限额明显援引自 1864 ~ 1890 年的《地方自治条例》。因此，各省县选民分配表作为 1905 年 8 月 6 日的选举条例的附件，明确规定了土地等不动产的规模是地主阶级获取选举权的唯一标准，但在不同地区，资格也会随着价格的波动而进行调整。总之，私有地产是地主选民团的基础。

农民阶级的情况却恰恰相反，没有任何一款条例对农民的财产资格做出限制，也就是说几乎全部的农民都将获得选举权。因此，在国家杜马中必然是农民议员占据绝对优势，而国家杜马也因此被戏称为"农民杜马"。此外，为了把更多的选民划归农民选民团，政府将入籍条件制定得十分宽泛，甚至其活动与农业无关，也可以获得该选民团的选举权。此外，许多资料上都提到了选举会议如何召开，以及在此期间农民将获得哪些优惠政策的信息，例如，按照选举会议的程序规定，省选举大会首先从选举农民议员开始。此外，对于拥有地契的农民来说，他们实际上拥有农民和地主两重身份，因此他们有权在两个选民团中进行投票，这种情况被称为"双重投票"。

四　市民阶层参选前的情况

俄国的市民阶层在 19 世纪末 20 世纪初发生了重大的变化。提到市民阶层中的选民，应该首先有一个概念，即在市民阶层中还有许多不同类型的群体，换言之，在四个选民团中，市民选民团的基层选民成分是最复杂的。

（一）选民资格制度及其实施的后果

虽然市民阶层中有着许多不同类型的群体，但各个群体都有相应的财产资格条件，这样一来，就在最大程度上为不同群体参与投票提供了机会，使得更多的人获得了选举资格。例如在有一定资产的情况下，手工业者和雇员群体就有不同的财产资格标准，而对于"租房客"群体来说，获取选举资格的标准仅是缴纳房租的水平。在 20 世纪初的西欧，像这种取决于土地占有量、房地产、收入水平等财产规模的限制也十分常见。所以可以认为这种选举资格制（尤其是雇员群体的资格标准）是俄国选举法"民主化"的一种表现，因为它在一定程度上的确扩大了民众参选的机会。同市民阶层中的其他群体一样，雇员群体也被纳入了选民资格的制度中，这对市民选民团来说有着极为特殊的意义。而对于雇员群体本身（例如地方自治机构或城市管理部分的员工、铁路员工等）而言，无论是受雇于国家还是私人，只要是有工资收入或退休金，都有获得选举权的可能。与西欧国家相比，俄国市民阶层参选的条件相对较低，这与俄国较低的城市化水平有关，在城市"白领阶层"的下层中，知识分子数量较少，所以采取较低的资格标准可以吸纳更多的人进入市民选民团，同样，对"租房客"的优惠政策也有利于扩大市民选民团，而且资格标准在不断地下调，几乎相当于租房费的年租水平。这样的选民资格标准导致在市民选民团中出现了"自由职业者"群体，其中就包括"白领阶层"下层中所稀缺的知识分子。总之，这套选民资格标准在客观上扩大了参选的群体。

此外，获得参选机会的不仅是富裕阶层和某些特殊阶层，在"工业财产资格标准"颁布后，选举之门同样对新兴的工业资产阶级和他们所雇用的工人阶级敞开了。

由于技术和环境的限制，就省一级而言，很难确定当时城市总人口和市民代表的准确比例。按照一般估计，获得选票的选民占总人口的10%～15%，可是在一些大城市，这一数字要小许多，例如在莫斯科和圣彼得堡，基层选民的比例仅为3%～5%。（根据《选举条例》，首都的市民参选的资格划定得极高，往往是其他地区的两倍到十倍）。然而，如果只计算城市基层选民与"潜在选民"（即因年龄和性别被选举法排除在外的人口）的比例，那么这个数字相较于基层选民与城市总人口的比值要提高不少。总体来看，只有少数市民获得了选举权。对于城市工人阶级而言，由于被官方认定代表性不足，以及较高的财产收入资格，他们中的绝大多数人被拒之门外。实际上，即使是在当时民主制较为发达的西欧，工人阶级大多也是被排除在选举之外的。

（二）市民选民参选的实际情况

市民在参选国家杜马时，受两方面因素的影响，其一是选举法的相关规定，其二是基层选民的"活性"。对于后者，有 20 多个城市的选民数据资料可供研究①。根据这些资料，大致可以计算出城市基层选民与"潜在选民"（即在性别和年龄上不符合 1905 年 12 月的选举法相关规定的人口）的比例，以及这个比例所反映出的"活性指标"。其结果显示，这些样本城市的基层市民选民比例大致在 42%（萨马拉）至 70%（基什尼奥夫）。因此，还可以肯定的是，在市民群体中，不同阶层对基层选举活动的关心程度也不尽相同。

除此之外，还可以分析资料中市民代表的政治倾向信息。这些资料表明，立宪民主党在所有样本城市的选民中影响最大，因此，在选举中，城市成为立宪民主党的"票仓"，据统计，在有党派所属的市民选民中，有 1468人是立宪民主党人，而其他的党派，如十月党（128 人）、法律秩序党（76人）、工商党（32 人）、进步派（31 人）以及无党派人士（25 人）在成员人数上都无法与立宪民主党相提并论。显然，立宪民主党在城市的优势与党内成员的主体构成之间有着极大的关系，而主体成员在所属阶层方面的差异最终体现在城市基层选举时选民的政治偏向上。例如，叶卡捷琳诺斯拉夫的选民偏向于法律秩序党，维尔诺的选民偏向于进步派，而图拉的选民没有十分明确的政党偏向，所以他们往往选择那些无党派人士。此外，基什尼奥夫的选民不仅有着最为多元的政治倾向，而且基层选民的"活性"也是最高的，但尽管如此，笔者依旧没有足够的依据证明选民的"活性"与其政治偏向有关。

---

① 根据 1905 年 8 月 6 日的选举法，具有"特殊代表权"的城市是：圣彼得堡、莫斯科、阿斯特拉罕、巴库、华沙、维尔纳、沃罗涅日、叶卡捷琳诺斯拉夫、伊尔库茨克、喀山、基辅、基希讷乌、库尔斯克、罗兹、下诺夫哥罗德、敖德萨、奥廖尔、里加、顿河畔罗斯托夫、纳希切万、萨马拉、萨拉托夫、塔什干、蒂夫利斯、图拉、哈尔科夫和雅罗斯拉夫尔。1907 年 6 月 3 日，选举法规定将这些城市的数量减少到 7 个——圣彼得堡、莫斯科、基辅、敖德萨、里加、华沙和罗兹，并且确定了各城市选举大会的席位数量，但作为首都的莫斯科和圣彼得堡除外。详见与国家杜马选举有关的法律。

就全国范围而言，城市的选民大多偏向于立宪民主党。总之，市民已经能够在参选过程中发表不同的声音，并且光明正大地表达自己的政治观，而这正是俄国的"政治社会化"进程在城市中的体现。

五 结论

在罗曼诺夫王朝看来，自己在选民团制度和资格制度的支撑下，可以得到来自社会各界的支持。然而，选举法所确认建立的选民团制度在运行过程中，作为其政治行动基础的内部的阶级构成和政治倾向对政府造成了强有力的冲击。就地主选民团而言，按照私有财产限额的规定，即使是最"保守"的条款也无法使贵族地主独揽选民名额，许多其他类型的土地所有者也因符合相关条款而被纳入选民团，其中就包括拥有土地的农民。显然，任何基本的手段和方式都无法改变选民团中的阶级构成。在这种情况下，需要注意组建选民团体系的相关规定（第一次竞选前），因为正是这些规定使选民团内的阶层构成变得多样化。同时，这些规定对农村的选举过程也产生了特殊影响，即随着新标准的出台，旧的社会等级被打破，而新的阶层架构逐渐形成。

在笔者看来，"新"农民阶级的形成可能与选举法及相关规定有关。总的来看，这个阶级尽管人数众多，但划分标准具有不确定性。这是因为选举法及相关条例对农民选民团的说明只是"属于村社"，没有在土地所有权或从事的农业活动方面做出规定，这为一些"活跃"的民众加入这个选民团提供了机会，其中包括不从事农业活动的激进分子，而他们仅仅是"出身"于农村。

在俄国城市化和工业化的进程中，相对过剩的农村人口不断涌入城市，于是城市社会逐渐产生了一系列的新阶层、新群体，这种情况使城市人口阶层架构变得十分复杂，所以和别的选民团相比，市民选举团的成员结构显得最为多样化。同样，对市民的选举资格的审查也十分严格，主要是审查手工业者、雇员群体和租房客的"财产"和"自由主义思想"。总之，对于市民而言，只要不属于选举法中所划定的"拒授选举权"的群体，那么就有机会参与市民选民团的选举。

第二节　选民的政治倾向

在本书的开篇，笔者就曾提到一个问题，即在 1905～1907 年的俄国社会，"民主文化"是否作为一种氛围进一步得以提升，对此，答案是肯定的，并且有充足的证据。然而，笔者还是应当声明，这项研究的目标并不是"民主"这一现象，毕竟在 1905～1907 年，俄国尚处于"民主滥觞"的年代①，民众开始有机会通过选派代表的方式参与有关国家或社会问题的决策。当然，研究还着眼于民众参选的"程度"，即不同阶层的民众参与政治选举的可能性和获取选举权的渠道。总之，"民主文化"可以理解为"民众参与政治的过程"，因此，这既不等同于政治制度的"民主"，也不等同于文化意义上的"民主思想"。

在前面的章节中，笔者着重分析了改革的背景、各阶层民众参选的机会和选举法及其相关制度规定，厘清了其运作程序和产生的效果。由于选举法中对各阶层参选进行了明文规定，所以在后续章节中笔者将致力于揭示在选举期间各阶层参选的特点和性质。

若要研究民众参政，则必须分析选民政治观的形成。同时，在"政治社会化"的影响下，俄国各地的选民群体都相应地发生了变化，所以还需分析这种现象的影响因素。因此，笔者首先将从社会和区域因素入手，分析它们对选民政治倾向形成的影响。

就"社会因素"来看，选民团作为一套新的选举制度，一经出现便引发了民众对社会"新"架构的认同问题，对此，笔者将特别关注。而影响选民"政治选择"的另一个重要因素是"区域因素"。所谓"区域因素"，就是各地区域性特征的总和，包括地方政治、经济等，在它的影响下，选民在参政的过程中逐渐形成了自己的政治倾向。因此，在竞选期间众多政党的宣传下，区域因素也发挥了巨大的作用。

---

① "民主文化"的概念是在罗伯特·普特纳的作品与研究现代俄国制度和民主文化的社会学家的影响下诞生的名词，而笔者只是用理论框架对 20 世纪初的俄国历史进行研究。

一 影响选民政治倾向的因素

"参选"和"选民",这两个名词在谈及政治选举话题时是无法分开的,俄国的国家杜马选举亦是如此。而俄国社会中选民的形成和其参政的进程被视为 20 世纪初俄国民主文化形成的必要条件和萌芽现象。

在当时的俄国,无论选举本身还是政治意识,乃至后来的政党,其形成都与民主文化有着密切的关系。同时,考虑到民主文化的区域性特点,资料搜集的范围可及全国,而笔者根据选民和各级代表们的资料分析相关问题,例如笔者将重点分析选民团的社会阶层构成与其政治倾向之间的关系。

俄国史学界在研究政治行为时,往往着眼于其社会基础。同时,社会因素被赋予了特殊的地位,这种理论诞生于苏联时期,并且延传至今。例如在本书的第一章中,笔者也曾根据政党成员的社会构成和社会利益性质的特点对其进行分类。

在民众参政过程中,社会因素无疑对他们政治倾向多元化的形成产生了重要的影响。而在同一选民团中,基层选民政治倾向的情况构成了该地的区域特征,这种特征决定了该地所选出的杜马议员的政治倾向,农民选民团就是一个典型,因为在大多数省份内,他们所推选出的各级代表在政治倾向上都具有极强的一致性。那么,是否可以认为选民团的社会基础决定了其选派代表的政治倾向,或者区域特征在选民和代表的政治倾向形成过程中发挥了巨大的作用呢?为了回答这个问题,需要以大量的数据资料为依托,并通过"回归分析法"对其进行研究,但目前在全国范围内还没有这样的数据。

就笔者目前掌握的资料而言,一些省份的选举汇总表可供研究使用。在联系工具尚不发达的 20 世纪初,采取选举汇总表的方式可以使政府准确地知晓选举的信息,而作为大臣会议主席的 C. Ю. 维特还试图将这种方法作为中央和地方联络的媒介。这些选举汇总表的资料选自《第一届国家杜马选举资料汇编》,此书收集了 C. Ю. 维特和 B. A. 德米特里耶夫－马莫诺夫在 1906 年的公文资料,在这些资料中,有一部分是地方省长上报的选举信息。

在本节的后半部分，笔者将更加细致地研究全俄范围内的各级代表政治倾向的形成，以及政治倾向的具体情况。因此，首先需要对各级代表政治面貌的资料进行分析。在"国家杜马选举特殊文档"中保留了一些档案表、代表名单和各省工作报告等文牍资料，其中记录了许多代表的社会身份。然而，在有关全部代表的汇总资料中，只有其所属选民团和政治面貌的信息，而这两方面也是影响选民参政特点和程度的重要因素之一。

此外，在各级代表参与选举的过程中，其社会阶层认同感和党派归属的复合作用是影响选举结果的一个极为重要的因素，但在对此进行研究之前，需要知晓选民代表的政治倾向情况。

二 选民代表的政治倾向及其类型

选民代表的政治倾向及其类型是一个需要多方面考虑的问题，但在本节中，笔者只涉及了其中的一部分。毫无疑问，有关此类问题的答案应当在能够反映地方选举情况的相关文献和著作中寻找。然而，毕竟笔者在该部分的研究方向是俄国民众在第一届国家杜马选举期间的参政过程中政治观多元化的形成，因此只会从与此相关的文献和著作中寻找信息。此外，各级代表的阶层基础和其政治倾向相互交织产生了复合作用，并且其本身具有一定的复杂性，故有必要对此进行分析。在官方统计的数据中，有一些关于地方省份选民代表的资料，上面记录着他们的政治倾向。

据20世纪初的官方统计资料，各级代表加入的政党大多为进步派、十月党、工商党、法律秩序党。除此之外，在文献中，还有一些代表标注有"党派未知"的字样，传统史学通常将其解释为"无党派人士"。毫无疑问，他们是某群体经济利益的独立代表。实际上，在当时的确存在有多种政治倾向的社会群体，而从中选派出的"多面代表"们在选举中维护多个政党或团体的利益。

一般而言，这种"多面代表"会以四个或五个主体党派（社会性质不同）为平台，这些党派团体因一些共同利益而以"非组织化"的形式联合在一起。例如：（1）地主集团，他们是在一定情况下与大金融资本产生联系的农耕经济代表；（2）企业资本家集团，其成员大多为工商业主，而一些在"市场化"的农业生产等领域占有重要地位的乡绅地主也加入了这个集团；（3）无地农民集团，他们的共同目标是获得土地；（4）产业工人集团，独特的工作环境和窘困的生活条件将这一群体团结在一起。这些集团在活动时往往涌现出许多优秀的演讲人。然而，还有一些群体不属于任何集团，例如拥有土地的农民、私营单位的雇佣员工、小手工业者和小店经营主等。毫无疑问，阶层"集团"的出现，明显加强了集团内部民众声音的力量，加之政党本身就有明确的政治立场，所以任何政党都试图吸引多个"集团"中的民众，以增强自身的社会影响力。而对于投票及结果而言，笔者认为这个过程主要是利益诉求和意识形态复合下的产物，此外，党内的个人作用等其他因素也发挥了巨大的作用。总之，虽然利益因素本身并不是决定性的，但在选举过程中还是应当被视为一个不可忽视的重要因素。而上述的分析证明，在俄国选举制度形成的初期，在诸多主客观因素的影响下，选民的政治倾向显得难以琢磨。

在当时，许多代表的政治面貌经常变动。此外，在政党制度形成的初期，为了确保能把"最理想"的代表送进国家杜马，各党派往往采取联合成"集团"的手段。但即使是这样，也无法彻底改变这一时期的政党极度脆弱的特质，因为其内部存在的一些不可调和的分歧会将它们打碎并重组成新的独立团体。选民代表在政治倾向上的变动性和政党组织本身的不稳定性导致俄国的政党不断变化。同时，这无疑增加了当时的人们对选民代表分类的困难，而在 100 年后的今天，这一问题依旧十分棘手。

在政府的文牍档案中，许多政党的称谓与其正式名称存在差异。在当时有关第一届国家杜马的出版物中，可以找到一些重要的信息，例如有一种党派分类法按照的是选民代表的民族信息。因此，笔者将以此为基础，探讨"民族主义团体"和"自治主义团体"，其中包括波兰人民民主党、爱沙尼亚—俄罗斯进步协会①。这类团体是以籍贯为核心，借此团结其内部成员，

---

① Бородин Н. А. Государственная Дума в цифрах. СПб. , 1906. С. 37 – 39. ; Петрункевич И. Распределение депутатов по партиям // Государственная дума. Вып. 1. Политическое значение I Государственной думы. СПб. , 1907.

此外在第一届国家杜马中，还存在"西部边民团"和"哥萨克团"等组织。

上述内容不仅揭示了各级代表政治面貌的复杂性，而且解释了政党名称中社会和政治内涵的重要性。对此，笔者用一些实例来进一步证实。

在第一届国家杜马的农民选民团代表档案中，经常出现一个名为"进步派"的团体。然而，在当时的俄国并没有任何一个政党团体名为"进步派"，那么这个"党派"的真实身份是什么呢？对此，需要分析这个组织的演变和社会基础，以及其组织设计。众所周知，在第三届国家杜马期间（1907～1912年），和平革新党和民主改革党的部分成员合并的派系称为"进步派"，并在1912年正式成立了"进步党"。进步党致力于团结所有自由派政党，特别是立宪民主党右翼和十月党右翼，而在政治坐标轴上，进步党处于这两者的中间位置。后来，进步党试图建立一个反对革命的"自由派集团"，并在社会上广泛团结那些无党无派的自由主义者，其政治目标是推动政府继续完成《10月17日宣言》中的改革计划。一些历史学家写道，进步派是一个资产阶级政党，由里亚布申斯基兄弟等人领导，主要代表莫斯科小资产阶级的利益。在当时的圣彼得堡，存在一个称为"无党派选民代表—进步派委员会"的组织，并在第四届国家杜马期间组建了"进步派集团"。二月革命后，进步党更名为"俄罗斯民主党"。虽然在第一届国家杜马选举期间，就有一些带有"进步"字样的政党，例如代表波兰王国的"进步民主同盟"，以及主要成员来自莫斯科和圣彼得堡的工厂主的"进步经济党"。

从进步党的历史发展演变看，该党在形式上的变动性极大，在党内制度和纲领目标的制定上也具有较强的不明确性，因此难以去解读该党的杜马议员和其他党员的活动。然而，笔者有充足的史料去研究在国家杜马存在期间，这个政党及其理念的变化。对于当时的人们来说，在第一届国家杜马选举期间，仅凭其各级代表的政治倾向来对那些名称中都带有"进步"字样的政党进行区分是比较困难的，例如1905年11月在莫斯科成立的"温和进步党"，该党的纲领在《黎明报》上刊登，其中认为君主立宪制和各级代表的选举应保证俄罗斯帝国的统一。而正如时人所言，该党在第一届国家杜马选举期间毫无作为①。1906 年 5 月，温和进步党和民主改革党合并为民生党，同时一些不愿合并的成员加入了和平革新党，如之前所述，他们在 1912 年改称"进步党"。

在前两届国家杜马选举期间，各级代表政治倾向缺乏稳定性和统一性，导致时人难以猜测选举结果，同时，复杂的"党派"类型也加剧了这一情况。因此，当人们看到杜马议员的名单时，往往会对他们的政治立场感到十分费解，其中特别是进步派，时人曾对此有多种评价，例如"温和自由派""无党派的温和自由主义者""政治立场介乎十月党和立宪民主党之间的派别""反对彻底改变政治制度"。当时的许多学者曾对那些从立宪民主党转入进步派的活动家进行研究，其中很多人被打上了"右派"和"中间派"的标签，而这也证明了，进步派处于这两党政治立场的中间位置。当对各级代表的政治倾向进行分类时，应以他们的社会地位和阶级出身为依据。对于农民阶级而言，进步派的政治立场和性质令人难以理解，所以他们对进步派的态度较为中立。然而，也正因这种中立的态度，许多人视农民阶级为"进步派成员"或是"进步派的支持者"。在国家杜马成立十周年纪念册中，收集了一些有关当时地方省份选举大会的资料，这些资料表明，立宪民主党在第一届国家杜马选举中获得了多数票，从而成为农民阶级的代表。例如，在喀山省和萨马拉省，立宪民主党将鞑靼人等少数民族和一些支持"中间派"的农民组织在了一起②。

在《杜马议员详表》中，大多数"进步派"人士倾向于右翼阵营，而在 M. 博伊维奇的书中，则将他们归于"温和派"③。在时人看来，进步派并不是某个政党，而只是一群地主和来自明斯克的农民组成的团体，进入国家杜马后，他们被《国家杜马议员名目单》命名为"进步派"。虽然这些人

① 1 Государственная Дума. Политическое значение Государственной Думы. СПб., 1907. C. 168 – 173.

② К десятилетию Первой государственной думы. 27 апреля 1906 – 27 апреля 1916. Пг., 1916. C. 190.

③ Бойович М. М. Наши депутаты. Члены государственной Думы. （Портреты и биографии）. Первый созыв. М. 1906.

在一定程度上赞同立宪民主党的某些立场，但他们有自己的准则，例如他们坚决反对立宪民主党有关"强制征用私有土地"的农业主张。

"进步派"作为一个非政党化的组织，其内部分为许多派别，其名称前的"前缀"表明了他们的政治倾向，例如"绝对进步派"，其政治立场几乎和立宪民主党如出一辙，但其成员并不属于立宪民主党，这可能是因为他们不想受到党规纪律的约束①。

当然，笔者在解释党派特点的问题时，引用"进步派"的例子只是其中的一方面，而另一方面是进一步考证党派，并对其进行分类，例如之后将谈到的"右派"和"无党派"。由于大多数选民对各党性质较为陌生，所以笔者将首先探讨选民政治倾向的"模糊程度"，并以文献资料为基础，对此进行研究。但毕竟笔者的目标是研究在政治社会化的影响下，民众参政的过程，所以不能局限于研究政党的类别，还需要对一些人物进行分析，探讨影响选民参选的社会因素，以及他们的政治倾向形成的条件，而这些问题因俄国各地的区域差异表现出了极大的地域性特点。

三　第一届国家杜马选举期间选民的政治倾向问题

选举法的职能之一便是在选民团和选举资格这两个制度的基础上推动选民群体的形成，正如上文所述，在每个选民团内部，选民们的社会阶层和性质并非完全一致。因此，个别选民群体会以特定的形式联合成组织团体，例如，无论是在"现代化"过程中出现的新兴阶级，还是"传统"社会中古老的阶级，都会形成自己的组织。选举法对选民团的资格做出了明确的规定，这为俄国社会形成"基层选民—各级代表"的代议制架构提供了法律基础。从选民阶层性质上看，主要是分为"城市"和"农村"，市民代表来自前者，而地主和农民代表来自后者。因此，这个选民制度在整体上体现出较为鲜明的阶级原则。此外，市民选民团的人员分配体现了官方对"城市社会"中不同阶层代表性的认知过程，在选举法制定初期，城市社会中阶层的复杂

①　РГИА. Ф. 1327. Оп. 1，Ⅱ созыв. Д. 109. Л. 82. 关于这部分的详细内容请参阅本章第三节。

性易被官方忽视，但很快，官方就认识到了这一点，并对"选民团范围"等事宜做出了调整。

综上所述，在本书研究中，对一部分议员候选人的社会阶层情况进行分析是至关重要的，而这需要结合当时的选举汇总表和省长工作汇报等资料①。虽然这些资料因区域性和不完整性导致研究只能以省份为范围来逐渐展开，但这并不影响整体研究，在第三节中笔者将对其进行分析。通过当时官方在全国范围内进行统计的资料，可以在一定程度上说明选民的政治倾向和他们之间的"社会认同感"，对此，需要首先提出一些问题：

（1）"城市"和"农村"的选民各具有哪些特点？

（2）出身"农村"的选民在政治倾向和投票上有什么异同点？

（3）"城市"选民在选举时有什么特点？

（4）选举法及其所规定的选民团制度对选民政治倾向和投票产生了重要的影响，因此是否可以从这个角度来分析每个选民团内的社会阶层？此外，选民间的认同感是如何与政治倾向和政党认同联系起来的？

对于上述问题，可以采用对比研究，也就是将每个选民团内的选民政治倾向进行分类，了解选民团的整体情况后，再同其他选民团进行对比。当然，由于资料和选举的地域性特点，其结果仅代表各省区，但这种研究方法不仅能够分析同一阶层中选民间的"社会认同感"对他们政治倾向的影响程度，还可以揭示地方各省的选民和各级代表的党派特点。

因此，笔者以选举法所规定的选民团为单位，并在"样本"省份的范围内，分析选民的政治倾向。但在此之前，笔者需要补充三点。

第一，笔者所选择的"样本"省份，其选民的社会阶层构成必然不同，选民来源可以大致划分为"农村社会"和"城市社会"，在前者中，选民主要是"农民阶级"或"地主阶级"，而在后者中，选民的身份情况则需要按照阶层来划分。

---

① 这项工作始于莫斯科国立大学历史系 Н. Б. 谢伦斯卡娅的文献研究演讲，Ю. Г. 格里高利耶夫对档案表和各级代表的名单进行了校订，之后由 Ю. М. 菲利波夫整理汇总成档案数据库。

第二，根据官方统计的数据和省内选举结果的资料，笔者能够准确定位国家杜马议员的政党身份，并由此可以确定"样本"省份中部分选民的政治倾向。

第三，鉴于反映选民政治倾向的资料十分庞杂，所以有必要首先对"样本"省份中各级代表的政党身份进行鉴别，并以此作为研究选民群体政治倾向的基础。在得出结果后，笔者再对欧俄地区各省选民的资料进行研究，揭示出在第一次国家杜马选举期间选民政治倾向形成的过程和特征。

官方资料显示，选民的选票主要集中于：立宪民主党、进步派、十月党、工商党、法律秩序党和无党派人士。然而，官方没有统计左翼政党，因此，官方资料并不能真实地反映当时的选举状况。通过选举汇总表、各级代表调查表等资料，笔者寻找到了选民的其他选择，其中包括"相信政府""保守派""极端主义""社会主义民主派"等。显然，这样有利于笔者立足于更广的选民范围，增强最终结论的客观性。就文献资料而言，各级代表的公示清单必然不如政府文牍资料中的档案，因为后者中记录了政治倾向等更为详细的信息。需要注意的是，这些代表的档案资料由各省收藏，加之上文所提到的区域性，因此如果样本较少的话，研究结果会十分片面。

对于上文所提到的政治倾向区域性特征，笔者也要进行分析。资料显示，当时出现了选民"政治冷淡"现象，大多数选民没有宣布他们的政治倾向，这或许是因为确实没有，当然也可能是出于某种原因而隐藏这些信息，在探讨这个问题时，需要确定这类选民所在的地区，并且分析该区域的全体选民。据一些省长的汇报记载，他们认为"立宪民主党"的"激进"情绪威胁最大，并将其定性为"左翼政党"。总之，在现有资料的基础上，笔者将以各省份为单位，研究社会各阶层的政治倾向及其形成过程等问题，具体问题总结如下：

（1）农民选民团是否在俄国各地都有相同或相似的政治行为，换言之，他们的政治行为是否在全国范围内都具有同一性？

（2）不同选民群体之间有何种差异，例如同属"农村社会"的农民选民和地主选民，二者的差异具体表现在哪些方面呢？

（3）与"农村社会"的选民相比，"城市社会"中的各阶层选民在政治倾向和具体行为上又有哪些特点呢？

四　农民选民的政治倾向

相比于地主和其他阶级的选民，农民选民在欧俄地区的北部省份（阿尔汉格尔斯克省、沃洛格达省、维亚特卡省、奥洛涅茨基省）中是最具代表性的群体，因为在这些省份中，农民选民占选民总数的54%（奥洛涅茨基省）至74%（维亚特卡省）。这反映出北部省份在社会经济发展方面上的特点，而其发展过程决定了地主和农民是"农村社会"中最主要的群体。总之，这些因素最终影响了选举的结果，笔者也将从这些因素着手来研究农民选民的政治倾向及特点。

除了北部省份以外，其他省份的农民选民在人数上也占据相对优势。显然，尽管地理环境不同，但和前者一样，后者也受到了社会经济环境因素的影响，例如欧俄地区的南部省份顿河军区、斯达夫罗波尔省、塔夫里切斯基省等，这些省份的农民选民在人数上超过其他阶级的选民，而在斯达夫罗波尔省，农民选民人数甚至达到了选民总数的70%。然而，对于区域地理环境如何影响农业社会，以至于最终表现在选举上的问题并不在笔者的研究范围之内，笔者仅仅是研究环境因素所造成的既成事实，并揭示作为社会和选民群体主体的农民选民是如何对最终的选举结果产生影响的。

值得一提的是，在北部省份中，农民选民的政治倾向几乎可以代表整个省份。

因此，在讨论北方省份的选民政治行为方式时，可以不拘泥于个别选举团。此外，应当注意到，虽然同属北方地区，但不同省份的选民在政治行为上的表现依然差异巨大。而这也意味着，北方各省选民的政治倾向也带有明显的省份差异性。

例如，维亚特卡省的选民主要倾向于"右翼政党"、"进步派"和"立宪民主党"。而在奥洛涅茨基省，各级代表近半数来自农民选民团，在政治倾向上，他们更多地支持"右翼政党"。

维亚特卡省的数据表明,农民选民的政治倾向大致介于"右翼政党"、"立宪民主党"和"进步派"之间,而这几乎代表了整个省的倾向。对"右翼政党"而言,他们的最大支持者来自省内的农民选民,其支持者约占农民选民的9%、全省选民的10%。然而,在研究立宪民主党的选民支持情况时,笔者发现农民选民同其他选民存在严重分歧,立宪民主党在农民选民中的支持率仅为7%,但在全省选民中却达到了15%。此外,"进步派"在农民选民中的支持率为20%,在全省选民中为18%。

在阿尔汉格尔斯克省,选民对党派的支持情况与维亚特卡省截然不同,具体表现为最终的投票结果与农民选民的政治倾向结构不吻合。该省至少有五倍于维亚特卡省的农民选民公开声称自己是"右翼政党"成员,而立宪民主党的支持率也不像维亚特卡省有如此大的差异,该党在农民选民中的支持率为15%,在全省选民中的支持率为18%。

在沃洛格达省,几乎所有农民选民声称自己支持"进步派",而且"进步派"选票也几乎完全来自农民选民。至于其他党派,立宪民主党仅有7人、十月党有2人、"右翼政党"有12人,而且无一来自农民选民。因此,该省的农民选民与其他阶级的选民在政治倾向上没有任何"交集",或许对于他们来说,自己这个阶级在选举中就是一个"独立"且内部十分统一的团体。

总之,北部省份的选民政治倾向带有明显的省份差异性,这表明虽同属农民阶级,但他们在"政治选择"上缺乏同一性。然而,有一个例外,即这三个省都不乏农民选民声称自己倾向"右翼政党",其中阿尔汉格尔斯克省的农民选民甚至是全员支持。在分析农民选民政治倾向的区域情况的同时,还有必要关注一些特殊的选民类别,即所谓"无党派"的群体,在本节的后续部分中,笔者将不再研究选民的政治倾向和区域特点,而是分析那些政治冷淡,或是倾向模棱两可的情况。众所周知,在传统的历史编纂中,史学家们对农民阶级政治意识发展程度和特点的评价莫衷一是,有的学者认为农民阶级的政治意识淡薄,因为大多数农民对选举的态度冷淡,但还有的学者认为农民阶级的政治要求中包含了民主和革命的成分①。然而，当时一些农民的公开声明和地方政府的政治倾向信息档案证明，在农民选民中的确存在多元化的政治倾向。

此外，笔者还将以省份为单位，对比分析"无党派人士"在各省农民选民中的支持率。笔者认为，与其他选民群体一样，还有另外的信息可以弥补传统史学界对该问题的研究漏洞。

首先，"无党派人士"在沃洛格达省和维亚特卡省农民选民的支持率分别为75%和85%，而在奥洛涅茨基省和阿尔汉格尔斯克省分别为54%和65%。其次，由于绝大多数的农民选民在政治面貌上也是"无党派"的，所以他们在这些省份中的重要性是不言而喻的。最后，这个由农民组成的选民团代表性极高，并在选举过程中有充分的"体现"，而他们能够决定或影响哪些党派的候选人当选杜马议员，因此，国家杜马中无党派的议员也往往来自这些无党派选民比例较高的省份。例如，来自沃洛格达省的有5名议员，其中4名是无党派的，另一个是十月党的右翼成员。而在奥洛涅茨基省，从农民中选派出的无党派杜马议员是最少的，仅有1人，除此之外，还有1位立宪民主党人，两人均为"右倾人士"。

当然，在第一次竞选期间，也有一小部分农民选民意识到，政治倾向要符合自身的利益。例如在沃洛格达省和阿尔汉格尔斯克省，一些农民选民表现出许多独特之处，他们忠于支持自己倾向的政治力量，也就是说他们有"独立的"政治选择。

在南方草原地区的省份里，农民选民同样也是在人数上占据了优势，其中表现得最为显著的是斯塔夫罗波尔省，农民选民的人数远远超过地主选民，他们占全省选民总数比例的70%。

尽管农民选民的人数众多，但他们当中许多人对选举活动态度冷淡，正如官方所记录的那样，几乎所有农民选民都被标上了"无党派"的标签。因此，在这种情况下，有必要审视其他的一些有关农民选民的资料，这些资

---

① Буховец О. Г. Социальные конфликты и крестьянская ментальность в Российской империи начала XX в. М.，1996. С. 117 – 139.

料不同于官方的记录，或许可以揭示出这些选民的另一面。

由于农民选民占据人数上的绝对优势，所以选举过程和结果必然受之影响。最终，斯塔夫罗波尔省选派的杜马议员有两名，1人为劳动派，1人为无党派。

同时，还有一些信息也不能被忽略，例如选民自行登记的党派或有关政治面貌的信息，以及由于一些情况而被选民隐瞒的信息。

此外，同其他选民一样，农民选民的投票对象仅限于那些政府允许其参选的政党。因此，在官方的档案中，没有选民给"社会革命党"等"左翼政党"投票。总之，许多历史上存在的政治力量，由于不被官方认可，并未在官方的档案中留下任何痕迹。

因此，关于杜马议员的党派信息是研究选民政治行为的重要资料，这些档案揭示了他们在选举过程中真实的政治倾向，而且在一定程度上弥补了官方档案的空白。

斯塔夫罗波尔省的选举资料证明，选民的社会认同感对其政治选择的影响并不明显，因此在选举过程中，整个选民团就显得极为松散，缺乏一致性。然而，也正因如此，劳动派的杜马议员才能在该省获得一定人数的支持。

笔者根据国家杜马议员的档案资料，研究农民选民的政治行为对南部省份竞选结果的影响，特别是顿河军区和塔夫里切斯基省，因为这两个省份的农民代表在政治倾向上十分模糊。可以推测，这些所谓的"无党派"的农民选民实际上更倾向于"右翼政党"，而这也是南部省份在政治倾向上的整体特征。顿河军区所选出的国家杜马议员中，有5名立宪民主党人、2名十月党人和3名"无党派人士"，而在塔夫里切斯基省的竞选中，共选出了6名国家杜马议员，其中包括2名劳动派成员、3名立宪民主党左翼成员和1名"无党派人士"。

毫无疑问，农民选民的政治倾向信息是极为重要的。对于政党而言，吸引农民选民不仅仅是要选民在身份名义上加入自己，更需要他们在真正的选举时投给自己一票。黑土区省份的选举证明了这一点，农民选民的党派倾向以及他们在选举中的表现最终决定了全省选举的结果。通过将选民代表所登记的党派信息和选举过程汇报资料进行对比，笔者发现农民代表的选举行为的确受到了某些因素的影响，但同时也证明了选民代表所公开的党派身份与他在国家杜马中的政治选择之间存在差异，显然，这是受到不同的政治力量宣传的影响。因此，在库尔斯克省的农民选民中，尽管有35%支持进步派，但经过全省选举后，当选国家杜马议员的11人中，6人为立宪民主党人，3人为劳动派，而进步派议员寥寥无几。同时，在坦波夫省，虽然有四分之一的农民代表登记为"右翼政党"，但在8名国家杜马议员中，5人是无党派人士，还有1人是"党派不详"（有党派）。由此也可以看出，在一定条件下，那些没有党派所属和明确政治倾向的"无党派"群众往往比"右倾"群众在投票时更具影响力。

在缺乏政治认同的情况下，选民之间的社会认同感可能成为前者的"替补"因素，从而对选举结果产生影响。这或许是在选举过程中受到各种政治力量宣传的影响，导致农民选民的政治行为出现了这种情况。

总之，由于农民选民的党派身份往往是不稳定的，所以不能视其为决定他们最终投票对象的因素。更进一步地说，不能高估"农民选民团"的政治化程度。然而，对农民选民政治行为的区域性特征表明，农民作为当时俄国最庞大的阶级的确加入了"政治化"进程。同时，因为他们人数众多，所以他们的政治倾向对国家杜马产生了重要的影响。

五　地主选民团政治倾向的形成

研究社会认同因素对政治倾向和个别选举团体政治意识所产生的影响时，有必要补充一下笔者对农村选民的分析结果，此外，还需寻找其他选民群体在选举时的相关资料，这或许可以对原先的理解进行修正。

首先，在社会阶层的构成方面，地主选民团并未表现出单一性特点，其成员的共同特征仅为"占有土地"。正如上文所述，这个选举团在组成时并未严格按照等级原则，而是根据地产及其规模，最终形成了这个由"土地所有者"组成的选民团。因此，与农民选民团相比，地主选民团的社会认同感相对薄弱。从构成上看，地主选民团的主要成员是贵族地主，同时还有一些拥有土地并满足入团资格的非贵族地主，所以这个选民团的社会认同是建立在"贵族地主—非贵族地主"这一"二元基础"之上的。而这个"二元基础"的形成过程可以被视为在现代化的潮流中，俄国传统的农业社会出现了在社会结构方面的新变化。同农民选民团一样，地主选民团也是农业社会的一部分，而且也有着显著的区域差异，这些差异可以是自然环境和社会经济等因素影响下的产物。同时，正是这些因素确立了俄国各地的农村中地主和农民的身份地位和他们之间的关系。

因此，笔者挑选了一些地主选民较多的样本省份，因为只有在这样的省份里，地主选民才有更大的机会展现自己的政治倾向，甚至影响选举的结果。

地主选民在欧俄地区的南部、西部和西南部的一些省份中人数较多。众所周知，在西部省份里，地主经营的农业逐渐资本主义化，并且占据了主导地位。因此，在维连斯基省、维捷布斯克省、沃伦斯基省、明斯克省、诺夫哥罗德省和斯摩棱斯克省，地主选民在总人数上虽不如"农民选民"，但他们占据了全省选民的近半数，而且在这些省份的农村中，地主选民团是一支举足轻重的力量，其实力远远超过农民阶级。此外，在别萨拉布斯基省、赫尔松省、切尔尼戈夫斯卡亚省等南部省份，情况和西部省份大体相似，但形成这一系列情况的自然环境和社会经济因素不尽相同。

本部分的研究目标是地主选民团的政治倾向，以及其发展和程度。在此之前，笔者已经分析过农民选民中的"无党派"现象，其原因有可能是"政治冷漠"或"隐瞒政治立场"。地主选民也是如此，档案文献记载了这一现象，其中提到地主选民团中的各级代表，尤其是贵族地主的代表，对政党的态度极为冷淡。

毫无疑问，和农民选民相比，地主选民团最大的特点就是政治倾向更加明确。在对样本省份进行分析时，笔者首先计算了"无党派人士"在地主选民中和在全省选民中所占的比例。与农民选民占据优势的省份不同，在地主选民较多的省份中，只有不到55%或不到50%的地主代表没有明确的政治倾向，这个数字在不同地区和省份里有所差异，其原因是地主选民团在各省所占的比例不同。在一些南部省份，如赫尔松省，这个数字只有12%，但在西部省份，如沃伦斯基省，地主选民团中明确是"无党派"的选民代表高达69%，平均而言，西部省份这一数字在45%～48%。由此可见，尽管西部省份与南部省份同为地主人数较多的地区，但二者之间依然存在巨大的差异。

从这些数据上看，地主选民团的各级代表往往比农民选民团的各级代表有着更高的政治化程度，无论是"无党派人士"的比例，还是"政治选择"的性质都反映了这一点。总之，"社会认同感"作为影响全国选民政治化程度的一个重要因素，在各选民团中所发挥的作用是不尽相同的。对于地主选民团而言，社会认同的"相对性"影响了选民的政治立场和活动，而这又与该选民团内部的"异质性"有着密切的关系。因此，应当更加细致地分析地主选民团中社会认同感的形成过程，以及影响该选民团各级代表"政治倾向"的决定性因素。

在"政治选择"上，许多地主议员最终将选票投给了立宪民主党，甚至在一些样本省份中，有近一半的省级地主代表本身就是立宪民主党人。

此外，还需分析这个选民团的政治倾向在各省中的"同一性"。研究表明，在地主人数较多的省份，不论其自然环境和社会经济条件的差异多么明显，立宪民主党和进步派总能占据优势地位。

对此问题的研究在两个方面引起了笔者的注意。

首先，地主代表的政治倾向不仅限于右翼政党和十月党，他们还与自由派的左翼——立宪民主党，以及进步派有着密切的关系（注意上文中对进步派的解释）。这表明在社会认同方面，尽管地主阶级十分保守，但同右翼政党之间依然存在分歧，这类分歧在第一届国家杜马选举期间十分普遍，许多议员投出了与其自身阶级并不吻合的选票。

其次，有关地主代表政治倾向的资料表明，在这个群体中，其社会认同存在"相对性"。而关于这个问题笔者在上文已经提到，这无疑是选举法中"选民团制度"所带来的结果。

六 市民选民团代表的政治倾向

正如上文所述，选举法为城市各阶层的市民分别制定了不同的"资格标准"，从而为市民的参选提供了更多的机会。但与此同时，这也使得市民选民团的阶层结构日益复杂。

在政治倾向上，"城市社会"的市民选民团与"农村社会"的农民选民团截然不同。资料显示，相比于其他选民团，市民选民团选出的"无党派"代表是最少的，因此可以断定，在全国范围内，市民群体的政治化程度最高，其"无党派"比例的平均值为20%左右（然而，这个比例的极差很大，其范围在3%～94%，例如在阿尔汉格尔斯克省、阿斯特拉罕省、顿河军区、叶卡捷琳诺斯拉夫省、喀山省、奔萨省、图拉省等地，根据官方的统计，无党派的比例超过了50%）。这表明，虽然这个选民团的阶层构造极为复杂，但他们之间总能保持较高程度的"社会认同感"，也正因如此，这个群体的政治化程度是所有选民团中最高的，并且在选举过程中也能更紧密地团结在一起，给予候选人支持。然而，市民选民的政治化程度也有着显著的区域特征，这表明了"区域因素"在"政治社会化"进程中起着重要作用，其中包括各地的政治社会状况，以及各省政党团体的活动。

同时，在全国范围内，市民选民的"政治选择"有着极高的"同一性"。除阿尔汉格尔斯克省以外，其他省份的大多数市民选民都支持立宪民主党，甚至在个别省份里，立宪民主党的支持率达到了70%～80%，例如莫斯科省、萨拉托夫省、圣彼得堡省等。

此外，有一部分支持立宪民主党的选民，在登记时被写成了"进步派"的支持者，所以在研究时，应注意这部分选民的真实政治倾向。

在市民选民中，"十月党"和"右翼政党"的支持率极低。显然，市民选民对"右翼政党"的支持率是研究其在市民中影响力的重要依据。根据官方的资料，在24个样本省份中，有12个支持率不足10%。此外，值得注意的是，至少在三分之一的省份里，"十月党"的市民选民支持率比"右翼政党"的更低。

七　结论

综上分析，可以得出如下几点结论。

（1）在选民政治意识形成的过程中，"社会认同感"是一个重要的因素，而这个因素源于政治倾向和选民群体参选的方式等方面。同时，这种社会意识为俄国选民群体内的"政治认同"提供了思想基础，换言之，政治认同伴随着社会认同的波动而变化。然而，社会认同因素对各省中不同群体选民的政治倾向的形成，以及其性质特点上的影响是有限的。

（2）俄国的"农村社会"有着极强的内向性和封闭性，这种特点不仅在他们的政治倾向和参选过程中打下了深深的烙印，而且也使得同属于"农村社会"的地主选民和农民选民之间产生了巨大的差异。

（3）对农民选民而言，"社会认同"是影响政治倾向形成的首要因素，其"政治社会化"程度就是由这个因素所决定的。具体表现为各省农民选民的政治倾向极具"同一性"，例如许多省份的农民选民支持"无党派人士"。而这意味着他们普遍缺乏政党意识，或是政治倾向不成熟。但通过估算各省份"无党派"农民选民的比例，笔者发现，"社会认同"因素在不同地区的影响程度不尽相同。

总之，在档案中，农民选民的"无党派"比例极高。因此，在许多学者看来，之所以农民阶级的"政治认同"和"社会认同"紧密相连，是因为这个阶级的"政治社会化"程度较低。而笔者认为，俄国幅员辽阔，省份众多，各省之间"无党派"选民的比例极差较大，所以，这需要一个更为深入的分析和更为客观的解释。

（4）所谓"无党派"代表，可以视为对那些由于立场不明确或是其他原因，总之未登记政治倾向的选民代表的一种称谓。除此之外，正如上文分析所示，农民选民团的杜马议员在选举时所表现出的政治行为往往和基层农民选民所"登记"的政治倾向不吻合。

（5）由于欧俄地区的农民选民比例极高，这直接决定了总体选民的组成。因此，农民选民选票的分量极重，甚至可以直接影响各省杜马议员的人选。

（6）虽然在各省内农民代表的政治选择极具"同一性"，但在全国范围内，他们的政治选择却表现出"多元化"（从总数上看，依然是"无党派"占据绝对优势）特征。从政治坐标上看，农民代表的政治选择极为多元，从"无党派"到"各类党派"，从"右翼党派"到"劳动派"，几乎每个政党在农民队伍中都有支持者，只是影响力的大小不同。出现这种情况的原因主要可以归结为两点，其一为各政党在农民阶级中都进行了不同程度的宣传，其二是由于农民选民的政治倾向没有完全形成，所以他们本身在政治行为上就具有很强的"多元性"。正如上文的分析，在各省份的内部，农民选民的政治倾向在整体上具有一定程度的独立性和同一性，而且由于农民选民比例较高，他们的政治倾向足以代表全省的政治倾向，这可以视为农民政治意识的"辐射效果"。此外，在农民选民中，存在一定数量的"右翼政党"支持者，但各省的支持比例有所不同。

（7）正如上文所述，地主选民团并非完全倾向于右翼政党，甚至包括许多传统保守的地主。在全国范围内，这个选民团整体的倾向是支持立宪民主党。由此可见，即使是在这样一个看似"保守"的选民团内部，依然存在一些不同于通常贵族地主的"异见分子"。

（8）毫无疑问，与那些来自"农村社会"的选民团相比，市民选民团的"政治社会化"程度最高，而这充分体现了"社会认同"因素所发挥的作用。在政治倾向上，市民选民团明显支持立宪民主党（和进步派）。

如果考虑"无党派"代表的情况，那么各省市民选民的"政治社会化"程度存在明显的差异，但若除去"无党派"的市民代表，就会发现，"城市社会"的政治立场在全国范围内几乎是完全一致的。一些官方文件中写道，有必要改变"城市社区和人口的法规"，以及"在民众参选和立法时，开启选民的民智"[1]。显然，这只不过是表明政府承认市民的"政治成熟度"，以及讨论是否需要将其纳入选举体制。

---

[1] Урусов П. Н. Россия перед созывом Государственной Думы. Пг. , 1906. С. 69.

毫无疑问，对全国范围内的资料进行分析，有利于揭示政治倾向的区域特点，以及选民选举的具体情况。而分析结果表明，"区域因素"在选民参政、政治倾向形成和参政行为等方面发挥着重要的作用。

这就是为什么笔者在上文中认为补充一些关于地方选举情况的资料和研究成果是十分重要的，这部分内容将在下文展开。

在本节中，笔者试图证明，在第一届国家杜马期间，全国范围内的选民逐渐形成了政治意识，他们的政治行为都是"参政"的表现，只是程度有所不同。当然，政治行为是个较为宽泛的概念，它会以不同的方式呈现出所有选民代表的特征。众所周知，各省所谓的"工人选民团"均人数稀少，在41~46个省份中，选派出的工人议员不足10人，这使得他们在国家杜马中几乎没有话语权。在第二届国家杜马选举期间，枢密院发布了一份文件，禁止一人参与两个选民团的选举，对于工人来说，选举权无疑再遭压制。总之，虽然俄国各个基层在政治意识和倾向，以及行为方面存在显著的区域差异，但笔者依旧认为在社会中存在民主文化，换言之，民众已经渐渐认识到，在国家治理和政治决策过程中，自身的意志可以产生决定性的作用。

然而，在没有第一次国家杜马选举期间的个人政治倾向资料的情况下，仅通过选举集体趋势来得出结论的确存在局限性，所以，需要注意以下几点。第一，社会上层的代表并不总从自身传统利益角度出发，他们中的一部分人有着坚定且令人信服的理念，按照自己的意志将选票投给"自由派左翼"。当然，或许其中有些人以后会后悔，并在下一届选举中改变政治倾向，但后来的政治行为并不能改变他们在第一届选举中的表现。第二，对于农民阶级而言，他们并不乐意公开自己的政见，在对"无党派人士"的投票中体现了这一点，学界将这一现象常常解释为"政治冷淡"，并认为农民阶级在政治上缺乏同一性和自决意识。然而，笔者认为，"无党派"或许也可以被认为是农民阶级在"党派倾向"上的一种特殊表现形式，而这种特殊的党派倾向，以及他们所做出的政治选择证明了他们的的确确参与了"政治进程"。

因此，即使是根据官方的资料进行分析，也可以断定，民主文化已经在俄国社会上初现端倪，而"民众参选"作为一种政治行为，需要每一位公民的"自决意识"。因此，"民众参选"的这一过程可以被视为民主文化的首要表现。

第三节 对比各省选举大会的情况——以弗拉基米尔省、沃罗涅日省和卡卢加省为例[①]

一 有关选民代表的文献资料

竞选活动伊始，各地方政府便不断地向中央汇报选举实况。而在选举刚开始的时候，汇报中只谈及是否举行选举的信息，并没提到其他细节。为了加快信息传送，政府还使用了电报技术。当然，地方政府如此大费周章，是因为内务部要求收到各省的汇报，而按照《国家杜马选举条例》，内务大臣（时为斯托雷平）又需要定期向沙皇报告选举的进程[②]。

在圣彼得堡的俄罗斯国家历史档案资料馆中，笔者挑选了沃罗涅日省（包括其省会沃罗涅日市）、卡卢加省和弗拉基米尔省有关选举的资料，并将这些资料按照其信息类别进行划分，即各省、市（仅为拥有"特殊城市权"的沃罗涅日市）选民代表的名单和档案表，此外，还有选举进程汇报表和描述选民政治倾向的省长记录。总的来说，这些资料相对全面地反映了各级选举的情况，即在各省和"特殊城市"的选举大会中的选举人员的状况[③]。这些资料均来自1905年9月22日内务部提交给国家杜马选举特别办

---

① 本节的内容引用了 Ю. М. 菲利波夫的论文《通过选举委员会的材料分析第二届国家杜马选民的构成》，该论文是在 Н. Б. 谢伦斯卡娅教授主持下完成的。

② Селунская Н. В. Вородкин Л. И., Григорьева Ю. Г., Петров А. Н. Становление российского парламентаризма начала XX века. М.，1996，С. 24.

③ Пушкарев С. Г. Россия 1801 – 1017. Власть и общество. М.，2001. С. 374 – 404.；Демин В. А. Государственная Дума России（1906 – 1917）：Механизм функцирования. М.：РОССПЭН，1996. С. 6 – 29.

公室的第 63 号文件①。

在这些历史档案中，最具意义的是选民的档案表，因为有时省里保存的资料会和市县的发生冲突，而档案表可以用来进行校对。档案表明，在沃罗涅日省的选举大会结束后，与会的代表们立即填写了档案表，之后这些档案表由选举大会的主席负责签字，但沃罗涅日市的程序有所不同，与会代表填写完档案表后由自己签字。结果，沃罗涅日市的代表们所汇报的自身信息在数量上远远超过了官方所要求的。同时，在由沃罗涅日市选举委员会保存的档案表中，代表们还填写了与选举资格相关的信息，满足选举资格的代表们罗列出了自己的详细资料（如租房税额、可用房产的估价、工资等），而这些信息的意义在于方便政府调查其选举资格（地产、工商业资产）。此外，在填写档案表时，有一些选民没有列出自己所达标的资格，只是在罗列《12 月 11 日选举法》中的条款，并声称根据该法自己具备了选举资格，而这表明他们对选举法的内容十分熟悉。

在弗拉基米尔省的各投票站完成基层选举后，选民代表们并非在各自所在的县城中填写档案表，而是在省城里，所有档案从填写到签字都是一个字迹，甚至不少代表在档案中没有具体说明自己的年龄。然而，这些档案表中没有任何涂改，这证明这些档案中所填写的信息是经过充分核实的。弗拉基米尔省省长 И. Н. 萨佐诺夫在 1907 年 2 月 1 日提交给内务大臣的汇报中附上了一些关于选民代表信息的表格，汇报中称："1906 年 2 月 26 日，第 1240 号报告，向阁下递交两份文件……弗拉基米尔省基层选举大会后的选民代表名单……以及按照上述资料厘定的表格。"② 显然，这位省长说的正是收集有每位选民代表详细信息的档案表，但他并没有将这些资料和其他选举文件分开，而是一同上交，或许是他认为这些档案表中填有选民代表的党派信息，有利于内务部知晓选举的动向。

卡卢加省的选民代表档案表在形式上介于前两者之间。大多数档案表是

---

① РГИА. Ф. 1327. Оп. Ⅰ－Ⅱ созыв. Д, 109，Л. 3.
② РГИА. Ф. 1327. Оп. Ⅰ－Ⅱ созыв. Д, 107，Л. 39.

在县里编制的，而且在一些档案表上的字迹和签名很显然是县选举委员会签署的①。同时，许多选民代表并未直接参与填写，因为有大量档案表的"年龄"一栏是空白。档案表通常只能由卡卢加的各县选举委员会发放，除了一些县区的档案表由省选举委员会特殊编订外，其余所有县区的档案表要么是印刷制成的，要么是手写的。

之所以将上述省份的选举情况作为研究目标，是因为其档案材料十分完整。同时，这三省各具特点，分别代表了俄国的三种省份。此外，还能凸显各省区之间的差异。

沃罗涅日省是一个工业基础几乎为零的中部黑土区农业省份②，95%的居民是农民。因此，沃罗涅日省是一个农民在人数上占据绝对优势的样本省份。除此之外，沃罗涅日省在选举过程中出现了"省选举大会"和"市选举大会"并存的情况，这是因为该省拥有一个具备"特殊代表权"的城市，即省会沃罗涅日市。这种情况为学者在选民方面的研究提供了一个独特的视角，即可以分析在"农村"、"特殊城市"和"省区"选举代表时的特点。

弗拉基米尔省的社会经济情况与沃罗涅日省完全相反，它是一个工业省份，其工业发展程度仅次于莫斯科和圣彼得堡。据1897年的人口统计，该省从事农业的人口约有150万人，占全省人口的36%，而从事工业（包括小工厂和手工业）的人口约占全省人口的41%。在农村中，只有46%的人口从事农业，37%的人口已经进城务工。弗拉基米尔省的社会经济情况决定了在省选举大会上，所谓"工人选民团"的代表将具有无与伦比的重要地位。除此之外，弗拉基米尔省对政府的反抗情绪最大，甚至可以作为反政府宣传的中心，该省试图建立起新的国家机器——苏维埃，毫无疑问，这是试图脱离政府的方案之一，与国家杜马形成的过程密切相关。

---

① 卡卢加省选举大会后，代表档案表上的"签名"栏中填有"选举委员会"字样。
② 根据20世纪初的资料，沃罗涅日省拥有300万人，但工人数量不超过5000人，工业基础极差。（Малый энциклопедический словарь Вроктауза и Эфрона. Т. 1，Вып. 1. Изд. Ⅱ. СПб.，1907. С. 995.）

卡卢加省是一个非黑土区的农业大省，农村人口占据绝大多数。全省共140万人，然而只有不到10%的城市人口，其余均常住农村①。这种社会结构在全省选举大会上的表现是：仅选出了两名工人议员。此外，卡卢加省有一个规模较大的工业区——马尔采夫斯基，这对全省社会经济生活产生了巨大的影响。

综上所述，笔者以各级代表的档案表、名单和各省省长的工作汇报为基础，汇总成了一个资料库。在建立这个资料库时，主要参考的是档案表，因为其条目固定，所有人都需要填写相同方面的信息。所以，笔者总结了有关选举的20条信息条目：

存档表的编号	年龄	参选地（县）
选举大会	身份（阶层、官阶）	选举资格
姓氏	宗教	资格详述
名字	民族	资格获取途径
父称	文化程度	确认无误后签名
党派倾向	职业	附加信息
政府评定（有的没有）	住址	

二 沃罗涅日省的选举大会

在沃罗涅日省的选举大会上，共有157名选民代表与会，而在这其中有11人当选了第二届国家杜马议员，其平均年龄为43岁。

从选民代表的阶级出身上看，这157人的选民代表是由64%的农民、19%的贵族、5%的神职人员、3%的商人和3%的荣誉公民组成的。在选举资料中，出现了一些小市民，以及其他无法考证其阶级出身的人物。例如，在博布罗夫的县级选民大会上选出的选民代表——斯捷潘·格里高利耶维

---

① Малый энциклопедический словарь Вроктауза и Эфрона. Т. 1, Вып. 1. Изд. II. СПб., 1907. С. 305.

奇·马特维耶夫，他在档案表上的"身份（阶层、官阶）"条目中只填上了
"政府秘书"，即第十四级文官。这种无法考证的样本不超过 9 人，约占总
数的 6%。在宗教方面，155 人（98%）是东正教徒，只有 2 人是新教徒，
其中一人是信仰福音派的俄罗斯人，叫作 Г. А. 普列①，是一名贵族。而在
民族方面，74% 是俄罗斯人，22.6% 是乌克兰人，甚至还有一名德意志人。
如此高比例的乌克兰代表反映了全省的整体人口情况，据统计资料，在 20
世纪初，乌克兰人约占全省人口的 36.1%，俄罗斯人约占 63.3%，而之所
以会有德意志选民代表，是因为在沃罗涅日省有一个德裔居住地，叫作里宾
斯多夫，这里有大约 1500 个德意志人②。

　　在这些资料中，还包含了代表们的教育信息，虽然档案表仅要求填写
"受教育程度"，但很多选民代表还填上了完整的"学业历程"，即受业学
校、何时毕业和学业水平。而根据资料中所反映的全省选民代表受教育水
平，笔者发现，仅有 5 人是文盲，半文盲有 6 人，完全没有受过系统教育的
有 4 人。因此，共有 15 人没有受到过正常的教育，文盲和半文盲约占选民
代表的 7%，93% 的选民代表受到过常规教育。显然，这个数字比沃罗涅日
全省的平均受教育程度要高很多。根据 1897 年的第一次人口普查，沃罗涅
日省大约有 24.3% 的城市居民③，而按照 Б. Н. 米罗诺夫的推算，这个数字
达到了 35.3%④。因此，在选举期间存在某种倾向，即直到选举杜马议员的
阶段之前，选民大多倾向于那些有文化的人。在这 157 名选民代表中，仅受
过初级程度教育的有 80 人（约占 51%），受过中等教育的有 16 人（约占
11%），而受过高等教育的有 34 人（约占 23%）。换言之，尽管共有大约
59% 的选民代表文化程度较低或没有文化，但仍然有近三分之一的选民代表

---

① РГИА. Ф. 1327. Оп. 2. Д, 109, Л. 116.

② Малый энциклопедический словарь Вроктауза и Эфрона. Т. 1, Вып. 1. Изд. Ⅱ. СПб., 1907. С. 995.

③ Первая всеобщая перепись населения Российской Империи. 1897 г. Т. Ⅸ: Воронежская губерния. Вып. 2. СПб., 1903 – 1904. С. 8 – 9. 农民识字率仅为 23.47%。

④ Миронов Б. Н. Грамотность в России 1797 – 1917 гг. // История СССР. 1975. № 4. С. 148 – 149.

受过高等教育。

数据库中资料最丰富的是选民代表的职业情况，这些资料来自他们的档案表，这弥补了选民名单中缺失的信息。

资料表明，在这些选民代表中，有 76 人是地主，有 4 人不仅从事农业，还兼职其他行业，此外还有 12 名农民。因此，共有 92 名选民代表（约占59%）与农业有着直接或间接的关系。

兼职现象在这些代表中十分常见，最常见的是兼职经商，加上主从商业的人数，共有 16 人（约占 11%）与商业活动有关。此外，有 8 名神职人员、1 名工程师、1 名商船船长、1 名保险代理人、1 名律师、4 名医生和 3名教师。然而，律师、医生和教师是否得到过官方的认定，还是说他们只是"自由职业者"，他们是否像远在西欧的那些同行一样，是"民主之光"的承载者。若要回答这个问题，则需要查明这些选民代表的任职单位，显然，面对政府，国家编制内的医生比私人诊所的更具依附性，同样，教师也是如此，公立学校的教师与从事私人教学的相比有着明显的差异，如果这两者在"自由民主问题"上多加考虑的话，前者将会更容易受到政府的制裁。因此，选民代表中的"自由职业者"可以被视为那些从事私营行业，有收入来源，但不愿受到国家管制的社会群体。经过分析，在省级的选举大会上，只有两名选民代表——1 名律师和 1 名私人诊所医生符合"自由职业者"的标准。

除上述代表以外，其余的代表均与"贵族社会"有着不同程度的关系。有 7 人与地方自治运动有关，值得注意的是，其中有 6 人来自县级地方自治局，1 人来自省级的地方自治局，同时，这 7 人均为地方自治运动的"上层"，与政府有着密切的联系。在从事国家公职的选民代表中，有 2 名地方自治局的官员、2 名政府官吏、2 名法官和 1 名县土地管理委员会的官吏。

有关选举资格的信息，主要为地主（贵族和非贵族）的档案或汇报。因此，在分析土地问题时，可以使用这些档案资料。

在确定了选民代表的阶级出身和教育程度，以及职业信息后，笔者将开始分析他们的政治倾向。省长比比科夫在向内务部提交报告时曾提到，无论选民代表处于政治坐标的哪个位置，都必须进行定性。因此，笔者需要了解一下这位省长是如何表述选民代表的政治倾向的。在发往圣彼得堡的报告中，为了与普通的"支持者"区分开，有"党派归属"的选民代表被特殊标记了出来。例如，一名叫作库兹马·安德烈耶维奇·切尔纳绍夫的农民被定性为立宪民主党员，而另一名叫作彼得·安德烈耶维奇·博尔德耶夫的农民被评价为"立宪民主党的追随者"①。显然，博尔德耶夫并不是什么立宪民主党人，资料显示，他只是赞同立宪民主党的一些立场和观点，同样，对切尔纳绍夫的定性也并不意味着他就是立宪民主党员。

也就是说，政府并不总能准确地把握选民的政治倾向。对此，一位来自新霍皮奥尔斯克名为瓦西里·瓦西里耶维奇·利特维诺夫的选民代表曾戏谑地说道："……显然，大家都是立宪民主党人。"② 因此，有必要对选民代表政治倾向的信息进行重新修订，即将有党籍的选民代表和无党派的划以明确的界限。此外，虽然当局并不能把握党选民代表的政党归属，但可以大致确定选民代表在政治坐标上的位置。因此，省长在汇报文件中对选民代表的评价在一定程度上是可以作为参考的，而在分析这些评价时，只能停留在政治坐标大致范围的层面上，这样才能保证其客观性。这位省长所使用的评价术语十分引人注目，例如"极左"意味着支持包括社会革命党和社会民主党在内的左翼政党，而"倾向极端政党"也有着类似的含义。

总之，"极端分子"在报告中有两类适用对象，一方面，用于评价"倾向极端政党"，也就是"极左"。例如，沃罗涅日省选举大会选出的唯一出身工人的选民代表——彼得·列昂尼多维奇·巴克拉诺夫被省长定性为："……极端分子，曾因参加铁路罢工而被起诉。"③ 另一方面，这个评价也被用于和立宪民主党有关的选民代表，例如，3 名来自奥斯特罗戈日斯克县的选民代表被评价道："伊万·莫斯卡廖夫、尼古拉·丘卡尔金，两人均出身商人家庭，尼古拉·多尔戈波洛夫，是一名医生，这三人都是立宪民主党

① РГИА. Ф. 1327. Оп. 2. Д，109，Л. 14об.
② РГИА. Ф. 1327. Оп. 2. Д，109，Л. 16об.
③ РГИА. Ф. 1327. Оп. 2. Д，109，Л. 17.

人，其中，莫斯卡廖夫和多尔戈波洛夫是极端分子。"① 总的来说，立宪民
主党虽然没有被省长视为左派，但他认为该党存在极端的敌对派系，而立宪
民主党的领袖则被描述为"极端分子的首领"，比左翼政党的支持者更加
危险。

从立宪民主党与左翼政党的发展史看，他们二者之间几乎没有什么
"传统纽带"。在第二届国家杜马选举之前，立宪民主党于赫尔辛基举行了
第四届党代会，宣布放弃了之前的《维堡宣言》和左倾激进的策略，并打
出了"拯救国家杜马"的口号②。也许，立宪民主党在沃罗涅日省的活动可
以解释比比科夫省长的观点，因为该党在沃罗涅日省有着极强的政治影响
力。然而，正如历史学家们曾一再指出的，无论是中央还是地方的政府，尽
管都知道立宪民主党的某些领袖，例如米留可夫，有时打着"革命"的旗
号（第一章第二节），可从实质上看，该党并不是革命党③，但他们依旧认
为立宪民主党是隐藏在"合法反对"幌子后面最危险的敌人。比比科夫在
描述右派选民代表时，使用了"保守分子"的字样，这与"保皇派"和
"法律秩序党"的性质相近，这类选民代表被他评价为"值得信赖的臣民"，
此外，被标记为"值得信赖"的还有支持"十月党"的选民代表。

比比科夫在报告中以两种方式表述了"无党派"的情况。这类选民不
属于任何一方，当提到这种在农民代表中极为常见的"政治冷漠"现象时，
比比科夫进行了热烈的称赞，他写道："所有来自农民的代表都不属于任何
政党，他们不谴责和抨击任何事情。"④

因此，根据省长提供的特点，可以将沃罗涅日省选举大会中的选民代表

---

① РГИА. Ф. 1327. Оп. 2. Д, 109, Л. 16об.

② Шелохаев В. В. Кадеты – главная партия либеральной буржуазии в борьбе с революцией 1905 – 1907 гг. М. : Наука, 1983. ; Шелохаев В. В. , Думова Н. Г. История политических партий России. М. , 1994.

③ Аврех А. Я. Документы департамента полиции как источник по изучению либерально оппозиционного движения в годы I Мировой войны // История СССР. 1987. №. 6. С. 33, 36. ; Нарский И. В. К вопросу о социально – моральной среде российского либерализма. С. 406 – 407.

④ РГИА. Ф. 1327. Оп. 1. Д, 106, Л. 14об.

按照政治倾向或面貌分成四类（见表2-1）。

6个左翼选民代表中，有4名是农民，此外，1名是荣誉公民，1名是教师。而立宪民主党代表在出身和职业上显得极为复杂，其中包括9名农民，1名贵族、2名医生、2名商人、1名荣誉公民、1名大学生、1名神职人员、1名小市民、1名教师和1名小公务员（政府秘书）①。

表2-1 沃罗涅日省选举大会中选民代表的政党情况

政治坐标定位	序号	党派（倾向）	选民代表人数（人）
左翼（6人）	1	"极左"/"极端党派"	3
	2	社会革命党	1
	3	"农民联盟党"②	1
	4	"极端分子"	1
立宪民主党（23人）		立宪民主党	23
中间派（15人）	1	十月党	14
	2	工商党	1
右翼（19人）	1	"保皇派"	1
	2	"保守分子"	11
	3	法律秩序党	7
无党派			93
共计			157③

大多数立宪民主党人都坚持着民主的理想，在选举国家杜马议员的全省选举大会上，立宪民主党人成为那些对王朝心怀不满的人们最信赖的盟友，该党的主要支持者来自农民代表，毕竟沃罗涅日省是一个农业省份，农民不可能不成为该党争取的对象。

---

① 在省选举大会上，立宪民主党的代表仅有7人受过高等教育，约占该党代表总人数的30.4%。

② 这里指的是抵制第一届国家杜马选举的"全俄农民联盟"，该组织在第二次竞选中与劳动派进行了集会。（Политические партии России. Конец XIX - I треть XX вв.：Энциклопедия/Под ред. В. В. Шелохаева. М.：РОССПЭН, 1996. C. 134.）

③ 其中包括一位工人代表，因人数过少，不在作者的研究范围内，因此表格中未体现。——译者注

125

在 157 名选民代表中，有 14 人支持十月党，其中没有一人是农民，而贵族却有 10 名，另外有 2 名神职人员、1 名荣誉公民和 1 名小市民。

在被比比科夫省长定性为"保守分子"的选民代表中，也同样没有一个农民，在这 11 位代表中，有 6 名贵族、2 名六级文官、1 名荣誉公民、1 名神职人员和 1 名商人。在支持法律秩序党的 7 名代表中，有 4 名农民、2 名神职人员和 1 名贵族。

因此，从总体上看，右翼和右倾中间派的农民支持者明显少于左翼和其他政治势力。由此可见，无党派的农民代表能够更多地倾听农民阶级的心声，而"无党派"代表的阶层构成也证明了这一点，在 93 名"无党派"代表中，有 82 人来自农民阶级，占总人数的 88%①。

在确定选民代表的政治倾向时，省长对他们在"政治可靠性"上的评价也十分重要。在资料库中，一共有 22 份评价，通过这些信息，笔者可以更加直观地看到选民代表的个人政治倾向。例如，省长对两个"无党派"选民代表的评价为"完全可靠的臣民"，而对另一个的评价为"保守分子"。然而，这些选民代表并不是左翼政党或立宪民主党等被官方视为洪水猛兽的党派成员或支持者。

正如上文所述，官方对立宪民主党代表的特征描述得最详细。比比科夫对该党在沃罗涅日省的领导人——德米特里·亚历山德罗维奇·佩雷特辛的评价最为有趣，他写道："此人有着极端的政治信念，曾因此犯政治罪而被判流放，在 1902 年，根据圣谕，他被禁止参加任何形式和阶层的集会，在五年刑满之后，他重新获得了这些权利。"显然，如此详细的描述从侧面证明了佩雷特辛在沃罗涅日省有着非同凡响的政治影响力。最终，他成为第二届国家杜马议员，并在其中出任了"国家预算和粮食委员会"的成员②。

---

① 其中有 6 名贵族、2 名商人、1 名神职人员、1 名农民和 1 名官员。

② 百科词典中附有第二届国家杜马议员名单，但只有议员的姓氏、名字简写、出生日期和参选地点，只有 Д. А. 佩列列申的档案被详细地列出。（Энциклопедический словарь товарищества «Братья А. и И. Гранат и К °»/Под ред проф Ю. С. Гамбарова. Т. 17. Приложение «Члены Государственной Думы первого，второго и третьего созыва». Пг.，1918. С. 49.）

　　由此可见，全省选举大会中的大多数选民代表并没有很明确的政治倾向。也正因如此，投票结果极难计算。而省长越来越关注立宪民主党人"非革命"的一面，以及立宪民主党人那种以宽广的政策吸收选民的能力。

　　毫无疑问，农民代表是选举最大的赢家，在11名杜马议员中，农民议员占了8位，其中的 К. А. 切尔纳绍夫和 М. И. 库图佐夫都来自立宪民主党，而立宪民主党的领导人获得了剩下的3个名额。但在选举大会上，有一批立宪民主党人曾公开反对政府和大部分的农民代表。

　　笔者注意到，立宪民主党中的一些激进成员当选为杜马议员。其中，Д. А. 佩列列申被省长评定为立宪民主党内的"极端分子"，Н. С. 多尔戈波洛夫在第二届国家杜马期间转向了社会革命党，而 Д. В. 乌拉佐夫最终成为农民联盟①的成员，并在国家杜马中发表了演讲，К. А. 车尔尼雪夫则逐渐接近了劳动派②（见表2-2）。

表2-2　第二届国家杜马中沃罗涅日省议员的信息

序号	姓名	社会阶层、状况	党派所属
1	斯捷潘·彼得洛维奇·博雷切夫	农民	无党派
2	菲利普·阿拉莫维奇·沃罗比约夫	农民	无党派
3	尼古拉·萨维奇·多尔戈波洛夫	医生	立宪民主党(极端分子)
4	米哈伊尔·伊阿金费耶维奇·库兹涅佐夫	农民	立宪民主党
5	费多尔·瓦西里耶维奇·米亚伊列科	农民	无党派
6	阿列克谢·约里谢耶维奇·阿特诺科佐夫	农民	无党派
7	德米特里·亚历山德罗维奇·佩列列申	贵族	立宪民主党(该党在沃罗涅日省的领导人)
8	达尼尔·彼得洛维奇·图利诺夫	农民	无党派

① 革命性群众组织，致力于将农民和知识分子团结起来，成立于1905年8月。——译者注

② Энциклопедический словарь товарищества «Братья А. и И. Гранат и К °»/Под ред проф Ю. С. Гамбарова. Т. 17. Приложение «Члены Государственной Думы первого, второго и третьего созыва». Пг. , 1918. С. 27 – 54.

续表

序号	姓名	社会阶层、状况	党派所属
9	格里高利·加夫里洛维奇·霍德金	农民	无党派
10	德米特里·瓦西里耶维奇·乌拉佐夫	医生（地方自治派成员）	立宪民主党
11	科济马·安德烈耶维奇·车尔尼雪夫	农民	立宪民主党

　　总之，沃罗涅日省选举大会的各方面信息都表露出耐人寻味的特点。然而，那些参选的"工人代表"并未纳入笔者的分析范围，因为其数量很少，仅有 1 人。

　　在其他方面，99 名农民代表的平均年龄为 39 岁，其中 98 人信仰东正教，仅有 1 人信仰新教路德宗。在民族上，有大约三分之一（32 人）的选民代表是乌克兰人，1 人为德裔，其余均为俄罗斯人。正如上文所述，比比科夫曾评定大多数农民代表是"无党派"的（82 人是"无党派"，占农民代表总数的 83%），只有一部分农民代表被确认加入了某个政党，其中 9 人来自立宪民主党，3 人来自左翼政党。

　　在地主选民团中，共有 35 名选民代表，其中有 22 名贵族、7 名神职人员、2 名商人、1 名荣誉公民、1 名有地农民、1 名小市民和 1 名官吏。他们的平均年龄为 45 岁，33 位是俄罗斯人。在宗教方面，33 人信仰东正教，而另外两人中，有一位操着俄语的德国贵族，名为赫尔曼·亚历山德罗维奇·普列，其信仰为新教福音派。

　　显然，贵族在地主选民团中占据绝对优势。此外，这个选民团在受教育程度上也显得尤为突出，受过高等教育的有 22 人，受过中等教育（其中 2 人没有毕业）的有 9 人，受过家教的有 1 人，而仅受过初等教育的只有 2 人，其中就包括贵族雅科夫·伊万诺维奇·斯特鲁科夫。尽管斯特鲁科夫仅在县城的学校里读过书，但他是一位很有声望的人，拥有 529 俄亩土地，并且在档案表和代表名录上被列为"贵族领导的候选人"。

　　在职业方面，有 13 人从事农业（包括租地），2 人从商，5 名国家公务人员，2 名省级和县级地方自治局的成员，7 名神职人员，以及 1 名医生和

1 名工程师。

正如上文所述，只有地主代表在档案表上明确且详细地说明了自己所符合的资格类型以及其规模。这些代表的平均地产达到了 1004 俄亩，而其中的贵族代表有着规模更为巨大的地产，其平均面积是 1256 俄亩。由此可见，地主选民团的整体政治立场是由贵族代表决定的，这些贵族代表是选民团中最富有的人，占据着贵族组织中最重要的岗位，如全省和各县的贵族大会主席，换言之，他们是贵族中的"上层"。同时，社会经济地位也反映了地主代表的政治倾向，在省长的评定文件中，有 11 人被评定为"十月党"的支持者，确认加入十月党的有 14 位。此外，有 3 名代表被评定为"右翼政党支持者"，9 人为"保守分子"，还有 1 人被认为拥有"保皇思想"，而既不支持左翼政党也不支持立宪民主党的无党派代表有 10 人，其中 2 人被评定为"完全值得信赖的臣民"。立宪民主党在地主选民团中仅吸引了 1 位代表，即神甫叶夫根尼·谢苗诺维奇·车尔尼雪夫，他因拥有 36 俄亩土地而获得了选民资格，很明显，从他的地产规模上看，这只是地主选民团中的一个特例。

毫无疑问，在全省选举大会中，地主选民团是保守派的堡垒，其政治倾向和人员组成与其他选民代表有着极大的差异，但这并不会提高他们的当选率。笔者还注意到，在贵族中，也存在许多的"无党派"，例如，省长给一名叫作维克多·阿列克谢耶维奇·拉耶夫斯基的无党派贵族的评定是："缺乏明确的政治信念。"同时，有 5 名无党派的贵族值得关注，因为他们的地产相当巨大，他们分别是叶夫格拉夫·彼得洛维奇·科瓦列夫斯基（拥有地产 1000 俄亩）、亚历山大·亚历山德罗维奇·萨维利耶夫（拥有地产 1000 俄亩）、弗谢沃洛德·维亚切斯拉沃维奇·希德洛夫斯基（拥有地产 1653 俄亩）、格奥尔吉·维亚切斯拉沃维奇·希德洛夫斯基（拥有地产 1103 俄亩）和尼古拉·维亚切斯拉沃维奇·希德洛夫斯基（拥有地产 2011 俄亩）[1]，其中，后三者都来自著名的希德洛夫斯基家族，这个家族在沃罗

---

① ПСЗРИ. Собрание третье Т. XXV. 1905. Отделение 1. СПб., 1908. No. 26662, Ст. 12：Приложение. С. 398.

涅日省有着巨大的影响力。显然，这些人都有着非凡的影响力，故无须加入某一党派或组织，凭借着自己的地位，完全有资格入选地方自治局、国务会议或国家杜马。在沃罗涅日省的贵族领导人们看来，自己不仅可以单独行动，而且可以充当自己利益的代言人，所以，他们理所应当地出任了地方选举大会的"保护人"，即充当了民众和政府间的桥梁。

此外，还有23名来自各县城的市民代表，其特点同样也十分引人注目。与前两个选民团不同，市民选民团中虽然阶层结构复杂，却没有任何一个占绝对优势的阶层，其原因或许是这个选民团的社会关系更为独立。对于市民而言，若要参加选举，则必须拥有房产，有能力缴纳房产税，并有商业证书，或者根据参政院的规定，是国家公务员、铁路员工等国家编制内的人员。而在沃罗涅日省和沃罗涅日市，许多市民是满足了最后一种情况才获得选举权，因为这里有东南铁路通过，附近有大型的机车修理厂①。

显然，市民选民的社会结构是"极具复杂性"的，在这个选民团中，既有国家高级官吏，也有小雇员，以及城市知识分子代表，也就是说，"编制资格"成为和财产资格并列的标准②。

在沃罗涅日省的23名市民代表中，有3名在城务工农民、4名荣誉公民、6名贵族、3名医生、3名商人、2名教师和1名自称为"十四级文官"的大学生。在受教育程度上，这些选民代表大多受过较好的教育，仅受过初等教育的只有3人，受过中等教育（包括没有毕业）的有8人，受过高等教育的有9人，此外还有2人受的家教。在社会职业方面，有8名代表从事

---

① 东南铁路在沃罗涅日省的经济中占有重要地位，据1897年的数据，全省共5600名工人，有2400人是这里的铁路工人。（Гришин Г. Т. Экономика Воронежской губернии и ее анализ в трудах В. И. Ленина. Воронеж，1971. С. 140 – 141.）美国学者凯瑟琳·普列沃认为，铁路工人在1905～1907年革命中发挥了重要的作用。（Prevo K. Worker reaction to Bloody Sunday in Voronezh, in: La Première Révolution Russe, Actes du colloque international. 02 – 06.06.1981/ Edité par F. – X. Coquin et C. Gervais-Francelle. Paris，1986. pp. 162 – 178.）此外，该铁路的存在还对该省的扫盲教育工作做出了贡献。（Brooks J. , *When Russia Learned to Read*, Princeton, New Jersey, 1985. p. 15.）

② Селунская Н. Б.，Бородкин Л. И.，Григорьева Ю. Г.，Петров А. Н. Становление российского парламентаризма начала XX века. М. , 1996. С. 32.

商业，3 人从医，2 人是教师，1 人是保险代理，1 人亦商亦农，此外，还有一名叫作亚历山大·彼得洛维奇·希德科夫斯基的律师，只有他可以称得上是一名"自由职业者"，因为他的收入来源是私营单位，没有收过来自国家或地方自治局的任何薪水。

值得注意的是，有一名叫作尼古拉·帕夫洛维奇·阿赫诺夫斯基的选民代表来自公立单位——博古恰尔人民之家①，而这种情况可以被视为市民政治态度的一种体现，按照比比科夫省长的说法，阿赫诺夫斯基反对立宪民主党，并加入了它的对立的组织。

在政治立场上，市民选民团和地主选民团无疑是势不两立的，前者共有14 名代表是立宪民主党人，其中就有上文提到的德米特里·亚历山德罗维奇·佩列列申，而且还有 1 名社会革命党人和 1 名"极左"。因此，在这 23 名选民代表中，共有 16 人来自"异见党"。此外，还有 2 名"无党派"、1 名十月党人、1 名工商党人、2 名"保守分子"和 1 名其他右翼政党的成员。

三　沃罗涅日市选举大会

在沃罗涅日市选举大会上，共有 82 名选民代表出席（后来只选出了 1 位杜马议员）②，其中包括 1 名工人代表，这些代表的平均年龄为 38 岁，其社会阶层地位状况十分复杂③，有 34 名小市民、17 名贵族、12 名农民、8 名荣誉公民、5 名商人、1 名神职人员和 1 名私人神父。在全市选举大会上，最重要的是来自城市中间阶层的代表，他们与农民代表一起，占据了大会的绝大多数席位。在宗教方面，63 名代表（约占总人数的 77%）信仰东正教，1 名信仰亚美尼亚格里高利派，6 名信仰天主教，3 名信仰新教路德宗，5 名信仰犹太教。由此可见，相比于全省选举大会，全市选举大会在宗教信

---

① 十月革命前俄国的一种公共文教机构，出现于 19 世纪 80 年代末。

② 笔者仅找到 78 名代表的档案表。

③ 由于仅有 78 名代表的确切信息，因此在分析沃罗涅日市选举大会时，笔者参考了省选举大会的相关信息。

仰和社会阶层方面更加复杂。同样，在民族上也极具多样性，其中绝大多数代表是俄罗斯人，有 66 人的母语是俄语①，资料表明，在 82 名代表中，还有 4 名德裔、1 名亚美尼亚人、1 名犹太人、1 名波兰人、1 名立陶宛人（此人的母语为波兰语）。同全省选举大会不同的是，市选举大会仅有 1 名乌克兰选民代表，而前者有 34 名。

在文化程度方面，初等教育程度的有 24 人，中等教育程度的有 14 人（其中包括未毕业的），高等教育程度的有 31 人，受过家教的有 12 人，没受过任何教育的仅有 1 人，由此可见，市选举大会在这方面的情况与省选举大会基本相同，即高等和初等教育程度，以及受过家教的代表人数较多，而中等教育程度的代表人数相对较少。此外，由于选举代表中有不少律师和医生，所以有必要考虑其中"自由职业者"的问题。首先，笔者需要了解代表们的职业，他们当中有 25 名代表从事商业，其中大部分是商店的雇员，只有一少部分是自己经办贸易，而从事农业的只有 1 名代表，从事手工技艺的有 4 名代表，还有 7 名代表是在铁路单位工作的调控工程师。作为农业省份，东南铁路是沃罗涅日省唯一的"企业"，其重要性已经从国家杜马选举中凸显了出来。此外，还有 1 名房东、1 名城市杜马②议员、4 名企业家（经办私营商店和合伙企业）和 3 名企业员工。

还有 11 名地方自治局工作人员也成为代表。正如上文所述，在省选举大会上，出现了许多地方自治局的"上层"人物，但在市选举大会上，只有一些普通职员出席，甚至连一名低级官吏也没有。

经过分析，82 名代表中共有 13 名"自由职业者"，其中包括 5 名律师、6 名医生、1 名私立学校教师和 1 名拥有一家印刷厂的报社编辑③。拥有如

---

① 其中有一名叫作亚历山大·鲍里索维奇·米利亚耶夫的犹太人其母语被认定为"俄语"。（РГИА. Ф. 1327. Оп. 2. Д, 109, Л.203.）

② 1785 年由叶卡捷琳娜二世创立的地方自治机构，每个城市杜马由 6 名议员组成。——译者注

③ 这位代表名为弗谢沃洛德·格里高利耶维奇·弗谢洛夫斯基，将他归为"自由职业者"是因为他档案表上的职业栏中写的是报刊编辑，并提到获取选举资格仅和印刷厂的所有权有关。

此多的"自由职业者"是沃罗涅日市选举大会的特点之一，因为即使是在全省的选举大会中，也只有 2 名代表是"自由职业者"。在笔者看来，地方自治局普通员工的广泛参与和官吏代表人数较少的情况证明，沃罗涅日市选举大会的气氛更加民主。在选举资格上，商业因素发挥了重要的作用，其中有 18 人经营渔业，3 人开办工商业企业，12 名代表拥有房地产或是有其中的股份，15 人满足了房租资格（他们中大多数为自由职业者），10 人是雇员，此外，有 19 名代表满足了 2 项选举资格，4 名代表满足了 2 项以上的选举资格。当然，省选举大会也有市选举大会所不具备的特点，例如前者更具"民族性"，有大约 10% 的代表是少数民族。

在政治倾向方面，54 名代表（约占总人数的 63.5%）来自立宪民主党，16 人（约占总人数的 19.5%）来自社会民主党，7 人来自社会革命党，还有 1 人的政治倾向介于社会民主党和立宪民主党之间，而来自保皇派的仅有 3 人，无党派的仅有 1 人，十月党没有一个人。由此可见，来自"左翼集团"的代表占总人数的 29.2%，而 63.5% 的代表支持立宪民主党，换言之，近 90% 的代表对政府来说都是"异见分子"。在全省选举大会时，曾公布了一份关于市民选民的政治倾向情况表，该表显示，市民选民大多对政府持有"异见"，并且相当激进。同时，左翼政党的支持者大多是来自市民选民的事实也印证了这一点。此外，还有 1 位既支持立宪民主党，又支持左翼政党的代表，他就是地方自治局的安德烈·伊万诺维奇·申加廖夫医生，他曾出任报纸《沃罗涅日之声》的编辑，在第二届国家杜马召开期间，他成为立宪民主党中一个派系的重要人物。后来，他以"极端异见"的观点参与了第三届和第四届国家杜马，但最终在 1907 年被解除行政职务，同年，他出版了一本分析农村问题的著作——《走向衰败的农村》。

在市选举大会中，立宪民主党人的社会阶层结构和省选举大会的也有所不同，这是因为前者的代表主要来自城市，而城市中农民较少。因此，在市选举大会上，立宪民主党的支持者有三分之一（17 人）是小资产阶级，13 人是贵族，农民只有 5 名，仅占总人数的 10%，而在省选举大会上，农民代表的比例达到了 39%。同样，在市选举大会上，左翼势力的社会阶层结

构也与省选举大会有着明显的差异，这是因为农民代表在社会民主党中扮演了重要的角色，城市中的农民工成为该党的支持者，在其14名代表中，有6人是农民，而社会革命党的代表中没有一个是农民，此外，其他的左翼政党与城市知识分子有着密切的关系，甚至代表中还有人出身贵族。

四　弗拉基米尔省的选举大会

弗拉基米尔省选举大会一共出席了108名选民代表，其中有6名当选国家杜马议员。从年龄上看，这108人平均为40岁。

其中106人的资料显示，在社会阶层上，44人是农民（约占总人数的41%），18人是贵族（约占总人数的16%），13人是荣誉公民，7人是小市民，4人是神职人员，4人是商人。正如上文所述，弗拉基米尔省是工业大省，其工业特征在选民的阶层状况上有着充分的体现，根据档案表，其中有7名代表是工程师，3名代表是"制造商顾问"。然而，他们在档案表的"身份（阶层、官阶）"一栏中只填写了自己的官阶，所以这7人的阶层情况无法考证，但这反映出这7人属于"官吏"群体，同时，这也表明官吏在选举大会中有一定的代表性。

总体来说，弗拉基米尔省的社会状况和沃罗涅日省有一些相似之处，其中有两点最为明显，分别是农民和贵族。然而，和沃罗涅日省有所不同，弗拉基米尔省的农民代表并未在选举大会上占据绝对优势（仅占总人数的41%）。除此之外，弗拉基米尔省的选民代表中还有不少工人。农民代表"身份（阶层、官阶）"和"职业"信息表明，在44名农民代表中有23个并未从事农业活动。由此可见，弗拉基米尔省选举大会中的农民代表情况更为复杂，所以仅通过档案表中"身份（阶层、官阶）"的信息不足以得出全面的结果，为此，有必要分析档案表中其他部分的信息。

出席弗拉基米尔省选举大会的贵族代表数量占总人数的16%，和沃罗涅日省的大致相同，此外，还有12%的代表是荣誉公民。弗拉基米尔省的工业因素导致该省代表们的档案表中出现了另外一个特点，即有10%的代表在"身份（阶层、官阶）"一栏中填写了自己的职业，例如工程师（弗拉基米尔省的大型企业中才有这个岗位）、"制造商顾问"（这是一个荣誉称号，即第八等公民）。

在宗教上，有 105 名代表信仰东正教，1 名信仰天主教，还有 1 名信仰新教路德宗；在民族上，俄罗斯人占据了绝对优势，共有 107 名，那位新教路德宗的信徒正是出自其中，名叫弗拉基米尔·费多洛维奇·卡乌列恩[①]，而另一位是一个叫作雅科夫·扎哈洛维奇·查捷的德裔[②]。总之，无论在民族还是宗教方面，弗拉基米尔省的代表都表现出极高的"单一性"。

在文化程度上，这 108 人中有 106 人都是受过教育的。在上文中，笔者推测"大多数选民倾向于那些有文化的人"，而弗拉基米尔省的选举大会也印证了这一点。其中，初等教育程度的有 48 人，中等教育程度的有 15 人，高等教育程度的有 35 人，只受过家教的有 8 人。

同沃罗涅日省一样，弗拉基米尔省的代表在文化程度上也有与之相似的特点，即教育程度为初等和高等的代表占据绝大多数。档案表明，仅受过初等教育的代表占省选举大会人数的 45%，主要是工人和农民，而受过高等教育的代表主要是贵族和工厂中的工程师。

在职业上，有 14 名代表从事农业，其中有 5 人兼营商业，只有 10 人主业经商，而地主代表仅有 1 人。工人是最大的选民群体，他们有 16 名代表，但其中有 14 人是工厂企业家或股东，而另外 2 人在经营企业的同时，还兼任市政职务。此外，有 4 名代表是小型伐木工厂的工厂主，8 名代表是工厂的工程师。因此，在全省选举大会上，共有 42 名选民代表从事的职业与工业生产领域有关，总的来说，这与代表们的阶层情况并不十分吻合。所以，有必要进一步分析其他信息，从而更为准确地揭示选举大会的社会阶层构成。

在弗拉基米尔省选举大会上，有 9 名官吏代表，其中有 6 人担任的是市

---

① РГИА. Ф. 1327. Оп. I - II созыв. Д, 107, Л. 123.

② РГИА. Ф. 1327. Оп. I - II созыв. Д, 107, Л. 147.

政职务，而这并不违背原则，因为选举法允许选举委员会成员作为代表参加竞选。此外，选举大会还有 3 名代表来自"贵族上层"，5 名代表来自各级地方自治局，其中有 3 人是自治局的主席，而这种情况在沃罗涅日省选举大会上也有发生。

另外，选举大会上还出现了雕塑家、笔录员、法院检查员和 1 名来自"私营服务业"的代表，同时，还有 1 名教师、8 名医生、2 名公证人和 4 名律师，而这些代表同样也存在是否为"自由职业者"的问题，在探讨这一问题时，所用的方法和分析沃罗涅日省的一样，即分析代表的职业性质是国家编制内还是个体私营，因为这决定了他们受当局控制的程度。经过分析，可以称为"自由职业者"的是：2 名公证人——А. И. 索科洛夫和 С. А. 别洛茨维托夫、4 名私人律师事务所的律师——К. К. 切尔诺斯维托夫、А. Г. 列图诺夫、Г. Г. 克兹洛夫和 Н. М. 约尔丹斯基，以及 2 名莫斯科医生——И. П. 阿列克辛斯基和 Н. Н. 奥夫琴尼斯基，其中 И. П. 阿列克辛斯基入选了国家杜马。此外，在政治倾向上，上述所有人都是立宪民主党人，即"异见分子"。和其他省有所不同，弗拉基米尔省选举大会上没有代表是"无党派人士"，这是因为该省是工业大省，工人反抗意识强，以至于在全省范围内，选民及代表的政治化程度较高。省长萨佐诺夫曾提交给中央一份有关选举大会政党类别情况的汇报，和沃罗涅日省一样，省长的评定十分重要，他以政治坐标为标准，将党名和性质特征结合起来对代表们进行评述。在描述右翼代表时，萨佐诺夫使用了两种术语——"保皇派"和"右翼分子"，或许这是指两种不同的群体，前者是指忠于政府的独立代表，而后者是支持右翼政党的代表。在选举大会上，右翼势力的实力不容小觑，他们共有 45 名代表，而左翼政党也不乏支持者，共有 22 名代表，但中间派代表人数稀少，所以立场介于左右翼之间的立宪民主党可以被视为中间派（见表 2 - 3）。也正因如此，立宪民主党成为后期选举国家杜马议员时的关键力量，毕竟左右两派均无绝对优势，若不能争取立宪民主党的支持，就无法向国家杜马派出自己的代表。但显然，只有左翼宣传自己是立宪民主党的政治盟友。

表 2-3　弗拉基米尔省选举大会选民代表政治倾向评定

政治坐标	序号	政治倾向	代表人数（人）
左翼（22 人）	1	左翼分子	12
	2	社会民主党	9
	3	劳动派	1
立宪民主党（38 人）		立宪民主党	38
中间派（2 人）	1	和平革新党	1
	2	温和进步派	1
右翼（45 人）	1	保皇派	8
	2	右翼分子	37
共计			107

　　最终的投票结果也证实了这一点，右翼政党在大会中完败（见表 2-4）。这种情况与沃罗涅日省极为相似。

表 2-4　第二届国家杜马中弗拉基米尔省议员的信息

序号	姓名	阶层、职业[1]	政治面貌[2]
1	费多尔·帕夫洛维奇·格拉西莫夫	农民	左翼分子
2	尼古拉·安德烈耶维奇·瑞戈列夫	务工农民	社会民主党
3	格里高利·伊万诺维奇·希特尼科夫	农民	立宪民主党
4	亚历山大·奥西波维奇·高列夫	工程师	立宪民主党
5	尼古拉·米哈洛维奇·约尔丹斯基	贵族	立宪民主党
6	基里尔·基里洛维奇·切尔诺斯维托夫	贵族	立宪民主党（连任代表）

　　如表 2-4 所示，共有 2 名国家杜马议员来自左翼政党，而来自立宪民主党的杜马议员中有 1 人为农民，这种情况可以视为农民代表意志的体现。此外，还有一位立宪民主党代表在工厂任职的同时还积极地进行社会活动。值得注意的是，弗拉基米尔省立宪民主党的领导人 H. M. 约尔丹斯基也成为国

---

① 如前所述，在分析弗拉基米尔省选民代表的资料时，笔者将会在某些情况下，将"阶层"信息和"职业"信息合并叙述。

② 有关党派的信息在竞选活动时已经公布。

家杜马议员之一，而著名律师 K. K. 切尔诺斯维托夫再次连任了杜马议员①。

接下来，笔者将对选举大会的代表们进行更深一步的研究。

来自乡镇农村社会的代表共计 25 人，其平均年龄为 43 岁，所有人的母语都为俄语，且都只受过初等教育，因此，农民代表们在民族和文化程度上表现出极强的单一性。然而，农民代表在职业上却存在差异，有 13 人从事农业，还有 4 人兼营商业，但主业经商的仅有 4 人，其中 3 人经营着小型伐木厂，此外，还有 1 名雕塑家、1 名笔录员、1 名私营个体户和 1 名县自治局的职员。在政治倾向上，弗拉基米尔省的农民代表们有着自身的特点②，其中有 6 人来自左翼政党，包括保皇派分子在内的右翼代表共有 15 人，而立宪民主党人仅有 3 人。总的来说，从事农业的农民代表几乎都是右翼政党的成员，而左翼代表和立宪民主党人大多亦农亦商，或者从事其他职业。因此，农民代表们在职业和政治倾向上表现出了多元性，而立宪民主党在这个群体中的影响力有限。

工人代表共计 16 人，其平均年龄 31 岁，低于大会的平均水平，在民族宗教上，他们全部信仰东正教，并且都是俄罗斯人；在文化程度方面，他们都只受过初等教育。因此，和农民代表一样，工人代表在许多属性上也表现出极强的单一性。

工人代表几乎全部来自农村，并且都在工厂工作，而他们的差异只体现在政治倾向上，其中，13 名代表支持"左翼政党"，2 名代表支持立宪民主党，仅有 1 名支持右翼政党。因此，工人代表是选举大会中最团结的群体，同时也是"左翼阵营"最大的票仓。

地主代表团有 18 名代表，其平均年龄为 42 岁，和前者一样，他们都是信仰东正教的俄罗斯人。从社会阶层上看，其中有 8 名贵族、2 名荣誉公民、4 名神职人员、1 名农民和 1 名"工场顾问"。在文化程度上，初等教

---

① Энциклопедический словарь товарищества «Братья А. и И. Гранат и К °»/Под ред проф Ю. С. Гамбарова. Т. 17. Приложение « Члены Государственной Думы первого, второго и третьего созыва». Пг., 1918. C. 31, 35, 51.
② 已知政治倾向的农民代表共 21 位。

育程度的有 2 人，中等教育程度的有 6 人，高等教育程度的有 9 人，仅受过家教的有 1 人。在职业上，这 18 人表现得较为多元，3 人是地方官吏，4 人是神职人员，3 人是各自所在县城的首席贵族，4 人是工厂主，1 人是商人，1 人是医生，2 人是县自治管理局的职员。就地产而言，弗拉基米尔省的人均土地占有量为 225 俄亩[①]，但地主代表们的平均土地占有量高达 499 俄亩，其中首席贵族的地产更大，例如，梅连基县的 A. A. 杜边斯基占有 3117 俄亩的土地[②]，波克罗夫斯基县的 A. A. 米库林占有 1478 俄亩的土地[③]，而佩列斯拉夫尔县的 H. Г. 塔巴罗夫斯基占有 607 俄亩的土地[④]。

在政治倾向上，有 13 人被萨佐诺夫评定为"右翼分子"，3 人被评定为"保皇派"，1 人为温和进步派，还有 1 位为立宪民主党人。由此可见，在地主代表中，大多数人是倾向于保守的。

市民代表是弗拉基米尔省选举大会上人数最多的群体，共派出了 48 名代表，其平均年龄为 41 岁，在宗教上，有 45 人信仰东正教，1 人信仰旧礼仪派，2 人信仰新教路德宗；在民族上，47 人是俄罗斯人，1 人是德意志人。此外，这一群体在社会阶层上也极为复杂[⑤]，其中包括 11 名荣誉公民、10 名贵族、4 名小市民、4 名商人、2 名农民、7 名"工程师"、2 名"工场顾问"和 6 名官吏。由此可见，弗拉基米尔省选举大会和沃罗涅日省有着极大的差异，前者中出席的市民代表在阶层上更为复杂。

在受教育程度上，初等教育程度的有 6 人，中等教育程度的有 7 人，高等教育程度的有 26 人，仅受过家教的有 7 人[⑥]。因此，市民代表的平均受教育水平远高于大会的整体平均水平，而且任何阶层的代表在这方面都无法与之相比。

---

① ПСЗРИ. Собрание третье T. XXV. 1905. Отделение 1. СПб. , 1908. №. 26662，Ст. 12: Приложение. С. 397 – 398.

② РГИА. Ф. 1327. Оп. I – II созыв 1907 г. Д，107，Л. 63.

③ РГИА. Ф. 1327. Оп. I – II созыв 1907 г. Д，107，Л. 80.

④ РГИА. Ф. 1327. Оп. I – II созыв 1907 г. Д，107，Л. 88.

⑤ 该方面情况已知的有 46 位代表。

⑥ 原文仅列出 46 人的受教育程度。——译者注

在职业上①，有 13 名代表是工厂主或股东，其中有 2 人还兼任市政职务，除这 2 人以外，还有 6 名市政官吏和 1 名县级地方自治局的主席。同时，还有 8 名工厂雇员、2 名公证人、4 名商人、1 名教师、1 名农学家和 1 名法院检查员。也就是说，有 21 名代表与工厂有着关系，而官吏和医生在大会中的地位同样也不容忽视。

在政治倾向上，市民代表们几乎"一边倒"地支持立宪民主党，在 48 名代表中，共有 32 名立宪民主党人，而来自左翼政党的代表仅有 3 人。此外，还有 1 名和平革新党人、1 名保皇派和 11 名"右翼分子"。所以，在选派国家杜马议员时，在市民中有着极强影响力的立宪民主党毫无疑问地成为最大赢家。

五　卡卢加省选举大会

卡卢加省选举大会共有 78 名选民代表参与，其平均年龄为 44 岁②，其中有 5 名当选为国家杜马议员。

在社会阶层方面，这 78 名代表由 34 名农民（约占总人数的 44%）、22 名贵族（约占总人数的 28%）、7 名商人、5 名小市民、4 名神职人员、3 名荣誉公民、2 名公务员和 1 名哥萨克组成。

和弗拉基米尔省一样，在卡卢加省的选举大会上，农民代表并未占据绝对优势，但同前者不同的是，在卡卢加省的农民代表中，只有 2 名"务工农民"。

在宗教方面，共有 74 人信仰东正教，3 人信仰旧礼仪派，1 人信仰新教路德宗；在民族方面，77 人的母语是俄语，其中还包括一位德裔世袭贵族——古斯塔夫·卡尔洛维奇·什利佩伯爵，他曾自诩为"一个土生土长的莫斯科人"③。因此，卡卢加省的代表在民族和宗教属性方面，均表现出了极强的单一性。

在文化程度上，笔者掌握了 76 人的信息，其中初等教育程度的有 40 人，

---

① 该方面情况已知的有 47 位代表。

② 有 24 位代表的档案表上没有填写具体年龄，因此"44 岁"只是一个大概的数字。

③ РГИА. Ф. 1327. Оп. Ⅰ－Ⅱ созыв 1907 г. Д, 114, Л. 67.

中等教育程度的有 12 人，高等教育程度的有 21 人，只受过家教的有 3 人。

由此可见，和弗拉基米尔省一样，卡卢加省选举大会的代表也没有文盲，而且从整体看，文化程度也呈"哑铃型"。此外，笔者还获得了 16 人的具体教育信息，也就是他们所学的专业，其中有 4 人的专业为职业技术，3 人（贵族）为军事学，4 人为医学，3 人为法学，1 人为师范，还有 1 人为艺术。

地主代表共有 24 人，其中 6 人有兼任职业，例如商贸、工厂、记录员等，兼职商贸的有 10 人，其中有 2 人还兼任市长职务，从事土地租赁的有 10 人，而神职人员有 4 人，工厂主有 3 人，各级地方自治局的职员有 2 人，财务管理员有 1 名。除此之外，省选举大会上还有 2 名工人、2 名手工业者、3 名警察、1 名保险代理、2 名教师、3 名医生、2 名律师和 3 名地方自治局的领导（2 名县级地方自治局主席和 1 名县级地方自治局秘书）。显然，同沃罗涅日省、弗拉基米尔省的情况一样，在卡卢加省的选举大会上，也出现了地方自治局的"上层"。省选举大会上也有贵族代表出席，其中包括了 5 名县级的首席贵族和 1 名省级的首席贵族——Н. И. 布雷切夫。

此外，那些相对处于政府控制之外的"自由职业者"也是笔者所要研究的对象之一。经过分析，大会中只有 2 名代表可以称为"自由职业者"，而所有的教师和医生都在政府编制内。

在政治倾向上，卡卢加省选举大会中最大的"派系"是"无党派"代表，共计 25 人，他们大多数出身农民，其次是右翼政党，共计 22 人，再次是十月党。此外，支持立宪民主党的代表共有 12 人，还有 1 名代表被评定为"社会民主党"（见表 2-5）。因此，持"温和"和"保守"立场的代表赢得了大多数的选票。

表 2-5　卡卢加省选举大会选民代表政治倾向评定

政治坐标	序号	政治倾向	人数（人）
左翼（1 人）		社会民主党	1
立宪民主党（12 人）		立宪民主党	12
中间派（18 人）		十月党	18

续表

政治坐标	序号	政治倾向	人数(人)
右翼(22人)	1	保守分子	21
	2	俄罗斯民族同盟	1
无党派			25
共计			78

根据上文对沃罗涅日省的分析，"无党派"的农民代表或许也有自己的政治立场，而卡卢加省的农民代表可能也是如此。为了证明这一点，有必要对卡卢加省选举大会的社会阶层结构进行更为详细的分析①。

在卡卢加省选举大会上，人数最多的是农民代表，他们主要来自乡镇农村，共计30人，其平均年龄为43岁，并且全部是俄罗斯人，其中有28人信仰东正教，2人信仰旧礼仪派。在文化程度上，无一人是文盲，其中初等教育程度的有28人，中等教育程度的有2人。由此可见，和弗拉基米尔省的情况一样，农民代表在民族、宗教、文化等属性上也表现出极强的单一性。此外，这种单一性还体现在农民代表的职业上，他们当中有24人务农，3名乡长，1名商人，还有1名金匠。在政治倾向上，有9人是右翼分子，19人为无党派人士，而支持立宪民主党的仅有2人。毫无疑问，在这19人中，必然有一部分"保守分子"。

除了农民代表，还有25名地主代表参加了选举，其平均年龄为43岁，其中包括16名贵族、3名商人、2名神职人员、2名农民、1名"工程师"和1名哥萨克。在民族宗教上，23名代表信仰东正教，并且母语为俄语，此外还有1人信仰新教路德宗，即上文所提及的那位德裔伯爵，而他之所以在档案表上自称为"一个土生土长的莫斯科人"，是因为他想强调自己对俄罗斯的感情，这有利于增强选民对自己的认同感②。

在文化程度方面，笔者掌握了23名地主代表的资料，其中初等教育程

---

① 工人选民人数过少，所以笔者未对其进行研究。
② РГИА. Ф. 1327. Оп. Ⅰ－Ⅱ созыв 1907 г. Д, 114, Л. 67.

度的有 2 人、中等教育程度的有 6 人，高等教育程度的有 13 人（大部分为贵族），仅受过家教的有 2 人。在档案表上，有 8 人自述其职业为"地主"，5 人自述为"首席贵族"。由于县级和省级的首席贵族通常是大土地所有者，所以后者的总数至少应是 13 人。而档案表的"职业"栏显示，选民代表中还有 2 名地方自治局主席、2 名省级官吏、2 名神职人员、3 名商人、1 名陪审员和 1 名财务管理员。此外，马里采夫工厂也派出了一名代表——Л. К. 施希米采夫。在地产方面，这 25 人的平均地产为 1480 俄亩，而当时全省人均土地占有量仅为 200 俄亩[1]。在这 25 人中，还有几位全省首屈一指的大地主，例如日兹德拉县的首席贵族 И. А. 坎申（拥有地产 7100 俄亩）[2]、А. А. 奥尔洛夫 – 达维多夫（拥有地产 7000 俄亩）[3] 和省级首席贵族 Н. И. 布雷切夫（拥有地产 3300 俄亩）[4]。在政治倾向上，有 10 人支持十月党，1 人支持立宪民主党，9 人被评定为"保守分子"，1 人是俄罗斯民族同盟[5]的成员，以及 3 名"无党派"。由此可见，地主代表大多持"温和"或"保守"的政治立场，也正因如此，"右翼政党"和"十月党"才在该省结成了"政治联盟"。

此外，卡卢加省选举大会上还有 21 名市民代表，其平均年龄为 41 岁，并且全部是俄罗斯人，其中有 20 人信仰东正教，1 人信仰旧礼仪派。在社会阶层方面，有 6 名贵族、4 名商人、4 名小市民、3 名荣誉市民、2 名神职人员、1 名农民和 1 名六级文官。

在文化程度上，初等和高等教育程度的代表各为 8 人，中等教育程度的有 4 人，受家教的仅有 1 人，而这与大会的整体情况基本相同。在职业上，有 6 人是商人，其中有 2 人兼任市政职务，2 人开办工厂，还有 5 人

---

① ПСЗРИ. Собрание третье Т. XXV. 1905. Отделение 1. СПб., 1908. №. 26662, Ст. 12: Приложение. С. 398.

② РГИА. Ф. 1327. Оп. I – II созыв 1907 г. Д, 114, Л. 32.

③ РГИА. Ф. 1327. Оп. I – II созыв 1907 г. Д, 114, Л. 37.

④ РГИА. Ф. 1327. Оп. I – II созыв 1907 г. Д, 114, Л. 69.

⑤ 保皇派的黑帮组织，主张君主主义、沙文主义、反犹主义，反对革命和议会民主制，出现于 1905 年，1917 年二月革命后被禁止活动。——译者注

是地方自治派成员，其中包括 2 名医生、1 名保险中介、1 名地方自治管理局主席和 1 名秘书。此外，还有 2 名官吏、2 名教师和 1 名陪审员。总的来说，市民群体中的各个阶层都不乏"民主"的支持者，省长奥夫罗西莫夫对这 21 人政治倾向的评定也体现了这一点，他们当中有 9 名立宪民主党人、8 名十月党人、3 名保守分子和 1 名无党派人士。因此，同沃罗涅日省和弗拉基米尔省一样，市民阶层成为立宪民主党人的票仓，但和前两者不同的是，立宪民主党并没有在人数上占据绝对优势，在立场上"温和保守"的十月党所收到的选票仅次于立宪民主党。而"左翼政党"则未获得任何一名代表的支持。

因此，在这种情况下，十月党必然成为立宪民主党和右翼政党所争取的对象，但很显然，十月党选择了后者，而这可以通过十月党人在第二届国家杜马期间的政治态度，以及在选举大会中的社会基础来解释，由于十月党中的许多成员都成为地主选民团的代表，所以他们与"保守分子"有着密切的关系。经过选举，"保守分子"成为卡卢加省所选派的国家杜马议员的主体，其中包括被称为"全国著名的极端反动分子"的 B. H. 特泰雷文科夫①，以及获得了与前者类似称号的 И. B. 施比列夫（见表 2 - 6）②。此外，还有唯一的一位出身农民的"无党派"代表——И. B. 索罗金，然而，他在国家杜马的表现充分证明了他是一位右翼人士③。而这证明了笔者之前的推测，即那些"无党派"的农民代表实际上更倾向于"右翼"。

在大会上，十月党推举出了 2 位国家杜马议员的候选人，而最终当选的是工厂主——Л. К. 施希米采夫。此外，那位自诩为"无党派人士"的农民

---

① Энциклопедический словарь товарищества «Братья А. и И. Гранат и К °»/Под ред проф Ю. С. Гамбарова. Т. 17. Приложение «Члены Государственной Думы первого, второго и третьего созыва». Пг. , 1918. С. 48.

② Энциклопедический словарь товарищества «Братья А. и И. Гранат и К °»/Под ред проф Ю. С. Гамбарова. Т. 17. Приложение «Члены Государственной Думы первого, второго и третьего созыва». Пг. , 1918. С. 52.

③ Энциклопедический словарь товарищества «Братья А. и И. Гранат и К °»/Под ред проф Ю. С. Гамбарова. Т. 17. Приложение «Члены Государственной Думы первого, второго и третьего созыва». Пг. , 1918. С. 48.

代表——И. И. 索普利科夫实际上与十月党人的关系极为密切，后来，他在国家杜马召开期间，正式加入了十月党[①]。

表 2 - 6　第二届国家杜马中卡卢加省议员的信息

序号	姓名	社会阶级、职业	政治面貌(倾向)[②]
1	列夫·基里洛维奇·施希米采夫	马里采夫工厂领导	十月党
2	伊万·伊万诺维奇·索普利科夫	农民	保守分子
3	伊格纳特·瓦西里耶维奇·索罗金	农民	无党派
4	弗拉基米尔·尼古拉耶维奇·特泰雷文科夫	贵族	保守分子
5	伊万·瓦西里耶维奇·施比列夫	贵族	保守分子

因此，右翼赢得了地主、市民和部分农民的广泛支持，在卡卢加省获得了重大的胜利。

六　结论

在本节中，笔者分别对沃罗涅日市、沃罗涅日省、弗拉基米尔省和卡卢加省在第二届国家杜马选举期间的情况进行了分析，并得出了一系列结论。

这些样本省市选举大会的结果显示，立宪民主党在市民选民团中有着巨大的影响力。在弗拉基米尔省和沃罗涅日省的选举大会上，立宪民主党是一支重要的力量，同时，该党的策略十分灵活，也正因如此，两省选派出的国家杜马议员近半数来自该党。对于立宪民主党而言，当出席选举大会的代表们各执一词、互不妥协时，该党才能成为选举中的最大赢家。然而，在这两省中，右翼政党也是一支不容忽视的势力，但与立宪民主党不同的是，他们无法找到可以一同"发声"的战友，因此他们始终处于独立作战的状态。与此同时，由于选举法的明文规定，选民代表隶属于不同的选民团，所以这

---

① Энциклопедический словарь товарищества «Братья А. и И. Гранат и К °»/Под ред проф Ю. С. Гамбарова. Т. 17. Приложение «Члены Государственной Думы первого, второго и третьего созыва». Пг. , 1918. С. 48.

② 有关党派的信息在竞选活动时已经公布。

推动了"政治联盟"现象的出现①，而这种情况虽然在上述三省中都有发生，但在具体表现上有所不同。例如，在沃罗涅日省，无党派的农民代表与立宪民主党人结成了"政治联盟"，但弗拉基米尔省的农民代表却没有这么做，因为该省的右翼政党较为强大，所以立宪民主党人和左翼成员结成了"政治联盟"。总而言之，代表们在选举时的"自发联合"，以及立宪民主党在投票时的措施反映了各省选举大会的特点。

卡卢加省选举大会的情况与前两者有所不同，扮演政治势力"黏合剂"的不再是立宪民主党，而是十月党，他们赢得了右翼代表的广泛支持，因而最终成为卡卢加省选举大会中的第一大党。

在得出结论前，笔者对当时各省市选举大会委员会的材料进行了分析，研究了各选民团政治倾向的形成。其中，沃罗涅日市和沃罗涅日省的选举资料证明了这里的选民有特殊的社会认同观，同时，这也为解释选举大会的结果提供了依据。此外，资料还表明，所有来自城市的选民代表，不论阶层身份如何，在市选举大会上几乎都支持立宪民主党。

在这三省中，农民代表的政治面貌各具特点，但大多数人是"无党派"的，正如上文所分析的，"无党派"的农民代表积极地参与了选举大会，并且与许多政党组成了"政治联盟"，例如立宪民主党、十月党，因此，农民代表的政治倾向往往与其最终的政治选择不相符。显然，农民代表并不希望自己成为这些政党的正式党员，而只是在提到自身利益时给予他们最大程度的支持。

在研究中，笔者详细地分析了代表们的阶层身份和财产状况，以及他们所达到的财产资格，但遗憾的是，在这方面缺乏全俄范围的资料。因此，对代表们的阶层、财产和政治面貌特点所进行的分析只能在这三个有代表性的省份中进行。此外，对于地主而言，他们所掌握的土地资产不仅是全省人均土地占有量的数倍，而且在社会地位上，他们也是地方省份里的"上层"，

---

① Селунская Н. В., Вородкин Л. И., Григорьева Ю. Г., Петров А. Н. Становление российского парламентаризма начала XX века. М., 1996, С. 7 – 15.

同时，各省县的首席贵族往往也出自这个群体。这个群体的阶层特征决定了他们的政治倾向，尽管他们所支持的政党并不统一，但归结来看，这些政党都是忠于当局的，例如十月党、右翼政党。然而，"支持"也只停留在一定层面上，这一群体对所谓的政党并未抱有"认同感"，对他们而言，整合城乡居民的关系，从而提升自身的影响力才最为重要。

第四节　国家杜马选举期间的"地方情况"

一　引言

在本章中，笔者希望拨开云雾，看到那段"真实"的历史，并且将一些鲜为人知的细节展现在读者眼前，而这也就意味着必须对某些省市的选举过程进行细致的分析。尽管笔者无法"重现"那段历史，但无疑打开了研究的一扇大门，即对过去关于选民问题研究的观点进行校对或纠正。具体而言，对"地方"选举史研究可以从不同群体或个人入手，分析他们在选举中的行为，并且揭示当时具体的历史背景，以及各种政治势力参与的过程和影响。正如上文所言，全国各省的选举情况不尽相同，单个省份的资料并不能适用于全国范围，因此，笔者不能据此得出一般性的结论。然而，就选举过程中不同阶层群体的公众意识、自我意识和政治面貌的形成问题而言，这些材料无疑有着特殊的价值。

在本节中，笔者将对黑土区省份的选举活动进行研究，其中包括因社会"极度动荡"而出名的坦波夫省，而该省在某种程度上很好地演绎了来自"农村社会"的两个主要选民团——农民和地主的政治倾向的形成过程，以及各政党争夺选民的具体状况。在顿河军区，政府坚持保守主义和君主主义，哥萨克选民作为一个特殊的选民"群体"在该地发挥了决定性的作用，当然，这是一个较为特殊的情况，笔者将在后文予以分析。在最后，笔者也将对一个特殊的城市选区进行分析，其目的是揭示在"政治社会化"过程中，城市和农村文化不断分化的表现，此外，还将分析新闻媒体界的宣传，以及各类"政治联盟"的形成过程。

当对地方选举情况的研究缺乏档案时，时人的那些"案例研究"型的资料便发挥了作用。这些著述资料在 20 世纪初是俄国"政治社会化"和"民主文化传播"的重要体现，而在 21 世纪，则成为笔者这代人研究当时历史的重要文献。

研究地方选举情况，主要就是分析俄国各阶层选民的"政治化"过程，其最主要的表现就是民众参与竞选，他们的态度会直接反映在参选过程上，对此，当时的学者已经在有关地方选举情况的著述中记录了下来。笔者试图通过这些资料揭示当地的政治形势和选民政治倾向的形成过程，以及对前两者产生影响的因素。

因此，对国家杜马选举进行研究之前，有必要对地方上一些政党的作用进行分析，毫无疑问，选举和政党是一个整体，后者直接影响到前者的各个方面，其中就包括杜马议员的"构成"和政治倾向，而这些反映了各地政治势力的影响力大小。值得一提的是，俄国的政党制度在形成过程中出现了一个"巧合"情况，即政治多元化与政治社会化伴随着国家杜马选举而同步推进。

由此可见，对个别地区的追踪研究有着重要的意义，例如，曾有学者认为，俄国的政党制度不仅带有鲜明的民族特性，而且其发展过程与 19 世纪末 20 世纪末的西方政党截然相反①。对此，还有史学家指出，"相比于西方政党，俄国政党在形成之初就有着自身的特点，例如它们并非形成于市中心，而是城郊乡村，最开始，它们主要集中于波兰、芬兰、波罗的海等西部地区，后来在高加索地区和犹太人聚集区也出现类似的组织，而在西伯利亚、远东、中亚和北高加索地区，情况却完全不同，这些地区在政党组建和发展速度上极为缓慢"。此外，在俄国政党的形成过程中，政治坐标的形成过程也与西方不同，俄国政党在形成之初并没有立即出现"左—右"的政

---

① Журавлев В. В. Программные установки политических партий России по вопросам собствености на землю конец XIX – начало XX вв. // Собственность на землю в России: История и современность. М. , 2002. С. 197 – 199.

治坐标，也就是说，俄国政党并不是在"自由—保守"这一完整"坐标轴"上"双向形成"的，而是从左翼的"激进社会主义"这一单方面的政治意识中逐渐分化形成的。因此，有学者认为，这种情况使当时的俄国出现了200多个政党组织，当然，其中只有一小部分组织成为全国性的政党。据一些历史学家的统计，在革命前，全俄大大小小的政党共计290个，显然，这个数字十分巨大，从理论上看，如此多的政党根本无法一同参选。因此，或许还应当考虑这些学者定义"政党"的标准[1]。

政党的兴起必然引起中央和地方政府的注意，在它们看来，有必要对政党进行规范，对此，政府也制定了一些法律规定，但这些规定在1905年的《10月17日宣言》颁行后才被制定出来，这是因为民众获得了结社、集会等一系列民主权利，而这无疑使众多分散的政党以"信条和主义"为标杆迅速地集中起来，因此，颁行一套管理它们的法律是势在必行的。经过几个部门委员的探讨研究，政府最终于1906年3月4日颁布了一项法令，即《协会及联合会准则临时章程》[2]，这项法令的涵盖内容十分广泛，对不同性质的政党在各领域内的活动都进行了说明和规范，同时，这项法令在内容上与同时期的其他文件一样，在谈到"社会政治组织"时，都称呼为"协会"，而非"政党"。对于沙皇政府而言，政党作为一个西方世界的概念，在俄国并不存在，因此，"协会"被理解为一些有特定目标的人的联合，而"联合会"是由多个"协会"所组成的联合组织。

按照规定，内务部是登记和审查协会的最高权力机构，所有"协会"都必须经过它的审批，确认合法者才可活动。因此，在当时的环境下，"协会"要想自由活动，必须经过以下程序：首先，需要向省长提交一份注册申请；其次，省政府将这些"协会"的具体情况和特点记录在案；最后，

---

①　Шелохаев В. В. Феномен многопартийности в России // История национальных политических партий России. М., 1997. ; Кривенький В. В. Новые данные сравнительно-количественн партий России // История национальных политических партий России. М., 1997. С. 129.

②　Исаев И. А. История государства и права России. М., 2003, С. 484 – 485.

将这些文件汇总进内务部，内务大臣会对"协会"的性质和纲领进行审查，确认合法后给予注册，反之，则不予以注册。而整个流程十分冗长，注册政党通常十分耗时，也正因如此，尽管历经了枢密院长时间的讨论，但直到1908年2月，自由派的主要政党——立宪民主党依旧没有实现合法化。此外，根据法令，如果"协会"的活动威胁到社会的安定，那么内务部有权查封该协会。

在20世纪初，俄国各省省长也有权干涉"协会"的活动，如果在省长看来某"协会"将危害社会安定的话，那么无须上报内务部，省长可自行对其查封。除了极特殊的情况，枢密院通常都会支持省长的决定。如果纠纷仍未解决，枢密院的"一局"便成为最终裁定人。因此，无论是在首都还是地方，许多政党都受到了来自警察的监视和骚扰。在当时，这方面的案例屡见不鲜[1]，例如，1906年3~4月，正值国家杜马的竞选，可立宪民主党的下诺夫哥罗德委员会被省长禁止活动，后者声称是收到内务部的指令，判定该党为非法组织。1906年4月6日，下诺夫哥罗德省再次收到一封电报，电报宣布只允许"白旗联盟"[2] 开展活动。

无论是左翼还是右翼，其"地方组织"实际上都是党派的"支部"，这些支部在组织和活动上受党中央的指导。立宪民主党也是如此，但在警察的弹压下，该党长期面临"非法组织"的指控，为此，地方支部被迫寻找各种方法来克服这些困难，以保障其活动的正常开展。例如，下诺夫哥罗德的支部曾向莫斯科的委员会致电，就党的合法化问题传达看法。

对于右翼保皇派而言，法令的推行为他们创造了良好的环境，1905~1907年，全国各地几乎都出现了这类组织，他们之间相互独立，有各自的章程。例如，在1905年，下诺夫哥罗德出现了一个保皇派组织，即上文提

---

① ГАРФ. Ф. 523. Оп. 1, д. 290. Л. 34, 35, 47.；Селезнев Ф. А. Выборы и выбор в провинцию Партия кадетов в Нижегородском крае 1905 - 1917 гг. - Н. Новгород: Изд - во Нижегородского университета, 2001.

② 下诺夫哥罗德省的民族主义保皇组织，活动于1905~1906年，由商人 А. А. 霍赫洛夫组建，1906年并入"俄罗斯人民同盟"。——译者注

到的白旗联盟，1906 年 1 月 10 日，该组织的注册申请由省长提交给内务部，1 月 18 日，该组织被批准成立。由此可见，和立宪民主党不同，白旗联盟的活动并未受到任何阻力。

后来，许多地方性的极右翼政党相互合并，逐渐出现全国性政党，例如，下诺夫哥罗德的"白旗联盟"并入了"俄罗斯人民同盟"，并成为其省支部，但它依旧沿用以前的章程和纲领，直到 1911 年。

在研究选举期间的政党情况时，笔者特别关注了立宪民主党，因为该党有十分广泛的群众基础，在各地均取得了较高的声望。此外，和其他政党相比，立宪民主党有着独特的政治视野，并且善于观察选民的心态特点和利用选民的偏好。同时，立宪民主党人没有把争取范围局限在特定社会阶层的框架内，因此，他们吸引了大量有着不同社会阶层和民族文化背景的选民。

总之，在本节中，笔者将对 1905～1907 年间的地方选举情况进行研究，这项研究是建立在大量资料的基础上的，而这些资料的提供者分别是：Л. Г. 普拉塔索夫（坦波夫省）、Ф. A. 谢列兹尼奥夫（下诺夫哥罗德）、М. B. 布拉托柳博夫（顿河军区）。

二 坦波夫省

在国家杜马选举中，坦波夫省是一个独立的选区，但该省没有类似于沃罗涅日市的"特殊城市"。在前两次选举中，该省均选派出了 12 名杜马议员。资料显示，在中俄地区，平均每 15 万名居民中能选出 1 名杜马议员[1]。在省选举大会中，一共有 183 名选民代表出席，其中农民代表有 92 人，占据绝对优势[2]。

坦波夫省的学者在研究这段历史时，常常提到一个名词——现代化的边缘，具体而言，当时的坦波夫省是一个农业省份，面对"现代化中心"（如

---

① Демин В. А. Государственная Дума России 1906 – 1917：Механизм функционирования. М.，1997. С. 14.

② Земцов Л. И. Крестьяне Центрального Черноземья в Государственной Думе I созыва. Крестьяне и власть. Тамбов，1995. С. 57.

莫斯科和圣彼得堡）的冲击，坦波夫省走上了一条有着自身特点的发展道路，其发展类型不同于其他非城市或非工业地区①。在 20 世纪初，坦波夫省的城市化水平低，城镇人口少，城市资本薄弱，农村中的地主拥有大量私有土地。因此，对于希望笼络农民的政府来说，坦波夫省的选举结果必然十分理想。

1905 年 12 月 29 日，坦波夫省省长确定了选举名单，对此，许多历史学家在研究这段历史时，往往强调政府操纵选举②。然而，这只是一方面，还应注意到的是，从 1905 年起，坦波夫的农民暴动愈演愈烈，纵火、复仇屠杀、抢劫等恶性案件层出不穷，并在 1906 年达到顶峰，共计有 158 名地主受到波及，因此坦波夫市和科兹洛夫市的军事戒备陡然提升，周边的其他城市也都派驻了警卫队③。此外，左翼政党（社会革命党、社会民主党）采取了抵制第一届国家杜马的策略，他们在这段时间里积极活动，试图破坏选举的进行。

1895 年，社会革命党中的一位领导人——B. M. 切尔诺夫被流放至坦波夫省，他的到来无疑提高了该省社会革命党的声望。与党委员会中的其他人相比，切尔诺夫的活动更加频繁，他筹办了"农民兄弟会"，创办了《社会革命党人报》，并且组织了多起以农民为主要参与者的恐怖行动。1905 年 12 月至 1906 年 1 月，社会革命党召开了第一届党代会，会议围绕国家杜马展开了讨论，切尔诺夫说道："我们党所争取的目标就是人民群众，然而，当局的选举大会上将会有数以百计的居民，所以，我们一定要在选举前向群众宣传不妥协的精神。"④ 1906 年 5 月，社会革命党中央委员会决定临时停止

---

① Кирьянов И. К., Лукьянов М. Н. Парламент самодержавной России. Государственная дума и ее депутаты. 1906 – 1907. Пермь, 1995. С. 45.

② Канищев В. В., Щербинин П. П. Городские средние слои на выборах I – IV Государственных дум (по материалам Центрально – Черноземного региона) // Вестник Тамбовского университета. Вып. 2. 1996. С. 67.

③ Кирсанов И. Н. Подъем аграрного движения в октябре – декабре 1905 г. и политическая активность тамбовского дворянства // Державинские чтения. Тамбов, 1995. С. 92.

④ Партия социалистов – революционеров. Документы и материалы. Т. 1. 1900 – 1907. М., 1996. С. 241.

一切恐怖行动，但坦波夫省的党员们不同意党中央的决定，他们声称要继续
之前的"义举"。对于当局而言，那些笃信保皇思想的农民是他们最放心的
群体，并将他们称为"最理想的杜马票仓"①。因此，坦波夫省的省长曾提
醒他的下属，不要干涉农民集会，让他们自由讨论"杜马选举"问题②。而
当局的这种行为显然是希望农民将"保皇"思想继续下去，以免受知识分
子的影响。

　　在当时，被内务部批准合法的组织有十月党、俄罗斯人民同盟、工商
党，这些组织在各省都有支部。对于立宪民主党，当局仅是偶尔默许它开展
集会，但在 2 月，还是对它下达了禁令③。

　　第一届国家杜马选举的进程十分迅速，而且民众广泛参加，因此，这届
国家杜马也被许多地方政府视为典范。

　　1906 年 3 月 5 日，坦波夫省的一个县城里召开了乡镇大会（2 个乡镇的
民众参与），大会共选出了 92 名代表，其中有 72 名农民、17 名农村官吏和
3 名农民知识分子，从社会阶层上看，他们都是农民，因此，他们最符合政
府希望的杜马人选④。然而，在这些代表中"农村官吏"占了较大的比例，
他们是政府在地方的"行政触手"，这部分人在很大程度上"挤占"了那些
真正从事农业生产的农民的政治权利⑤。

　　此外，在第一届国家杜马筹备期间，许多教会人员的表现也一反常态。
1905 年 11 月 23 日，在基尔萨诺夫斯基的村庄里，召开了一次由该省神职
人员组成的大会，大会制定了未来选举活动的一般原则，其中包括：反对暴
力，确保改革平稳进行；保证东正教会的独立地位，使之摆脱政府的控制；

①　ГАТО. Ф. 24. Оп. 1. Д. 82. Л. 30.

②　ГАТО. Ф. 24. Оп. 1. Д. 82. Л. 30.

③　ГАТО. Ф. 161. Оп. 1. Д. 9103. Л. 72.

④　该情况仅出现在第一届国家杜马，后来，参议院为了消除这个漏洞，宣布个体农户的参选
　　权应保留至一年以上。

⑤　该段引自 Д. Д. 普罗托波波夫对萨马拉省选举情况的记录。该省的农民对多党竞选嗤之以
　　鼻，他们说道："哪里有别的政党，我们都是农民党！"（Воспоминание о выборах в
　　Первую Думу в Самарской губернии // Земство. Архив провинциальной стории России.
　　№. 1，Пенза. 1994. C. 113. ）

保护穷人和工人阶级免受经济剥削；发展教育；最后，落实《10 月 17 日宣言》中的规定①。值得注意的是，这次会议是在选举法颁布之前召开的，其纲领带有鲜明的自由主义色彩，但它的直接目的是巩固神职人员的地位，因为当时大多数神职人员的状况与普通民众相差无几。

按照 12 月 11 日的选举法，坦波夫省一共有 6253 名居民获得了选举权②。这套选举法对城市居民的选举资格也做出了规定。在坦波夫省，官吏、贵族、小市民和少数工人都有自己的住房，因此，许多市民获得了选举权。从职业上看，所占比例最高的是不动产所有者，约占 27%，随后是房东，约占 23%，而从事工商业的选民约占 16%，从事服务业的约占 13.5%，租房客约占 13%，此外还有一些其他的职业。从社会阶层上看，农民工约占 31%，小市民约占 19%，而在不动产所有者中，特权阶层（贵族、买主商人、荣誉公民）的数量未超过总数的 1/4。

坦波夫省的市民代表在阶层上表现得较为复杂，其中包括 7 名农民工、7 名律师、4 名雇员、4 名商人和 3 名医生③。这种情况正是城市上层人士希望看到的，因为他们希望借此在国家杜马中通过一系列法令，最终使国家逐渐民主化。1905～1907 年，政治局势发生了重大转变，在"温和改革派"继续活动的同时，"激进改革派"的声音也越发响亮，他们要求用民权来限制专制④，前者的态度更接近于立宪民主党，而后者逐渐变成了选举中的左翼政党。这引起了当局的恐惧，因为政府害怕农民代表受左翼政党的影响走向激进，但对此却采取了简单粗暴的弹压策略，这反而使一些左翼政治活动家获得了更高的声望。1906 年 3 月 11 日，坦波夫省的市民选民团进行了选举，但在 3 月 24 日，坦波夫省的选举委员会宣布此次选出的一些代表应当

---

① Чигринская Л. Ф. Тамбовское духовенство и крестьянство в период революции 1905 – 1907 гг. // Крестьяне и власть. Тамбов, 1995. С. 54.

② ГАТО. Ф. 24. Оп. 1. Д. 153. 笔者对此进行了计算。

③ ГАТО. Ф. 161. Оп. 1. Д. 9103.

④ Канищев В. В., Щербинин П. П. Городские средние слои на выборах I – IV Государственных дум (по материалам Центрально – Черноземного региона) // Вестник Тамбовского университета. Вып. 2. 1996. С. 70.

被撤换，原因是"市政府没有向他们发送证书的地址"（选举法中并没有对"选举结果因何种情况可以被更改"做出明文规定）。在被撤换的 5 名市民代表中，有 4 名是立宪民主党人。

1906 年 3 月 26 日，坦波夫省的选举大会在贵族会议厅召开，共有 166 名代表出席了大会，他们不允许警察进入会场。后来，一个名叫 Ю. А. 诺沃西利采夫的贵族地主代表对坦波夫省代表的缺席问题，以及呈报给枢密院的有关平民赋税问题发表了看法。此外，他还谈到了选民代表的换届制度。

在省选举大会进行过程中，出现了一些特殊情况。按照规定，"国家杜马议员"的选举环节先从农民代表开始，按照顺序依次进行。然而，大多数农民互相之间并不了解，同时也缺乏选举常识，因此，他们常常试图逃离会场。投票持续了 4 天，即使是在选举的最后一天，还有 91 名农民代表在等待选举。当时，坦波夫的贵族代表曾催促过农民代表，但并不认为后者违背了选举自由。

选举的结果令人震惊，当选国家杜马议员的是 10 名农民、1 名神职人员和 1 名工人（见表 2-7），因为参选的"工人群体"只有 3 人，所以很显然，在选举时，工人得到了农民的支持。由此可见，"社会认同意识"在这里发挥了作用，在农民看来，即使职业和居住地不同，但工人们在精神上是最接近自己的。

然而，尽管坦波夫省有 10 名农民议员当选，但和特权阶层的议员相比，明显势单力薄，他们不仅文化程度低下，而且无法与地主或官员联合。所以，坦波夫省显然并没有为立法工作做好准备。

在政治倾向上，除 3 名农民代表是"劳动派"以外，其余人均为"无党派"。在国家杜马开会时，这几位农民议员发表了 15 次讲话，主题都是为无地或少地农民鸣不平①。

---

① Земцов Л. И. Крестьяне Центрального Черноземья в Государственной Думе I созыва. Крестьяне и власть. Тамбов, 1995. С. 57 - 58. 由此得出的结论似乎是，该省的自耕农越少，反对派选民就越多，反之亦然。（Кирьянов И. К. , Лукьянов М. Н. Парламент самодержавной России. Государственная дума и ее депутаты. 1906 - 1907. Пермь, 1995. С. 48.）但这并不是普遍存在的限制，特别是在那些保留着传统公用地的省份。

后来，国家杜马考虑了坦波夫省的选举情况，并根据省选举大会主席的意见①，最终在 1906 年 6 月 20 日发布命令，除"农民议员"外，其余人都被遣退回省②，但不久后，第一届国家杜马就解散了。

此次事件在公布后，全国各地都未发生抗议游行。但显然，人们对新一届国家杜马选举的兴趣会明显下降，而且左翼政党的抵制活动也会起到推波助澜的作用。此外，社会主义者和立宪民主党人的斗争愈演愈烈。

在第二届国家杜马筹办期间，选举法依旧没有任何改动，但枢密院却利用自身所享有的"解释权"引入了若干条修正案，内务部大臣 C. E. 克雷扎诺夫斯基的许多同事都参与了此事，其中的一位说道："真是一群充满智慧的官员，我们完美地利用了'解释权'来限制住了选民。"③

考虑到第一届国家杜马的教训，省政府施加了更大的压力，特别是在城市。在科兹洛夫，政府宣布市民选民团的选举结果无效，并要求所有印刷厂禁止印刷《坦波夫之声》等涉及自由主义思想的出版物，同时还禁止一切"异见派"报纸传播。

在第二届国家杜马选举期间，坦波夫省最引人注目的事件是 1907 年 2 月 6 日召开的省选举大会，与之前相比，与会代表在阶层构成上有所不同，主要表现为三点：第一，地主代表在这次大会上人数增加；第二，教师和地方自治局职工的数量明显增加，其中有 25 名雇员、9 名商人和 2 名农民工；第三，在 92 名农民代表中，村官数量增加到 25 人，此外，还有不少前任村官、乡长和乡村审判官。由此可见，坦波夫省选举大会的"命运"再次掌握在农民的手中。而人们也逐渐发现，农民的文化程度、管理经验和工作素质对国家杜马的各类活动都产生了巨大的影响。

在选举过程中，立宪民主党再次成为"稳定破坏者"，由于科兹洛夫市

---

① ГАТО. Ф. 161. Оп. 1. Д. 9103. Л. 84.

② Л. И. 泽姆佐夫认为，第一届国家杜马中的立宪民主党议员也希望只保留该省的农民议员，当然，这并不是对坦波夫省的惩罚，也不是因为农民议员气焰嚣张，而是因为国家杜马主席就是来自立宪民主党的 C. A. 穆罗姆采夫。

③ Гессен И. В. В двух веках. Жизненный отчет // Архив русской революции. Т. 22. М. , 1993. С. 237.

民选民团的选举结果被无故取消，这使得立宪民主党遭遇挫折。因此，该党成员将此事上诉至国家杜马，并引起了关注。

按照大会进程，农民代表首先推选自己的国家杜马议员，结果竟有 57 人被选出，之后，竞争越发激烈，由于投票程序极为烦琐且不合理，选出的候选人总数高达 169 人，但候选人只能有 24 人，这证明没有人在投票中占据绝对优势。后来，大会决定在剩余的 72 人中投票，但当选出了 48 人时，省长决定中止这次大会，理由是时间超出选举法所规定的三天，并且立刻将情况汇报给大臣会议主席兼内务大臣斯托雷平①，斯托雷平经过研究，宣布允许继续会议，最终，全省选举大会选举出了 11 名国家杜马议员。

然而，这 11 个人是 10 名农民和 1 名工人，几乎是上一届的翻版，后来，又增加了 1 名公证人，组成了坦波夫省的议员团（见表 2 - 7）。在政治倾向上，大多数议员是左翼政党成员，其中包括 6 名劳动派成员（后来加入）和 2 名社会主义者。实际上，这种情况是当时坦波夫省社会状况的反映，因为农村人口流入城市并成为农民工，但他们仍与农村保持着某种联系，所以选举时才会出现"城市—农村"这种连带现象。尽管坦波夫省的城市与农村在政治、经济上仍紧密相连，但城市作为全省现代化的驱动中心，无疑也出现了政治自由化的趋势。在第二届国家杜马的选举中，有 26 人来自城市，其中包括 8 名立宪民主党人、1 名进步派成员、4 名十月党人、1 名中间派成员、7 名左翼、3 名右翼和 2 名无党派代表②。

左翼政党之所以能在城市中取得巨大的胜利，是因为当时正在兴起的中间阶层逐渐走向"激进主义"，并出现了一批杰出的地方领导人，他们对当局的批评吸引了许多民众。1907 年 4 月 12 日，莫尔尚斯克县的县长给省长写了一封信，信中说道："社会主义学说在城市中的职员和工人之间找到了

---

① Токарев Н. В. Тамбовское крестьянство в избирательной кампании во II Государственную думу // Избирательное право и избирательный процесс в России: прошлое и настоящее (региональный аспект). Тамбов, 2000. С. 30.

② Канищев В. В., Щербинин П. П. Городские средние слои на выборах I - IV Государственных дум (по материалам Центрально - Черноземного региона) // Вестник Тамбовского университета. Вып. 2. 1996. С. 72.

信奉者，在今年莫尔尚斯克市民选民团的选举中，社会民主党的代表赢得了大量选票。"①

1907 年 6 月 3 日，第二届国家杜马被勒令解散，因为其被政府指控故意推迟审议法案和组织军事阴谋。

总之，作为"现代化边缘"省份的坦波夫省，城市和农村在政治倾向上是不同的②。从整体上看，市民选民倾向自由主义，而农村选民相对保守。但是，这个情况并不是绝对的，例如，笃信保皇思想的农民在劳动派和人民社会党的支持下，也提出了一套激进的农村改革计划，此外，1917 年的旱灾将大量的农民推向了社会革命党和布尔什维克的阵营。

毫无疑问，在坦波夫省选举过程中，一些杰出的政党领导人发挥了重要的作用，他们强化了这里的自由主义"风气"，并且克服了当局的弹压。此外，在城市上层的支持下，中间阶层越发壮大，市民群体逐渐倾向于自由主义。当然，在分析市民群体时，应当对其进行分类叙述。

从权力角度看，国家杜马选举时期也是政府权力部分丧失的时期。与社会上的进步气息相比，政府的行为显得极为短视，因为不断对国家杜马施加压力无异于摧毁自己的社会基础，而且还会大大降低自己的政治变通能力。

表 2 - 7　第一届和第二届国家杜马中坦波夫省议员的信息

姓名	与会时间	出生年份	社会出身	受教育程度	政治面貌
С. К. 博洽洛夫	第一届	不详	农民	不详	不详
П. Ф. 沃兹德维任斯基	第一届	1856	贵族地主	中等	温和派
С. Н. 卡巴尔根	第一届	1858	农民	家教	无党派
И. Т. 洛谢夫	第一届	1871	农民	半文盲	劳动派

① Канищев В. В., Щербинин П. П. Городские средние слои на выборах I – IV Государственных дум (по материалам Центрально – Черноземного региона) // Вестник Тамбовского университета. Вып. 2. 1996. С. 72.

② Кирьянов И. К., Лукьянов М. Н. Парламент самодержавной России. Государственная дума и ее депутаты. 1906 – 1907. Пермь, 1995. С. 48.

续表

姓名	与会时间	出生年份	社会出身	受教育程度	政治面貌
В. С. 米罗诺夫	第一届	1869	工人	家教	无党派
А. П. 莫迪金	第一届	1873	农民	家教	劳动派
В. Т. 奥库涅夫	第一届	1880	文书员	初等	劳动派
Е. А. 波波夫	第一届	1866	农民	初等	无党派
П. А. 波波夫	第一届	1858	农民	初等	无党派
В. В. 里亚博夫	第一届	1869	农民	初等	无党派
Е. Е. 乌特金	第一届	1869	农民	初等	无党派
Т. Я. 乌丘瓦托夫	第一届	1877	农民	初等	无党派
В. М. 巴塔舍夫	第二届	1881	工人	初等	社会民主党
Я. И. 沃罗热伊金	第二届	1874	农民	初等	人民社会党
А. Р. 达维多夫	第二届	1862	农民	初等	劳动派
А. К. 多尔戈夫	第二届	1869	公证人	高等	立宪民主党
А. Е. 基谢廖夫	第二届	1868	办事员	中等	人民社会党
М. А. 利帕托夫	第二届	1870	农民	初等	劳动派
Ф. В. 奥格廖夫	第二届	1866	农民	初等	劳动派
Н. Г. 奥西契金	第二届	1865	农民	初等	劳动派
Д. И. 波洛温金	第二届	1875	农民	初等	十月党
Я. Е. 普拉索洛夫	第二届	1859	农民	初等	劳动派
Д. З. 洛曼诺夫	第二届	1866	农民	初等	劳动派
М. К. 梁赞诺夫	第二届	1865	农民	初等	劳动派

三 顿河军区

顿河哥萨克军区是沙俄时期的一个特殊省份，这里举行的选举大会也与其他省份不同。在第一届国家杜马选举期间，这里的政治角逐情况十分引人注目。

1905年8月6日，顿河军区政府收到了选举条例，按照条例规定，该地可以选出12名国家杜马议员，考虑到顿河军区的特殊情况，政府决定，除常规的选民团外，还将增加"哥萨克选民团"，权利和义务与其他选民团相同。

然而，选举过程十分烦琐，例如，在新切尔卡斯克，首先挑选符合选举资格的选民，然后审查授权，最后才能出席该地的选举大会。据统计，顿河军区各选民团的比例如下：7.9%来自农民选民团、26.6%来自地主选民团、20.9%来自市民选民团、44.6%来自哥萨克选民团①。当然，在地主和市民中，也存在一部分哥萨克人，因此，这种选举方式明显对哥萨克人有利，而这样也有利于保证哥萨克人对政府忠诚，坚持忠君保守的思想。在当时，顿河军区的非哥萨克农民共计109.7万人，从中选出了14名代表，但哥萨克人只有98.4万人，从中竟选出了79名代表②，而这个结果并未引起中央的注意，并且社会舆论也普遍认为哥萨克人作为国家的重要组成部分，这样做并没有什么不妥。

在选举法及其有关条例公布后，市政府于8月6日开始编制选民代表名单，以便在顿河军区的官方新闻上公布。据当地自由派的报纸称，市政府在选举期间极其仓促，还因此导致了许多错误。实际上，公民能够享有的权利微乎其微，尽管他们可以参与竞选活动，但没有真正意义上集会讨论的权利。在1905年12月新的选举法颁布后，顿河选民的情况并没有得到明显的改善。

按照新的选举法，工厂可以派出6名代表。例如，在罗斯托夫，有38家工厂，员工人数从50人到2448人不等，但只有弗拉基卡夫卡茨铁路车间厂可以派出2名代表，其余的只能派出1名。

城市里的部分知识分子在竞选前表现得十分活跃，但大多数选民并非如此，特别是哥萨克和地主选民团。对此，一些地方政府采取了种种措施，但效果不佳③。此外，获得公民权利的选民遭到了文盲群体的敌视，所以，即使是通过资格审查获得选举权的民众也不敢轻易投票，而且他们几乎不了解选举法和选举顺序，以及组织规则④。总之，该省的选民代表大多数没有明

---

① ГАРО. Ф. 440. Оп. 1. Д. 355. Л. 10.

② ГАРО. Ф. 440. Оп. 1. Д. 355. Л. 10.

③ Приазовский край. 1906. 18 марта.

④ Арефин С. Я. Донские казаки // Русское богатство. 1906. Декабрь. С. 149.

确的政治意识，也不知道国家杜马和选举的重要性[1]。

据统计，顿河军区共有 182 名代表，其中有 109 人对各党的纲领计划没有了解也没有想法，并且声称自己不属于任何政党[2]。当时的档案显示，在农民和哥萨克选民团中，只有一人宣布了自己的政治倾向。实际上，他们当中的一部分人尽管没有加入任何党派，但是明显偏向于左翼政党[3]。此外，地主代表基本上支持十月党，市民代表大多支持立宪民主党。然而，仍有超过 50% 的代表没有表明自己的政治倾向。由此可见，在顿河军区，国家杜马议员的选举在很大程度上取决于选民代表们的个人素质，而不是党派关系。在这 182 人中，大部分来自省会，而且 70% 的代表是哥萨克人，因此，在竞选的最后阶段，代表们更加关注候选人对哥萨克问题的看法。

相比于别的省份，顿河军区的右翼保皇派明显缺乏政治灵活性，他们刻意强调哥萨克群体的特殊性，并且强调这种特殊性不可侵犯，其目的是维护哥萨克人的特权和他们在全国警察队伍里的既得利益[4]。为此，右翼组织主张地方自治，即所谓的"区域主义"。

在当时，十月党对顿河军区的发展提出了三点建议，其中包括重新分配国家土地给农民和解散哥萨克军队，以及在顿河军区建立地方自治局[5]。据统计，罗斯托夫境内的十月党共计 2735 人，塔甘罗格县有 700 人，乌留平斯基县有 250 人，他们专注于批评左翼政党。此外，他们还与立宪民主党划清界限，因此，他们在争取选票的过程中做出了许多错误的判断[6]。在新切

---

[1] Крюков Ф. Д. Выборы на Дону/К 10 - летию 1 - ой Государственной Думы. 27 апреля 1906 – 17 апреля 1916 г. Сборник статей перво думцев, П. , 1916. C. 158 – 159. ; Крюков Ф. Д. Встреча // Русское богатство. 1906. Ноябрь. C. 192，193.

[2] Вестник партии народной свободы. Еженедельник конституционно - демократической партии. 1906, 28 марта. №. 5.

[3] Крюков Ф. Д. Выборы на Дону/К 10 - летию 1 - ой Государственной Думы. 27 апреля 1906 – 17 апреля 1916 г. Сборник статей перво думцев, П. , 1916. C. 162.

[4] Голос Дона, 1906, №. 34.

[5] Приазовский край. 1905. 8 января.

[6] Забелин В. М. Политические партии на Ставрополье и Кубани в 1905 – 1907 гг. Ставрополь, 1996. C. 44.

尔卡斯克，十月党和法律秩序党在《10月17日宣言》的基础上组成了暂时的"同盟"①，但由于双方在意识形态和具体的方案上还存在很大的差异，所以十月党在该省没有建立起一个稳定的组织，因此也没有表现出自己的"群众性"和"代表性"。

和十月党不同，在第一届国家杜马选举期间，该地立宪民主党人有2555人，并且在基层中有广泛的党组织。资料表明，顿河军区有立宪民主党的7个党支部，其中包括3个城区支部和4个乡镇支部。1905～1906年，顿河军区的立宪民主党人对"革命—民主派"的代表表现出十分积极的态度，甚至和他们组成了一个"左翼集团"。然而，并非所有左翼政党都认同立宪民主党的方式，例如社会民主党，该党不仅没有和立宪民主党组成同盟，甚至还在杜马改革问题上指责它②。作为俄国发展改革道路的支持者，立宪民主党人自己也承认，出于战术考虑，他们希望在选举前建立一个"左翼集团"，以便成为大众利益的捍卫者③。在选举中，立宪民主党人要求"解放"哥萨克人，其中包括减轻他们的财政负担和兵役负担，在政治上，他们主张从"官僚集权制"过渡到"自由民主制"，反对哥萨克的警察特权。此外，立宪民主党人还坚持要为哥萨克人保留一个独立的民族区域。在土地问题上，立宪民主党人主张转移哥萨克村民，以便把普通哥萨克人从军事区域中分离出来。

相比之下，左翼政党只在哥萨克群体中看到了反动力量，却没有考虑到哥萨克人的具体利益。在1902～1903年出版的《火星报》上，社会民主党更多地关注了几个罗斯托夫工厂中的工人，而没有专注于关注哥萨克工人④。总体来说，社会民主党在顿河军区的活动集中在罗斯托夫和塔甘罗格，因为这里工人的数量最多。

由此可见，立宪民主党比其他政党更能表达哥萨克人的利益，他们成功

---

① Приазовский край. 1905. 8 января.

② Приазовский край. 1907. 5 февраля.

③ ГАРО. Ф. 102. Оп. 4. Д. 45. Ч. Ii/I. Л. 8.

④ Сватиков С. Г. Россия и Дон (1549 – 1917). Белград. 1924. С. 459.

地利用了报纸等传媒工具，从而影响到了各个阶层的民众。当然，作为"异见派"的出版物，其参与者受到了政府的指控和罚款①。

1906 年 4 月 9 日，顿河军区的国家杜马候选人集中在新切尔卡斯克，除了市民代表外，大多数代表是"无党派"的，但大部分代表最后选择了自由派政党（例如立宪民主党）。当然，没有任何一个政党在省选举大会中占据绝对优势。因此，在这种情况下，"无党派"代表的意义便凸显了出来。对于哥萨克代表而言，他们最关心的是候选人的阶层身份、民族和演说能力，而不是他们的党派所属关系。毫无疑问，哥萨克代表优先考虑哥萨克籍的候选人，其次是俄罗斯人，除这两者之外的候选人他们几乎从不考虑②。

同时，在选举中出现了一种特殊情况，即信仰东正教的俄罗斯候选人和哥萨克候选人原本是最受选民代表青睐的对象，但如果候选人被发现是个大地主，他的受欢迎度就会大大下降。

在选举前的角逐中，立宪民主党人凭借其灵活的策略展现了自己的优势，由此赢得了哥萨克群体中大多数无党派代表的支持③。结果，一些"异见分子"成为第一届国家杜马的候选人。

最终，顿河军区选出了 12 名杜马议员，分别是 7 名无党派人士和 5 名立宪民主党人，其中有 10 名哥萨克人，还有 1 名农民和 1 名城市知识分子④。在文化程度上，高等教育程度的有 5 人，并且全部是自由派人士，而在其余 7 人中，中等教育程度的有 2 人，初等教育程度的有 5 人。

在 7 名无党派人士中，有 6 人支持温和改良派，1 人支持劳动派⑤。由

① РГИА. Ф. 776. Оп. 16. Ч. 1. Ед. хр. 343.

② Крюков Ф. Д. Выборы на Дону/К 10 – летию 1 – ой Государственной Думы. 27 апреля 1906 – 17 апреля 1916 г. Сборник статей перво думцев, П. , 1916. С. 170.

③ Крюков Ф. Д. О казаках // Русское богатство. 1907. № 4. С. 39.

④ Бойович М. М. Наши депутаты. Члены государственной Думы. （Портреты и биографии）. Первый созыв. М. 1906.

⑤ Состав трудовой группы в Ⅰ и Ⅱ Государственной Думе. Сводная таблица членов фракции. М. , 1988. С. 50.

此可见，尽管《10月17日宣言》已经颁布，但是顿河军区的许多选民并不希望加速国家的民主化进程。

在第二届国家杜马选举期间，顿河军区所有的政党都参与了选举，布尔什维克也最终放弃了抵制政策，决定利用竞选的讲台来宣传自己的观点。然而，他们依旧认为通过杜马来实现自由民主是不现实的，因为权力掌握在沙皇政府手中。

在选举期间，每个党派都有自己的策略。在右翼政党看来，可以依靠地方政府的支持来赢得大多数选票①。在当时，十月党的部分地方支部开始右倾，并且和右翼政党、保皇派等一起组成了"保守势力"。在塔甘罗格和罗斯托夫的十月党支部里，掌握领导权的均为右倾分子，这些成员还与"俄罗斯民族同盟"②联合了起来。然而，在新切尔卡斯克，十月党并没有和右翼政党组成同盟，而是独立地进行选举。

在这次选举中，布尔什维克党决定参与选举，而这个举动也提醒了当地的立宪民主党人，考虑到来自政府的弹压，后者决定联合左翼政党，并提议在竞选期间组成"左翼集团"。虽然布尔什维克对立宪民主党人的合作态度极为消极，但警方和当地新闻界都对他们联合选举的活动给予了关注。社会民主党和立宪民主党的大会在罗斯托夫举行。共有 63 人参加，其中包括 23 名社会民主党人和 40 名立宪民主党人③。社会民主党人认为，"联合"将只存在于竞选期间，目的是制衡当地的黑帮组织。根据协议，他们要在省选举大会中获得 80 个席位，此外，在顿河军区还有一个名为"犹太人平等联盟"的组织，该组织在政治立场上接近自由派政党④。资料表明，新切尔卡斯克的立宪民主党只和左翼政党达成了联合协议，据统计，该地来自市民选民团的候选人是 3 名社会民主党人、3 名立宪民主党人和 1 名社会革命党

① ГАРФ. Ф. 107. Оп. 4 – д. Д. 45. Ч. 9, Л. 6.
② Приазовский край. 1907. 21 января.
③ ГАРО. Ф. 826. Оп. 2. Д. 47. Л. 3；ГАРФ. Ф. 102 ДП 4 дел – во. 1907. Д. 45. Ч. 11. Л. 7.
④ ГАРО. Ф. 826. Оп. 2. Д. 47. Л. 3.

人①。而在罗斯托夫和新切尔卡斯克，"异见派"的力量相对薄弱，并且"同盟"也很不牢固，例如新切尔卡斯克的"异见派同盟"在代表投票前就解散了，而罗斯托夫的"同盟"持续时间相对较长，立宪民主党和左翼政党成功地联合了起来，并且自称为"异见集团"。但在市民代表选举结束后，立宪民主党人就要求解散"同盟"，因为他们已经获得了多数票，达到了预期的目的②。

　　显然，第二届国家杜马的竞选环境是不利于"异见党"的，许多地方政府试图阻止左翼政党和立宪民主党进入国家杜马。为此，当局不仅禁止他们举行党派会议，而且限制他们参加竞选活动。在顿河军区的城市里，弹压行为愈演愈烈，例如在1907年1月7日至11日的罗斯托夫，有300多人被捕。在16000名基层选民中，有3517人没有上交选票，237人音信全无③，在新切尔卡斯克，收缴的选票不足600张，而在塔甘罗格，4000张选票中，有1000张选票没有交到基层选民的手中④。此外，当时的政府禁止"异见报刊书籍"出版，罗斯托夫的市长曾说道⑤，政府试图为选举创造条件，而立宪民主党不断地发动示威活动，所以警察部门对该党进行了调查⑥。在政府的弹压下，在还有9天就要召开顿河军区选举大会的时候，仍然没有一个政党公布自己的候选人名单。同时，在许多农村，哥萨克和农民按例应当在选举前举行的集会，也被政府禁止⑦。

　　在选举前的第七天，顿河军区政府终于收到了召开选举大会的许可。当时的资料表明，立宪民主党人在这段时间里组织了几次隐匿党派身份的会议，他们把重点放在市民选民上。在新切尔卡斯克，立宪民主党的领导人们

---

① ГАРО. Ф. 826. Оп. 2. Д. 47. Л. 3.

② Приазовский край. 1907. 17 января；Новочеркасский курьер. 1907. 5 февраля.

③ ГАРО. Ф. 826, Оп. 2. Д. 47. Л. 5.

④ Смирнов А. Как прошли выборы во 2 - ю Государственную думу. СПб. ，1907，С. 25，107，128 - 129；Сватиков С. Г. Россия и Дон（1549 - 1917）. Белград，1924. С. 509.

⑤ ГАРФ. Ф. 102 ДП 4 дел - во. 1907. Д. 45. Ч. 8. Л. 9.

⑥ ГАРО. Ф. 829, Оп. 1. Д. 154. Л. 5.

⑦ Приазовский край. 1907. 12 января，9 - 28 января，12 февраля.

曾筹办了四次这样的会议，其中有一次是和十月党一同举办的。在罗斯托夫，为了筹办选举，曾举行了三次隐匿党派身份的会议，在 1907 年 1 月 19 日的大会上，有超过 1400 人参加了会议。曾有学者指出，立宪民主党和左翼政党作为一个"进步的联合集团"一同参与了选举，而在塔甘罗格，由于"左翼势力"集团解散较早，所以立宪民主党和十月党一同举办了三次联合会议，分别是在顿涅茨克、乌留平斯基和康斯坦丁诺夫斯基。

当然，在选举前，所有政党都竭尽所能地使用一切手段，包括公开谴责、贿赂等，当地的警方文件曾记录道，塔甘罗格的立宪民主党人贿赂过社会民主党人，前者用大笔金钱向后者购买席位①。据统计，罗斯托夫的立宪民主党人在选举中共花费了 5 万卢布来购买选票。总之，塔甘罗格的十月党、罗斯托夫的"俄罗斯民族同盟"和新切尔卡斯克的立宪民主党为了获得选票，都不同程度地使用了非法手段。

尽管政府和警察都反对这种行为，但最后还是发生了。此外，尽管在顿河军区诞生了一批"异见群众"，但许多哥萨克选民和地主选民依然态度消极，他们和第一届选举时一样，无视选举进程和选举法。

顿河军区选民代表的政治倾向或许可以成为衡量各个政党在顿河群众中影响力的标准。与上次竞选相比，市民选民的政治倾向发生了重大变化，立宪民主党的支持率由 30% ~40% 上升到了 85%②，而在立宪民主党中，来自城市的党员约占 64.5%，显然，城市成为立宪民主党的"基地"。在顿河军区的 9 个县中，有 5 个都选派了候选人，并且积极开展竞选工作。总体来说，立宪民主党之所以在群众中有着极高的影响力，是因为他们有着一大批优秀的人才，也正因如此，右翼政党才未能在市民选民中站稳脚跟。然而，市民代表只占全省选举大会参与者总数的 20.9%，对选举起着决定性作用的是哥萨克代表和地主代表。在地主代表中，有 78.7% 的人支持右翼政党或无党派人士，哥萨克代表亦如此，79 名代表中有 61 人支持右翼政党或无

---

① ГАРО. Ф. 102. Оп. 234 – 235, Д. 725. Ч. 20. Л. 3.

② Приазовский край. 1907. 24 апреля.

党派人士①（但并非最终的政治倾向）。而在 14 名农民代表中，12 人没有明确的政治倾向，他们只是模糊地提出了自己的政治看法。与前三者不同的是，工人代表都有着明显的政治倾向，而且他们全部是社会民主党人。

据统计，在顿河军区的选举大会上，有 34 名立宪民主党人、20 名进步派人士、4 名左翼党人、21 名左倾无党派人士、78 名右倾无党派人士、17 名右翼党人和 2 名相对中立的无党派人士。由此可见，选举的结果取决于那些无党派的代表。他们中大多数是村官、地主和右倾的哥萨克人。然而，哥萨克知识分子们却是"异见派"，他们都坚持自由主义的观点，正如上文所述，哥萨克人对政治更感兴趣的方面不是政党，而是个人特点，他们会将选票投给自己欣赏的代表。

在竞选的最后阶段，立宪民主党人取得了成功。那些右倾无党派的哥萨克代表大多在政治倾向上发生了变化，转而支持左翼政党和立宪民主党。在国家杜马选举的前一天晚上，立宪民主党和左翼政党的代表们与哥萨克和农民的代表们达成了秘密协议，按照这份协议，工人代表获取 1 个名额、哥萨克代表获取 3 个、立宪民主党获取 4 个、极左政党获取 1 个②。

最终，在 12 名国家杜马议员中，有 10 人来自立宪民主党，1 人来自社会民主党，1 名为左倾无党派人士。总之，立宪民主党在顿河军区成功的原因可以归结为两点：首先，尽管顿河军区的右翼政党整体力量强大，但各党之间力量分散，无法有效地组织开展竞选活动；其次，在竞选时，立宪民主党的策略巧妙灵活，其领导人因地制宜地提出了能够代表当地民众心声的要求，使许多原本支持右翼政党的选民代表最终倒向

①　该段引自罗斯托夫国家档案馆中的资料，其中包括：顿涅茨克选举委员会 1905～1912 年的档案资料；1905～1912 年顿河军区国家杜马选举委员会档案资料；1905～1912 年塔加罗格选举委员会档案资料；1905～1912 年顿河畔罗斯托夫选举委员会档案资料；1905～1912 年获霍皮奥尔斯卡亚选举委员会档案资料；1905～1912 年乌斯季梅德韦杰茨卡亚选举委员会档案资料；1905～1912 年切尔卡塞选举委员会档案资料；1905～1912 年萨利斯克选举委员会档案资料；顿河军区定期文件汇报信件；《在第二届国家杜马选举中顿河军区的选民代表名单录》。

②　ГАРО. Ф. 55. Оп. 1. Д. 297. Л. 4 – 5.

了自己。毫不夸张地说，立宪民主党的成功得益于其政治路线对哥萨克人的吸引。

四 下诺夫哥罗德省

在第一届国家杜马选举期间，下诺夫哥罗德的社会民主党采取了抵制政策，于是，立宪民主党便开始拉拢原本支持社会民主党的选民，其中就包括工人阶级[1]。为此，立宪民主党人代表工人提出了8小时工作制、罢工和组建工会，以及取消夜间加班工作等要求[2]。当然，这种策略是合理的，并且在工人群体中也得到了回应。当时，在下诺夫哥罗德省立宪民主党支部的组织下，举办了一次由市民和工人参与的全省选举讨论会议[3]。随后，工人代表便投票支持立宪民主党的候选人。由此可见，社会民主党对选举的抵制实际上帮助立宪民主党获得了包括工人代表在内的所有左倾代表的选票，甚至使该党在下诺夫哥罗德省一度被视为"左翼党派"。总之，当时"几乎所有异见分子都和立宪民主党站在了一起"[4]，形成了一个由立宪民主党领导的反政府的"左翼集团"。

然而，并非所有人都支持立宪民主党，例如，支持政府的"右翼集团"就极力反对。这两大势力在选举中的矛盾在于"是否支持政府"[5]。这种情况迫使立宪民主党人在选举前的宣传中不断地表现出他们对政府的敌意。在仔细分析了选民的构成后，立宪民主党确定了那些坚定支持自己的群体，并主要代表他们提出了要求[6]。

立宪民主党的选举宣传和候选人名单表明，支持者主要分为两个群体，首先是中层市民群体，其中包括职员、商人、银行雇员和教师，其次是宗教少数民族群体，其中包括犹太人、穆斯林和天主教徒。由于俄国的选举制度

---

① Нижегородский листок. 1906. 22 янв.
② Нижегородский листок. 1906. 12 марта, 13 марта.
③ ГАРФ. Ф. 523. Оп. 1, Д. 290. Л. 74об.
④ Ленин В. И. Полное собрание сочинений. Т. 12. С. 285.
⑤ Ленин В. И. Полное собрание сочинений. Т. 12. С. 285.
⑥ Нижегородский листок. 1906. 15 марта.

是有资格限制的，所以选民人数要比全国总人数少很多，但是这种情况会刺激选民之间产生更强的凝聚力，而那些凝聚力较强的选民群体更能够对选举结果产生重大影响。在下诺夫哥罗德省，立宪民主党与这些中层市民和民族宗教群体达成了一种"默契"，即后者支持前者的候选人，而前者承诺代表并保护后者的利益。

例如，立宪民主党和下诺夫哥罗德犹太人群体就达成了"合作"关系，其作用十分明显，在后来的选举中，几乎所有的犹太人代表都支持立宪民主党，从而帮助该党在市民选民团中获得了大量选票[1]。此外，该党还与穆斯林达成了类似的协议，该地的许多宗教领袖甚至成为立宪民主党的候选人之一。因此，在下诺夫哥罗德的选举上，立宪民主党取得了绝对的优势。在下诺夫哥罗德市的选举大会上，他们获得了 80 个席位中的 79 个[2]。总的来说，立宪民主党在该省的成功可以归结于两点原因：首先是社会主义政党抵制选举，立宪民主党因而获得了整个左倾选民的支持；其次，右翼政党在视野和财务管理方面远远逊色于立宪民主党，因此他们没有取得成功。最后，在第一届国家杜马中的 421 名议员里，共有 42.5% 的人是立宪民主党员或是支持立宪民主党的无党派议员[3]，立宪民主党毫无疑问地成为第一大党。然而，"立宪民主党杜马"只存在了两个半月便解散了。在 1906 年秋天，一场新的竞选活动开始了，而在这次选举中，立宪民主党就不会像之前那样轻松了。

在第二次竞选时，下诺夫哥罗德省的立宪民主党领导人曾提到，他们面临至少两个不利情况：首先，政府对立宪民主党的非法地位不再默许；其次，左翼政党发展壮大，而且社会民主党决定参与此次竞选，这不可避免地导致立宪民主党失去了原先的一些支持者[4]。

---

① Листок нижегородской группы партии народной свободы. 1906, 17 апр.
② Селезнев Ф. А. Выборы и выбор в провинцию Партия кадетов в Нижегородском крае 1905 – 1917 гг. – Н. Новгород: Изд-во Нижегородского университета, 2001.
③ Шелохаев В. В. Кадеты – главная партия либеральной буржуазии в борьбе с революцией 1905 – 1907 гг. М.: Наука, 1983. С. 182.
④ ГАРФ. Ф. 523. Оп. 1. Д. 290. Л. 7об.

1906 年夏，立宪民主党的领导人巡视了下诺夫哥罗德的基层党组织，并且召开会议讨论了联合左翼政党对"反政府"行动的重要性①，会议特别强调道，"在共同的敌人被推翻前，所有的反对者都应当联合起来"②。然而，与 1905 年相比，1906 年的情况发生了很大的变化，原先拒绝参选的左翼政党决定参与此次竞选，并且对立宪民主党的态度十分冷淡。因此，二者之间很难达成"政治联盟"，在这种情况下，"左倾选民"群体便成为他们争夺的对象。

该省的工人选民几乎都是左倾的，所以工会在选举中便显得尤为重要，为了寻求工会的支持，在立宪民主党、社会民主党和社会革命党之间发生了一场激烈的角逐。当时，立宪民主党人不仅向印刷厂的工会提供免费医疗服务，还与社会民主党一起建立了"工人法律援助协会"③，该协会后来成为下诺夫哥罗德工会运动的协调中心，立宪民主党本打算借此平台进行宣传，但不料与社会民主党发生了冲突，并且完全被后者排斥在外。

资料显示，1906 年 11～12 月，下诺夫哥罗德省的立宪民主党人仍试图和社会主义者们建立"异见派同盟"，并积极与社会民主党和社会革命党进行谈判，但事与愿违，长期的谈判并未取得预期的效果。

对于"民族宗教"群体而言，之前只有立宪民主党愿意代表自己的利益，因此，这类群体的代表再度与立宪民主党达成"合作"关系，他们中的许多人被立宪民主党推为杜马候选人。正如上文所述，在选举之前，左翼政党就控制了"工人法律援助协会"，尽管立宪民主党的参选人中也有工会成员，但大部分的工会领导（其中包括 12 名办事员、11 名店工、8 名教师、7 名医生和 2 名铁路职工）选择了左翼政党。在宣传上，立宪民主党继续维持之前的"反政府"倾向，并且谴责当局和俄罗斯人民同盟是"主要的敌人"④。同时，立宪民主党清楚地认识到，在争夺左倾选民时，他们无法与

---

① Нижегородский листок. 1906. 27 июня, 28 июня, 3 июля.

② Нижегородский листок. 1906. 3 июля.

③ Нижегородский листок. 1906. 19 авг.

④ Нижегородский листок, 1906, 25 ноябр.

社会民主党和社会革命党相比，因为后两者的激进主张对工人选民来说极具吸引力。因此，整体来看，下诺夫哥罗德省的立宪民主党人在对待社会主义等左翼政党时表现出来既对立又团结的战略，在宣传上，立宪民主党人显然更加务实，而左翼政党在政治上往往表现出极端倾向，这导致其与其他政党的关系陷入图圄。资料表明，立宪民主党是 1905～1907 年间一系列事件的重大参与者，历史学家 M. H. 波克罗夫斯基曾精准地描述了该党成员的态度："我们也是社会主义者，但和左翼政党不一样，我们是有理性的。"[1] 下诺夫哥罗德省的立宪民主党领导人曾发表过一篇演讲，其中说道："立宪民主党和社会民主党都是追求自由民主的政党，但和他们不同，我们更加务实……左翼政党太过激进，而我们喜欢脚踏实地，一步一步走……尽管极左派政党也在为追求人民福祉而奋斗，但他们的策略大多不切合实际。"[2] 在选举前，来自立宪民主党的代表召集了一次会议，大会上说道："公民们，如果你们已经准备好武装起义，那么请把票投给左翼政党，如果没有准备好，就请各位斟酌吧。"[3] 然而，20～30 名社会民主党人也进行了慷慨激昂的演讲，他们都是经验丰富的演说家和曾经的地下工作者，其演讲效果比立宪民主党好很多。后来，下诺夫哥罗德的立宪民主党委员会总结了失败原因，他们认为主要是自己的宣传过于偏向理论逻辑，而大会上只有很少的人能够理解这种思维[4]。

　　由于宣传上的失策，在下诺夫哥罗德市的选举大会上，立宪民主党的席位比上一次少了一半以上，即由原先的 79 人减少到 37 人。但对该党而言，与上次"马赛克"式的选民基础相比，这次更加单一稳固，其具体数量可以通过投票箱里的选票判断（仅投给立宪民主党候选人的选票），据统计，这类选票共计 2150 张[5]，但由于立宪民主党成员社会阶层的复杂性，每个

① Покровский М. Н. Русская история в самом сжатом очерке. М. , 1933. С. 425.

② Нижегородский листок. 1907. 10 янв. , 12 янв. , 3 янв. , 16 янв. , 21 янв.

③ Нижегородский листок. 1907. 23 янв.

④ Нижегородский листок. 1907. 1 февр.

⑤ ГАРФ. Ф. 523. Оп. 1. Д. 290. Л. 8об.

投票区的选民不尽相同。

例如，在第一个投票区，支持立宪民主党的选民大多是雇员和官吏，这里只选出了一名立宪民主党的代表。在位于市中心的第二个投票区，支持立宪民主党的选民大多是官员、贵族和知识分子，其得票数高于左翼政党。此外，资料显示，立宪民主党在城市里的"相对"成功得益于穆斯林群体的支持①，1906 年 8 月，全俄穆斯林大会在下诺夫哥罗德市召开，立宪民主党得到了大多数与会代表的支持。在第三个投票区，41.3% 的选票支持工商党，因为这里是商人的聚集区，大多数居民都获得了选举权。而在第四个投票区，立宪民主党人获得了大量选票，因为这里有 82% 的选民是小市民和农民，他们主要从事工商业以及房屋租赁。

由此可见，贵族知识分子、小资产阶级和民族宗教群体才是立宪民主党最稳固的支持者，而雇员、官吏和低薪知识分子的政治倾向较为多元。此外，和小资产阶级不同，大中资产阶级通常反对立宪民主党。

总体来说，这是 1905 年 12 月 11 日选举法在颁行过程中出现的特殊情况，在 1907 年 6 月 3 日新选举法公布后，情况又有所变化。

五 结论

在第一章中，笔者介绍了几个政党的形成和内部建设，以及对民众参政的推动作用，而在本章中，笔者继续分析了政党对选民政治倾向的形成所产生的影响，并通过对地方选举情况进行研究得出了一些结论。选举的过程，以及政党在地方的活动（支部和其他组织）表明，政党的"初始立场"和在选举过程中的具体措施之间有着巨大的差异。因此，复杂的地方情况使社会主义政党及其他"左翼政党"没有利用好它们在"早期发展"上的优势，而右翼政党显然一次次地错过了当局为它们创造的有利条件。

在左翼政党形成初期，俄国社会上就已经出现了一批支持社会主义且愿意与其合作的群体，他们为了左翼政党在竞选中取得胜利而积极地进行游

---

① Волгарь. 1907. 4 февр.

说，并制定了许多极具号召力的纲领，以此来吸引选票。但是，这些政党抵制了第一届国家杜马，因此选举时没有看见它们的身影。然而，"抵制"并不意味着"静坐"，他们在选举期间制定了其他策略，从而达到影响选举进程的目标。正如上文所述，社会革命党人以"恐怖行动"而闻名，但在选举期间的许多省份，特别是在坦波夫省，这种"恐怖行动"明显"失效"了。后来，在1906年5月，他们主动放弃了这种战术，但他们希望争取的对象仍然是"群众"，而不是选举大会上那数十名代表，所以破坏大会的行动依然存在。同时，在俄国政党活动的最初阶段里，社会主义政党的地方领导人通常发挥着特殊作用，例如，切尔诺夫曾在19世纪90年代末流亡坦波夫，并在当地增强了社会革命党人的影响力，进一步发展了宣传的渠道（例如，印发有关"恐怖行动"的社会革命报纸）。此外，社会革命党在第一次竞选期间建立了一个重要的组织——农民兄弟会，其目的在于扩大自己的社会基础。

在第二届国家杜马选举期间，社会主义政党没有采取抵制行动，而是积极开展了各种社会活动。正如上文所述，莫尔尚斯克县的县长给坦波夫省省长写的信中说道，社会主义学说几乎在城市各个阶层都找到了信奉者。在第一次竞选期间，选民的政治倾向在"城市—农村"的社会文化轴上体现出两个截然相反的方向，即城市的自由主义和农村的保守主义。然而，这种保守主义并不意味着农民是彻底的"保皇主义者"，因为他们也会被劳动派及其激进的土地纲领吸引，甚至布尔什维克的社会主义革命理论也被他们当中的不少人接受。但从整体上看，农民对左翼政党的认同度较低，无力支撑这些党派在竞选中获胜。

在选举之初，右翼政党对自己十分自信，因为他们有来自政府的支持，具体而言，就是地方政府通过采取压制"异见政党"的方法来为"右翼政党"创造有利条件，例如查封前者的出版物，禁止集会，甚至逮捕这些党派的领导人。当然，事实证明，政府的支持并未带来右翼政党所期望的结果，与左翼政党和立宪民主党相比，他们的选民显得十分匮乏，支持他们的几乎只有地主，而这是由右翼政党的纲领和地方组织对选民吸引不足所导致的，例如，在顿河军区，他们的竞选纲领并不符合当地的实际情况。当然，并不是所有右翼政党都缺乏合理的战术，同样是在顿河军区，十月党与法律秩序党在《10月17日宣言》的基础上组成了"联盟"，但尽管如此，它们在前两次选举中也未能改变右翼政党的颓局。

在评判或对比各政党对地方选举进程所产生的影响时，有关"地方选举情况"的史料是极为可靠的，因为其中记录了各政治力量的策略等信息。就本节所选的两个样本省份而言，这些资料充分体现了各个政党在参选过程中的活动，其中特别展现了立宪民主党在战术上的成功之处，特别是在第一次竞选期间，该党表现出极强的灵活性，再加之没有社会主义政党的竞争，他们取得了惊人的成功。当然，第一次选举具有一定的特殊性，立宪民主党的成功得益于社会主义政党的"抵制"，虽然在第二次竞选的最后阶段，立宪民主党人再度"赢得无党派选民的支持"，并取得多数席位，但与第一次竞选相比，他们的影响力无疑是有所下降的。

通常，立宪民主党人就当地选民的特点来制定他们的策略，例如，在顿河军区，他们能够专注于"顿河问题"和"哥萨克问题"，并且准确分析其他"异见派"的情绪。此外，大众传媒是一个非常有效的渠道，可以借此对选民的政治倾向产生影响，而立宪民主党人正是充分利用了这种方式来宣传自己的思想观点。上文提到，反犹主义和保皇主义在顿河军区盛行，而这本与立宪民主党格格不入，但在知识分子的支持和协助下，许多阶层的选民也逐渐倒向立宪民主党，甚至包括许多保守的哥萨克和农民。

在第二次竞选期间，政党的弹压行动主要是针对"左翼政党"和立宪民主党的，包括禁止举行党派会议和限制参加竞选，在选举前七天，这些弹压活动愈演愈烈，甚至发生了领导人被捕、报纸被查封等事件。此外，一些"肮脏"的非法行为屡有发生，例如诽谤、行贿、购买议席等。

在竞选中，各党为了加强选民基础从而赢得选票，纷纷采取了联合的策略，其中最为积极的是立宪民主党。由于第二次竞选有社会主义政党的参与，所以竞争明显加剧，而"政治联合"策略的意义便显得更为重要。例如，在顿河军区，十月党与其他右翼政党组成"政治集团"，而立宪民主党曾试图与左翼政党联合，共同推选候选人。

此外，不同省份中选民结构上的差异直接影响了立宪民主党的活动，例如，坦波夫省作为农业省份，该省立宪民主党人的行动带有"左倾"色彩，因为土地和农民选民是当地的关键问题。而在顿河军区，立宪民主党人的行动带有鲜明的"右倾"色彩，因为哥萨克是这里的主体居民，大多思想保守，且带有民族主义情绪。也就是说，立宪民主党人的策略有着"区域差异"，也正因为这些灵活的策略，立宪民主党人才既能得到"民族主义"群体的好感，又能赢得那些知识分子和农民阶级的支持。

在研究下诺夫哥罗德的市民选民时，笔者注意到，在支持立宪民主党的选民当中，最稳定的部分往往是那些富裕的知识分子、小资产阶级和民族宗教群体，而笔者将这些"社会群体"视为一个个的"利益群体"，因为他们之间联系的纽带是社会阶层和行为上的认同，抑或是民族和宗教上的认同，而这些认同又构成了他们之间的"共同利益"。从参选民众的实际情况和各地的政治状况看，许多政党和"社会群体"之间的"纽带"并非十分紧密，而这正是 20 世纪初俄国民众政治化过程中一个十分明显的特征。此外，选民代表的投票动机具有多样性，但他们当中大多数人会将选票投给有政党所属的候选人，而并非受个人情感左右进行的"随意"投票，下诺夫哥罗德省的选举证明了这一点（那些有政党所属的候选人大多数是立宪民主党人）。同时，"利益群体"因素也在选举中发挥着重要的作用，这种因素直接影响了各种政治力量在选区内是否能够吸引更多的选票（例如，在"工商区"内，右翼政党有着明显的优势，而在知识分子、进步贵族和官吏聚集的选区内，立宪民主党和左翼政党往往能够占据优势）。此外，工会和民族宗教区域也是重要的"利益群体"，各政治力量在其中也进行了激烈的角逐。总之，在前两次国家杜马的选举过程中，地方选举具有其特殊性，通过研究，笔者对之前有关俄国政治进程特征的说法进行了考证，并且得出了一些新结论。

笔者认为，在选举过程中呈现出的民众政治化趋势主要是因为选民独立的政治倾向逐渐出现。最初，他们往往不公布自己确切的政治倾向，只有在选举能够代表他们利益的国家杜马议员时，这种倾向才逐渐公开化。而这些倾向往往与政府确立的"选民团"一致，当然，市民选民团是特例，这是因为该选民团内部的社会阶层复杂，"同质性"较低，也正因如此，这个选民团内部出现了一个个的"新团体"，即新的"利益集团"。

此外，就政党而言，它们是民众政治化过程中不容忽视的重要推动因素，从左翼、社会主义者到右翼、民族主义者、保守派，它们都在其中发挥着不可替代的作用。同时，他们行动的方式各不相同，其中包括报刊发文、集会和演讲，以及一系列"非法"手段，当然，这些在本质上只是争取选民支持的方式。在当时，大多数民众对政府心怀不满，这种情绪推动了"异见派"的崛起，以至于得到政府支持的右翼政党也无力对抗他们的力量。随着政党的逐渐成熟，他们发现只要能够更好地代表选民的利益，那么自己吸引选票的能力将会大幅提升，因此，他们用来参选的纲领方案也变得越来越详细。

第五节　俄国政体中的"代议制"

对于俄国的政体来说，国家杜马的选举直接催生了一个具有立法职能的代议机构，而这个机构对俄国社会的方方面面都产生了巨大的影响。例如，在政府运行体系中，代议机构导致上层政治精英群体发生变化。

那么，民众的参选在整个选举进程中究竟发挥了何种作用呢？为了研究这个问题，有必要着重分析这次选举对民主文化形成的影响，换言之，"政治社会化"进程对选民代表的社会特征和政治倾向产生了什么样的影响？与此同时，1905～1907年间，民选代表的出现及其活动与"选举"这一过程本身有着密切的联系，可以毫不夸张地说，是"选举"造就了他们。资料表明，在这段时期里，民选代表在社会阶层方面发生了一系列的变化。毫无疑问，这些变化是政治环境改变和政府改革失调的结果，因为这二者使参与选举和立法的门槛变得越来越高，普通大众参政的"可能性"也随之降低，最终导致民选代表群体的特质和社会构成发生变化。

在对杜马议员的政治倾向和党派关系，以及其社会、民族、文化特征进行研究之前，笔者收集了第一届和第四届国家杜马议员的资料①。在这些资料中，笔者特别注意了与杜马议员政治倾向有关的信息。同时，一方面要关注信息的差异，另一方面还要看到政治倾向的变动，或是说代表们政治认同的不稳定性。因此，笔者面临一系列的问题，其中包括历史资料的搜寻和考订，以及选择适当的研究方法。此外，此次所研究的时期恰逢第一届国家杜马派系联合的形成。总之，由于缺乏官方档案信息（这类文件仅在1906年6月初由国家杜马秘书处发行），所以资料的搜寻和考订的难度十分巨大。

尽管在确定代表党派身份的过程中遇到了各种困难，但笔者找到了大量资料，并据此整理出包括杜马议员政治倾向在内的诸多信息。由于当时俄国社会的"政治多元化"进程仍处于起步阶段，所以政治倾向问题显得较为复杂，此外，在资料中，一些议员的派系和政党信息记录混杂，例如，有的国家杜马议员记录为立宪民主派，而有的则被记录为立宪民主党（仅在莫斯科和圣彼得堡，该党就有203个当地组织，其成员总数为46550人）。众所周知，在国家杜马中，只有"劳动派"才是一个非政党性质的派系，该派在选举时常与别的政党联合，但若要确定其个体成员政党倾向却是极其困难的。因此，在这种情况下，如果没有关于个体议员的政党所属信息，那么便假设他们的政党倾向在某种程度上与该派整体倾向一致。

在过去的历史编纂中，关于社会上民众的政治倾向和党派选择的形成因素有着各种各样的论调。最常见的说法是由个体的社会地位所决定，而所谓的社会地位一般指经济地位。但另一种观点认为文化因素主导了个体的政治倾向。

在本书研究中，笔者将分析对国家杜马中各政党/派系议员在政治倾向方面产生影响的一些因素，其中包括"阶层地位"、"民族文化"、"收入来

---

① Селунская Н. В. Вородкин Л. И., Григорьева Ю. Г., Петров А. Н. Становление российского парламентаризма начала XX века. М., 1996, С. 24.

源"、"文化程度"、"原本的社会出身"和"专业专长"。也就是说，同之前的两种说法相比，经济和民族文化被同时纳入了研究范围。为了研究这种"综合作用"，笔者使用了 SPSS 软件，在表 2 - 8 中列出了对"政党/派系所属关系"的形成产生影响的 6 个因素。

表 2 - 8 　"政党/派系所属关系"形成因素影响强弱排行

因素	影响的程度	
	第一届	第四届
阶层地位	1 +	2 +
民族文化	2 +	1 +
收入来源	3	3
文化程度	4	6
原本的社会出身	5	4
专业专长	6	5

注："+"代表该因素的系数高于六个因素的平均值。

如表 2 - 8 所示，在第一届和第四届国家杜马中，"民族文化"和"阶层地位"是最为重要的因素。但是，第一届和第四届国家杜马之间存在一些差异，即在国家杜马的早期阶段，议员的政治倾向主要取决于他们的"阶层地位"，后来，"民族文化"因素的作用才上升至首位。而民众"政治意识"的启蒙过程是"传统思想"和"民族文化"因素综合作用的结果，同时，后者与"宗教认同"密切相关。对于大多数议员而言，党派所属情况也可以被视为一种"身份认同"。

在当时，俄国的社会和政治状况发生变动，特别是社会阶层结构发生重大变化。可以肯定的是，"阶层地位"在构建代表之间的"认同意识"方面是第二重要的因素。同时，还要注意到"民族文化"这一因素的重要性。此外，第三重要的因素是"收入来源"，表 2 - 8 显示，该指标的影响位次基本保持稳定。

对于俄国上流社会的知识分子而言，当他们在"政治社会化"过程中寻找自身的新定位时，国家杜马议员职务的开放推动他们的政治倾向逐步形成。

正如传统史学所认为的那样，在当时的国家杜马中，形成了许多极具影响力的政治联盟。而这是俄国历史发展中的一个奇特现象，因为如果议员们在塔夫里契斯基宫外组成政治联盟或从事此类活动的话，他们将受到司法部门的指控，所以这种政治联盟仅仅出现在国家杜马当中。

总之，在20世纪初，通过加入某个党派来寻找"认同"的方式推动了多党制在俄国的发展。在这一过程中，参选国家杜马的政党和派系数量不断增加，而这种现象是当时俄国社会阶层迅速分化的一种反映。

根据资料中有关第一届和第四届国家杜马中主要党派的信息，笔者绘制了表2-9，并且通过这些数据，笔者得出了四点结论。第一，1906～1917年间，参选国家杜马的政党派系明显增多。同时，在议员群体中，党派构成的多样化体现出多党制的特点。第二，"无党派"的议员人数减少，这反映出俄国上层知识分子和整个社会的"政治化"进程进一步发展。第三，在1906年第一届国家杜马中"垄断"席位的立宪民主党和劳动派在后来的选举中人数大幅缩减，这也反映出国家杜马中政治力量朝着多元化方向发展。第四，与其他三届国家杜马相比，第一届表现出最为强烈的"民主"倾向，而在第四届国家杜马中，由于立宪民主党人和劳动派成员参与人数急剧减少，民族主义者、十月党人和右翼分子的重要性便逐渐凸显，事实证明，他们在第四届国家杜马中发挥了主导作用（共占总人数的56%以上）。由此可见，国家杜马中党派的多元化并不意味着整个杜马的"民主化"倾向加强，因为民族主义等保守势力逐渐强大，这显然与第一届国家杜马中议员们的特征相差甚远。

表2-9 第一届和第四届国家杜马议员党派所属情况

单位：%

党派	所占百分比	
	第一届	第四届
右翼政党	0	14.2
民族主义政党	13.8	20.2
中间派	0	7.5
十月党	0.2	21.8
进步派	0	7.9

党派	所占百分比	
	第一届	第四届
立宪民主党	32.6	11.6
劳动派	18.5	2.2
社会民主党	3.4	3.1
无党派	19.7	1.5

第一届和第四届国家杜马议员的民族情况表明，前者在组成结构方面无疑更具"代表性"。随着时间的推移，俄罗斯人与少数民族在构成上发生了一些变化，主要趋势是俄罗斯议员人数增加。在第一届国家杜马中，俄罗斯议员的比例不到一半。而在第四届国家杜马中，俄罗斯议员约占82.6%[①]，而这直接导致了少数民族（包括乌克兰人、白俄罗斯人、波兰人、鞑靼人、犹太人等）议员人数大量减少。

研究国家杜马议员的政党所属情况对于分析个别党派的民族构成及其发展特征有着极为特殊的意义。右翼政党（包括民族主义政党、十月党）在国家杜马中的议员代表几乎完全是俄罗斯人和东正教信徒，而少数民族议员大多数来自左翼政党（在第一届国家杜马中最为明显）。例如，在第一届国家杜马中，立宪民主党议员代表的民族构成就体现了这个特点，即俄罗斯成员不到总人数的一半，而在第四届国家杜马中，立宪民主党的席位不仅大幅缩减，而且该党的少数民族议员数量也急剧下降，约占总人数的15%。同时，劳动派也表现出类似的特征。

然而，社会民主党的民族构成及发展特征却不符合这种一般模式。从第一届到第四届，社会民主党的俄罗斯议员比例从59%下降到了57%，这也意味着该党中其他民族和宗教的议员在比例方面并未像立宪民主党那样大幅缩减。

此外，评估国家杜马是否充分地代表了俄国社会各阶层也是这项研究的一个重要方面。众所周知，在20世纪初，俄国社会进入大变动时期，而这

---

① Россия 1913 год. Статистико - документальный справочник/Под ред. А. П. Корелина. СПб., 1995. С. 247.

反映了从旧时代的等级到阶级的过渡，其中后者源于社会分工的进一步细化。因此，了解不同社会群体的议员的情况十分重要。

然而，在分析不同社会群体时，笔者面临一些问题。例如，在杜马议员的个人档案中，许多人都被划入"农民"类别，但这些议员究竟是务工农民还是真正意义上从事农业生产的农民，档案并未给予明确的解释。此外，对"贵族"的划定也含糊不清，档案中的划分标准五花八门，有的是基于"家族出身"，而有的是根据其拥有的"地产数量"。实际上，"贵族"阶层在20世纪初不断扩张，许多在出身和经济地位方面与之相似的群体也被吸纳进来。当然，由于这些特殊现象的存在，笔者决定对当时阶层划分的标准进行研究，毕竟这些"标准"直接影响到国家杜马议员们的社会地位。笔者将通过"家族出身""等级性质""收入来源"等信息，推断出这些议员真实的社会阶层，并以此来分析国家杜马的"代表性"程度以及发展过程。

资料显示，国家杜马具有一定程度的"代表性"，因为议员的社会身份几乎涵盖了当时俄国社会的所有阶层，也就是说上至社会精英，下至平民百姓，都选派出了自己的代表。

而这四届杜马在议员社会阶层结构方面的情况表明，第一届国家杜马的"代表性"相对较高，议员们的社会阶层更具多元化。具体而言，超过40%的议员出身农民，而贵族仅占总席位的三分之一。1907年，圣彼得堡某出版社出版了一本名为《第一届国家杜马及政治意义》的书。该书将俄国杜马的社会阶层结构与西欧国家的议会进行了对比。书中谈道，无论是德国国会、法国众议院、意大利议会，还是英国下院，都未出现农民议员代表比例超过45.4%的情况[1]。此外，这本书还对议员的职业情况进行了对比，其结果表明，俄国第一届国家杜马中"工人和农民"的比例约占30%，相比之下，德国各届国会中农民议员比例的平均值约为17%，法国约为5%，意大利约为6%，英国约为4%。同时，俄国杜马中来自"国营和私营单位职工

---

① 1 Государственная Дума. Политическое значение Государственной Думы. СПб. , 1907. С. 21, 191. рис. 2 «Распределение членов пяти главнейших парламентов по занятиям».

群体"的议员约占总席位的 21% ，德国各届平均为 20% ，法国约为 22% ，英国约为 21% ，意大利约为 13% 。而"资本家和地主"在杜马中所占席位的比例仅为 21% ，低于德国的 36% 和英国的 33% ，但比法国和意大利高，其中前者为 20% ，后者为 10% 。此外，在"自由职业者"的比例上，俄国仅为 23% ，德国约为 27% ，英国约为 42% ，法国约为 53% ，而意大利约为 72% 。

值得注意的是，该书在评估国家杜马议员的"代表性"时，使用了三个互不重合的指标：阶层、职业和活动事迹。因此，从议员们阶层和职业的特点上看，第一届国家杜马在社会阶层结构方面也另有特点，其中，有 6 个人数较多的阶层，即农民（45.4%）、贵族（36.7%）、小市民（4.4%）、商人（2.2%）、宗教人士（3.3%）、荣誉市民（2%）和哥萨克（2.2%）。由此可见，虽然整体上各阶层代表比例并不合理，但毕竟几乎吸纳了各个阶层的代表，因此不应当对第一届国家杜马的"代表性"做过低评价。而根据议员们的职业特点可以将其分为 6 个群体，分别为知识分子（49.98%）、农民（仅为务农人员，比例约为 24.8%）、地主（14.4%）、工人（5.4%）、商人（5.4%）和宗教人员（3.3%）。[1]

在第一届国家杜马解散后，其他三届国家杜马及其中的议员有两个很明显的变化趋势，其中就包括国家杜马的"社会代表性"降低，作为社会上层的贵族所选派的议员比例增加，在第四届国家杜马中，其人数甚至达到了总席位的 48.6% 。当然，伴随着国家杜马中贵族议员所占席位的增加，农民议员的数量迅速减少，第四届国家杜马时仅为 18.5% 。那么，席位的变化是否符合当时的全国各阶层人口比例呢？当时的资料表明，贵族和农民分别占当时总人口的 4.9% 和 78.1%[2] 。因此，第二届国家杜马的解散和"六三政变"可以视为俄国国家杜马史上的分水岭，尽管国家杜马制度一直存在到 1917 年，但其"社会代表性"的民主化趋势早在 1906 年便中止了，第

---

[1] 1 Государственная Дума. Политическое значение Государственной Думы. СПб. ， 1907. C. 20. 这些数据并非全部来源于这本书或当时的其他出版物，还有一部分是采用了笔者对当时信息校订后所得出的数据。

[2] Россия 1913 год. Статистико - документальный справочник/Под ред. А. П. Корелина. СПб. ， 1995. Гл. IX.

四届国家杜马中的贵族议员占绝对优势的事实也证明了这一点，和第一届国家杜马相比，他们的总人数增加了2倍多。此外，通过比较杜马议员们的职业特点，笔者发现了特殊之处，例如相比于第二届国家杜马，在第三届中地主议员的比例大幅上升，从18.9%增加到了44.5%，而务农农民的比例缩小，从33.6%下降至14.9%①。总之，1906年后选举法的改变对国家杜马的社会阶层结构产生重大影响，最终导致农民和贵族的议员席位比例和实际人口比例越来越不相称。在这个方面，鲍里斯·契切林对于西方民主，特别是英国议会的评论最值得关注，他曾经说道："这个制度基于社会阶层原则，所以不可能扩及那些根本不了解这套制度的社会群体。"当然，这种主张在当时并未得到广泛的支持②。契切林认为，理想的国家制度必须从根本上结合君主制、民主制和贵族制，而且对于国家的发展，贵族阶层是一支不可忽视的力量，对此他曾说道："贵族是社会中最优秀的群体，也是最具才华的精英。"从历史角度看，契切林的主张印证了20世纪初的官方思维，即政府上百年的统治经验对国家杜马制度进行了"异化"。

同时，笔者还对国家杜马中主要党派的内部社会阶层结构进行了对比分析（见表2-10）。资料显示，"左翼政党"的阶层结构最具"社会代表性"。

表2-10　立宪民主党、劳动派和社会民主党在第一届和第四届国家
杜马中选派议员的社会阶层比例

单位：%

	立宪民主党		劳动派		社会民主党	
	第一届	第四届	第一届	第四届	第一届	第四届
所属的阶层						
贵族	40.9	41.5	1.1	20.0	17.6	7.1
农民	14.6	9.4	71.0	40.0	58.8	7.1
商人	1.2	1.9	0	0	0	7.1

① 基里亚诺夫和卢基扬诺夫认为，贵族议员代表的人数明显增加，这一点毫无疑问。但农民议员人数在第二届国家杜马时较第一届有所增加，之后才从22%降至17%。

② Чичерин Б. Н. Курс государственной науки. М., 1984, С.170.

续表

	立宪民主党		劳动派		社会民主党	
	第一届	第四届	第一届	第四届	第一届	第四届
所属的阶层						
小市民	0.6	32.1	4.3	20.0	0	14.6
宗教人员	2.4	0	0	0	5.9	0
工人	0	0	0	0	0	64.3
哥萨克	3.0	3.8	5.4	0	0	0
原阶层出身						
贵族	35.4	35.8	3.2	20.0	17.6	14.3
农民	20.1	15.1	76.3	40.0	70.6	42.9
商人	6.7	3.8	1.1	10.1	0	7.1
小市民	2.4	13.2	3.2	20.0	0	28.6
宗教人员	3.0	0	2.2	0	5.9	0
官员	1.8	0	1.1	0	5.9	0
哥萨克	4.2	11.3	3.2	0	0	0

　　尽管缺乏每一位议员的详尽信息，但笔者还是总结出了一些十分明显的趋势。例如，立宪民主党的贵族议员比例前后变化不大，而对于国家杜马整体而言，贵族议员的人数持续增加。与立宪民主党相反，社会民主党的贵族议员比例一直呈递减趋势。当然，所有党派都有一个共同的趋势，即农民议员人数缩减，其中最为明显的是劳动派，而一些有关议员"所属的阶层"和"原阶层出身"的档案也证明了这些趋势。同时，还需要对哥萨克议员的信息进行研究，并校订那些关于他们社会阶层和财产状况的档案资料，因为这些资料可以从侧面反映出哥萨克群体对于国家杜马的态度。

　　此外，议员们的文化程度也是这项研究的重要数据之一。正如上文所述，据当时人的考证，第一届国家杜马中近半数议员为知识分子，据此，笔者估算大致有50%的议员代表接受过高等教育，而且这个数字在后来三届国家杜马中不仅没有减少，反而逐渐增加，无论是受世俗学校教育、神学教育还是军校教育的人数都持续增加，这种现象可以归结为议员的"素质化"和"职业化"程度提高（第一届和第四届国家杜马中议员的教育信息见表2-11）。

与此同时，学习师范、医学和技术类专业的人数有所减少。由此可见，"平民知识分子"在国家杜马中的作用越来越小，但俄国议员的"素质化"和"职业化"现象已成为一种趋势。随着接受过军校教育和神学教育的议员人数增多，他们在国家杜马中所能发挥的作用也越来越大。由于神学教育事关政府和宗教之间的关系，以及宗教传统思想在20世纪初俄国社会中的作用，所以这一方面也值得笔者关注。

在当时的议员群体中，还包括许多在国家部门和地方自治局工作的官吏代表。在第二届国家杜马中，有26.5%的议员在地方政府和公共单位中担任职务，而且他们的比例在后来几届国家杜马中不断提高。

表2-11　第一届和第四届国家杜马中议员的教育信息

单位：人，%

	第一届		第四届	
	人数	比例	人数	比例
受教育程度				
高等教育	224	44.5	230	50.5
中等教育	51	10.1	122	26.5
初等教育	123	24.5	82	18.0
家庭教育	8	1.6	17	3.7
文盲或半文盲	20	4.0	1	0.2
专业				
法学	80	15.9	95	20.9
神学	29	5.8	55	12.1
医学	30	6.0	20	4.4
人文科学	14	2.8	7	1.5
自然科学	16	3.2	10	2.2
农学	17	3.4	9	2.0
军事类	27	5.4	45	9.9
物理学	—	0	8	1.8
工科	25	5.0	10	2.2
经济学	3	0.6	1	0.2
师范类	17	3.4	8	1.8

在笔者所收集的档案资料中，包含了个别议员的教育信息，这些信息不仅可以成为上述观点的佐证，同时也能校订一些数据。在表 2-11 中，曾研习法学的议员不仅人数众多，而且还呈递增趋势，因此也证明了俄国议员的"职业化"趋势。

同时，个别议员的教育信息更加直观地体现了立宪民主党、社会民主党和右翼政党的发展特点。首先，大约有 70% 的立宪民主党议员受过高等教育，并且这个数字在不断提升，而这是其他"温和左派"难以望其项背的。其次，对于劳动派而言，在第四届国家杜马中，中等教育程度的议员是第一届的 3 倍多，而仅受过初等教育的议员始终保持在 40% 左右，由此可见，劳动派议员大多只受过初等和中等教育，约占该派议员总人数的 89% 。再次，在社会民主党的议员中，中等教育程度的议员比例大幅减少，而初等教育程度的议员人数保持稳定。最后，在右翼政党的议员代表中，知识分子的数量在逐渐减少。

此外，与欧洲其他国家的议员相比，俄国杜马议员还有另外一个显著特征，即年龄特征。

因为相比于德法，俄国第一届国家杜马议员普遍较年轻，集中在 35～45 岁。而法国议员平均年龄为 50 岁[1]。

国务会议成员的选举与当选情况如下。

1906 年 2 月，政府对国务会议进行了改革，从此，这个机构成为"俄国议会"中的上院。早在 1905 年 8 月，布里根杜马提案中就有此类设想，而真正开始付诸实施则是在《10 月 17 日宣言》颁布之后。当时的资料显示，由于国家杜马所获得的权力超出了维特的预期，所以维特最初试图赋予国务会议更小的权力[2]。但政府依旧面临其他的难题，例如：究竟有多少议

---

[1] 1 Государственная Дума. Политическое значение Государственной Думы. СПб., 1907. С. 19. рис. 1 Возрастной состав парламентов, русскаго французского и германского.

[2] Бородин А. П. Государственный совет России 1906-1917. Киров, 1999. С. 6, 313 (сн. 21) (关于 8 月决议的部分); Бородин А. П. Государственный совет России 1906-1917. Киров, 1999. С. 10-13. (关于 1905 年 10 月政府所做出的改变部分。)

员可以进入国务会议？如何选举国务会议议员？这些问题在政府要员中讨论了很长一段时间。在讨论中，一些与会大臣担心如果民选的国务会议议员和沙皇提名的议员人数相等，那么国务会议或许在某些问题上会和国家杜马站在一起。

最终，在 1906 年 2 月 20 日的会议上，沙皇选择了维特的提议，即国务会议民选议员和提名议员人数均等①。国务会议共设 98 个席位，其中各省的地方自治局获得 34 个、未能进入地方自治局的地主获得 22 个、各省贵族会议获得 18 个、东正教会获得 6 个、科学院和大学获得 6 个、工商组织获得 6 个②。按照规定，这 98 人在年龄上均不得低于 40 岁，而且都必须受过中等及以上的教育。此外，在财产资格方面，取决于议员自身所代表的群体，但一般而言，至少高出国家杜马参选要求的 3 倍③。

这些资料反映出这个"新国务会议"具有鲜明的保守性，而某些事实也证明了这一点。尽管如此，尼古拉二世和他的大臣们还是担心国务会议中的民选议员会倒向国家杜马，特别是那些来自地方自治局的自由派人士。而无论国务会议中的民选议员是否倾向国家杜马，都值得笔者关注。

随着国务会议的开幕，议员们也逐渐分成了不同的派系，但在中间派的主席 А. С. 耶尔莫洛夫看来，这里的派系并不等同于国家杜马中的党派④。此外，一些议员在国务会议之外是民族主义政党的成员，甚至是领导者，但在国务会议里，他们加入了另一个派系。1906～1907 年，国务会议中的派系划分较为简单，即"左派"、"中间派"和"右派"。

在 1906 年的第一届国务会议上，有 97 名议员，其中有 12 名"左派"、15 名"右派"和 60 名"中间派"，还有 10 名议员信息不详。而在 1907 年的国务会议上，一共有 94 名议员，其中有 13 名"左派"、20 名"右派"和

---

① Бородин А. П. Государственный Совет России 1906 – 1917. Киров，1999. С. 17 – 18.

② 另有 6 个席位作者在原文中未说明。——译者注

③ Бородин А. П. Государственный Совет России 1906 – 1917. Киров，1999. С. 20 – 22.

④ "我们只需要根据提案来考虑问题，每个人都可以保留看法，并且自由投票。我们没有任何的党纪，毕竟我们不是一个政党，而是一个成员来源复杂的派系。"（Бородин А. П. Государственный Совет России 1906 – 1917. Киров，1999. С. 72.）

58 名"中间派",还有 3 人信息不详[1]。同时,这两届国务会议中的左派议员均来自民选,而非沙皇提名,在 1906 年的国务会议上,中间派成员有 33 位是靠沙皇提名而入选的,而右派中有 18 位[2]。在 1907 年,中间派的提名议员有 37 位,右派中的提名议员则增长到了 33 位。由此可见,随着提名议员人数逐渐增多,国务会议在整体上也变得愈发"右倾化"。

此外,在国务会议中,只有大约 10% 的议员不是国家官吏。在 1906 年的国务会议上,工商业群体共选派了 7 名议员,1907 年变为 6 位,而教会在 1907 年也仅仅选派了 6 名议员。这反映出"国家职务"是国务会议选举或提名过程中的一个重要影响因素。据档案记录,有 60% 的议员身兼 5 个高级职务[3],而这意味着,国务会议中充斥着俄国社会的上层阶级,是真正的"上院"。

按照规定,国务会议议员的选任程序极为严格,完全不同于国家杜马。然而,尽管选举资格极为不平等,但对于当时的社会而言,这个新机构本身无疑代表了俄国现代化的成果,而且在实际运行过程中,一部分社会群体也的确获得了参政权,其中包括商人和工厂企业主,这使得大多数国务会议的民选议员带有明显的"团体性",而其他社会群体选出的议员也均带有此类特点,如科学院、大学和教会等。同时,选举条例对大学和教会也做出了较高的参选规定,许多贫穷的教士和家境一般的大学教师因此无法参选。

在本章中,笔者将对 1906 年 3 月到 1907 年 6 月的国务会议议员情况进行分析。而资料来源是 A. П. 鲍罗金编写的《国务会议议员名单》。鲍罗金曾对 1906 ~ 1917 年间的国务会议进行研究,得出了许多有价值的结论。在研究时,鲍罗金分列出了许多信息,包括"阶层""年龄""财产""文化程度"等,但他并未对提名议员和民选议员采取分开叙述的方式。同时,鲍罗金认为,在研究国务会议的议员时,1906 ~ 1907 年政局的变化并不重要,因此没有必要进行单独阐释。此外,鲍罗金也没有阐述议员们的政治倾

---

① Бородин А. П. Государственный Совет России 1906 – 1917. Киров, 1999. С. 248.

② Бородин А. П. Государственный Совет России 1906 – 1917. Киров, 1999. С. 244.

③ Бородин А. П. Государственный Совет России 1906 – 1917. Киров, 1999. С. 247.

向，为此，笔者将重拾这些资料，对整个问题进行分析。

1906～1907 年间，国务会议共选任了 216 名议员，其中民选议员有 107 人，提名议员有 109 人。在"六三政变"后，大多数议员依旧坚持着自己的政治立场，却无法得知准确的数字。笔者注意到，在国务会议改组的早期，许多议员都有着特殊的履历，甚至早在 1877 年就有议员被政府任命过职务。此外，还有 5 位议员申请辞职，包括 2 名提名议员和 3 名民选议员，其中前者是在 1906 年 5 月和 6 月，批准辞职后，在 1907 年 1 月 1 日和 3 月 25 日，政府又重新提名了 2 名议员，而 3 名民选议员曾担任国家杜马议员，并对沙皇解散第一届国家杜马表示不满，后来，他们又当选了国务会议的民选议员。由此可见，在这段时间，只有 5% 左右的议员发生了人事撤换，其影响可谓是微不足道。因此，在 1905 年动荡后的 14 个月里，国务会议是一个非常稳定的机构。

总体而言，国务会议并未完全充当国家统治者的喉舌，其成员也分为不同的派系，且定期集会，当然，正如上文所述，并不能因此将他们称为政党。同时，虽然提名议员大多数来自中央或地方行政单位，但占国务会议总席位近一半的民选议员几乎和政府没有什么直接关系，他们大多代表的是民众的利益。此外，来自各省贵族委员会的议员和来自教会的议员大多与政府保持着密切的关系，可他们当中也不乏"异见分子"。例如，那些来自科学院和大学的议员本身与政府有着极为密切的关系，但在政治立场上，他们却成为最激进的异见派。表 2－12 按照议员进入国务会议的类型，对他们的政治倾向进行分类。

表 2－12　1906～1907 年国务会议议员的政治派系

单位：人

类型＼政治派系	右派	中偏右	中间派	左派	科洛[①]	倾向隐瞒	不详
提名议员	50	4	40	0	0	5	6＋2
民选议员	17＋1	5	45	21	17	0	3

① 波兰民族主义议员团，活动于 1905 年后的国家杜马与国务会议。——译者注

尽管鲍罗金将这些资料整理得十分详细，但在这本书中，他并未对这一问题进行探讨，因此笔者将利用这些资料对议员政治倾向进行研究。

资料显示，在国务会议中，右派议员人数最多，他们绝大多数是提名议员。在民选议员中，右派议员在人数上仅排第三，排第二的是左派议员，他们当中的一些来自波兰科洛。波兰科洛的议员共有 17 位，全部是民选议员且都是波兰贵族。因此，从整体上看，国务会议中的民选议员是偏"左"的，但仍然需要具体分析。包括许多高级官吏在内，不少议员曾明确表明了自己的政治倾向。但不可避免的是，依然有一部分议员并未对自己的政治倾向表态，这其中就包括 Π. A. 斯托雷平和国务会议主席弗里施，其中后者是为了保持必要的中立，刻意地隐瞒了自己的政治立场。总之，在整个国务会议中，隐瞒党派的议员较为与众不同，这样的议员一共有 5 位，其中还包括 C. Ю. 维特。

在中间派里，存在一个小组，其领导者是维特的妹夫——A. Б. 内德加特。尽管该小组的加入资格十分严格，但就其作用而言，它在中间派里可以称得上是一个极具凝聚力的组织。

与提名议员不同，民选议员和社会上的政党联系紧密。笔者根据民选议员们的政治派系情况再次整理了所收集的材料，并绘制出反映他们政治倾向的表格（见表 2 – 13）。但应当注意的是，那些原本为官吏的议员被要求避免与政党发生直接联系，因此不少议员的资料缺失。

表 2 – 13　1906 ~ 1907 年国务会议民选议员的政治倾向

单位：人

政治派系政党	立宪民主党	十月党	进步派	俄罗斯大会	应有人数
右派		2		5	18
中偏右		1		1	5
中间派		16	1		45
左派	14 + 1	1	1		21
波兰科洛					17
倾向隐瞒					5
不详					3

　　同表 2 - 12 一样，表 2 - 13 的资料也来自鲍罗金的著作①。这些资料显示，在 21 名左派议员中，有 14 名立宪民主党人，还有 1 名议员倾向于立宪民主党。在中间派里，有大于 1/3 的议员是十月党人，而这两党在国务会议中的影响力也是最大的。此外，"俄罗斯大会"并不是真正意义上的政党，而且成员较少，因此在国务会议中作用不大。然而，和国家杜马不同，国务会议中的十月党有其特殊之处，即从"左派"到"右派"，几乎所有政治派系都有议员来自该党。

　　综上所述，国务会议在重组后的活动体现了俄国政治生活中的各个方面，其议员大多具有明确的政治立场，并且这种政治立场与政党有着深刻的联系。和国家杜马一样，国务会议的选举也受到一些法律条款的限制，也就是说，"阶层""财产"等资格是参选的必要条件。然而，虽然国务会议中有"科洛"这样的派系，但就总体而言，并不像国家杜马那样具有"民族性"。正如上文所述，国务会议中有许多议员是大学或科学院的教授，对于他们而言，其政治倾向深受"阶层"和"出身"因素的影响，他们大多加入了左派。

　　尽管国务会议和国家杜马在选举制度上有些许不同，但影响议员政治倾向或立场的因素大致相同。同时，国务会议代表了与国家杜马几乎完全不同的社会人群，因为前者的选民包括了当时社会上最富裕的群体，并且比国家杜马的选民更具有"团体性"。此外，由于国务会议议员的社会阶层及其原本就已形成的政治立场，以及对当局的忠诚度与政府设想的不同，所以总的来看，国务会议非但没有变成国家杜马的制衡机构，相反这二者在一些事务上还呈现出"共进退"的态势。

---

① Бородин А. П. Государственный Совет России 1906 - 1917. Киров，1999. С. 250 - 309.

第三章
1905~1907年俄国改革的成果
与当时的欧洲

　　1905年事件后，罗曼诺夫王朝迫于社会压力，终于开启了民主化改革。从《10月17日宣言》到"六三政变"，这一时期的俄国被打上了"改革"和"选举"的时代标签。那么，在这短短的两年里，俄国社会发生了哪些实质性的变化呢？

　　众所周知，选举是俄国民主化改革中最浓墨重彩的一笔，因为它不仅仅创造出了国家杜马制度，而且深刻地改变了俄国社会。在本章中，笔者将探讨这场席卷俄国各个角落的改革在哪些方面取得了成就。

　　在第一节中，笔者将在民主发展和政府体制方面对比俄国与一些西欧国家的异同。在"民主文化"方面，笔者无法对二者加以比较，因为各国的"民主文化"的程度难以测定。由此可见，只有将二者民主制度的形成过程和其政府体制进行对比才能揭示出它们之间最显著的差异。笔者将类比对象分为两个部分，首先是一些西欧国家，其次是两个中欧的帝国——德国和奥匈帝国。就当时的民主形势而言，任何一个西欧国家都没有形成完备的选举制度，尽管后来历经了不断的改进，但时至今日，依然没有任何国家自称建成了绝对民主的体制。因此，在当时欧洲"泛民主化"的浪潮下，俄国似乎并没有溯流而行，而是站在民主的对立面上。同样，与德奥两国的对比首先也是在政府体制和选举制度方面，这三个帝国在政体上都进行了小规模的改革，而且改革的方式和特点都十分相似。

在本章的第二节和第三节中，笔者将对之前章节所涉及的问题进行讨论。在史学界，许多人断定，俄国的改革是"自上而下"的，而且来自上层的改革推动力比其他国家更大且更为重要，也就是说，改革的"动力源"是沙皇本身。然而，笔者认为这种观点并不符合1905～1907年改革的实际情况，但这并不意味着笔者认为改革就是"自下而上"的，这种绝对化的观点同样也是错误的，因为这类片面的说法并不能很好地解释1905～1907年间俄国发生的一系列变化。在本章的最后，笔者将对俄国"民主文化"的滥觞过程进行总结，并探讨1905年所开启的改革之路为何于"六三政变"后戛然而止。当然，尽管民主化改革的进程被打断，但作为民主文化特征之一的"政治社会化"已是大势所趋。从这个层面上看，席卷俄国的民主精神可能会继续破坏专制制度的社会基础，让一度受挫的民主人士重新拾起希望，同时这也意味着，从1907年6月3日起，俄国进入了历史的新篇章。

第一节　俄国与欧洲其他国家的民主制度和文化是如何产生的

一　本章对比研究法的简介

"民主"是如何进入普通民众的生活的？罗伯特·普特南对二战后的意大利进行了分析①。众所周知，意大利历经了23年的法西斯独裁统治，民主传统十分薄弱，在战争中，盟军和意大利人民联合推翻了墨索里尼独裁政府，并在战后实现了真正意义上的民主。那么，意大利式的民主是如何建立的呢？

普特南的这项研究具有重要意义，因为他证明了立法只是实现"民主"

---

① Putnam R. D., Leonardi R., Nanetti R., *Making Democracy Work: Civic Traditions in Modern Italy*, Princeton: Princeton University Press, 1993.

的要素之一，作为潜在要素的"民主文化"在这一过程中同样也发挥了重要的作用。普特南认为，民主文化源于意大利人集体劳动和公事公议的传统，这些传统使他们逐渐地接受了现代民主。也就是说，在地方上，人与人之间存在密切的联系，当然，这种联系也存在于各种各样的非官方协会之间，而这种原本存在于地方上的联系，最终在意大利的"民主化"过程中产生了巨大的推力，这个推力也就是普特南所说的"民主文化"。

　　然而，和意大利不同，1905～1907年间的俄国、奥匈帝国、德国等其他欧洲国家有着各自的特点，其中最明显的是这些国家当时的民主发展尚不充分，换言之，民主在这些国家才刚刚起步。各国的社会上都活动着大量的民主人士，他们对本国的专制残余进行了毫不留情的批判，此外，他们还为选举制度的改革而积极活动，致力于实现全民性、公正性的选举。可是在1905年的欧洲，任何一个国家都尚未实现他们的蓝图。与此同时，工人运动的领导者们也加入了"民主阵线"，并提出了自己的民主要求，与其他民主人士不同，这些社会主义政党更多地侧重于实现社会公平正义，而非政府制度的改革。与之相反的是，自由派人士几乎完全致力于民主的发展，因为在他们看来，民主是实现政府公平正义的重要手段。在过去的史学研究中，关于自由主义和社会主义运动性质的分析要么被过分简化，要么只是探讨二者在社会基础上的差异。例如，有学者认为，在解决社会问题时，自由派就是完全的个人主义者，而社会主义政党就是完全的集体主义者。而在笔者看来，这种判断只是简单地将社会运动进行划分，是毫无意义的，因为任何一个党派的成员都不是思想绝对统一的，也就是说，自由派中并不是所有人都是自由主义者，社会主义政党中也并非所有人都是社会主义者。

　　当时的欧洲各国既存在"民主之声"，也存在"反民主之音"。尽管20世纪初的欧洲是世界的中心，但欧洲各国在政府体制和选举法上仍然存在无法掩盖的缺陷。在民主宪政和代议制的框架下，国家上层或是所谓的"政府"成为执行机构，而且在许多国家里，这个框架变得越来越明确且严格，但也有一些国家与之相反。此外，在君主制国家，君主往往是政治体制中十分重要的一环，但在有些君主制的国家中，君主并无实权，只具有象征性的地位，例如英国。显然，俄德奥属于前者，因此这三国在很大程度上具有可比性。在王朝历史上，德国的霍亨索伦王朝和奥匈帝国的哈布斯堡王朝有着密切的关系，同时，德皇威廉二世与沙皇尼古拉二世又有着亲戚关系，他们会相互访问，并表现得十分亲昵。

在对比俄德奥三国时，笔者的主要目标是分析这三国政治体制的特点，以及影响民主文化发展的因素。此外，研究还包括对比民主发展过程和一些国家政府机构之间的关系，其中，在"官僚"方面进行对比就是下文的重点之一。

对比分析共有三个部分。首先，笔者将对西欧国家在选举法和政治体制方面的情况加以概述。其次，笔者打算就1905～1907年间德奥两国政府体制的具体发展变化来阐述他们的区别，而不是按时间发展顺序进行简单的罗列。最后，也是最主要的部分，即与俄国进行对比。

那么，在下文的研究中，有哪些问题需要着重关注呢？

（1）选举法发展的历程和局限。

（2）国家首脑的作用。

（3）政府内部建构的得失——各部大臣的地位。

（4）大臣会议主席（或称宰相、首相、总理）。

（5）各部大臣的权责：a）司法部；b）政治部。

（6）政党的作用：a）在议会中的作用；b）在议会外的作用；c）在政府中的作用。

（7）社会民众对政党的认识。

（8）政党在选举期间的活动。

（9）行业或职业的联合会以及利益集团在选举期间的活动。

（10）各个非政党性的协会在一些政治性事件中的举措（除"民主派"外）。

（11）地方自治机构和其他形式的民主势力在发展民众政治意识、参与社会问题解决和规范公共生活方面的作用。

前6个问题是本章研究的重点。而其余的5个旨在分析民主文化的形成，因为这可以判定普通公民有多大的机会参与政治生活领域，并确定他们参与这一领域的过程。

因此，笔者将分析"民主"在普通大众中的传播方式，以及这三个帝国的选举进程。此外，笔者在研究时将以民主文化的形成过程为着眼点，扩大对比分析的范围，对比样本除国家以外，还包括各种形式的协会组织。总之，本节所进行的对比分析涉及国家的管理层，包括制度性和非制度性管理体系之间的关系。同时，笔者还试图揭示这些非制度性的管理机构是如何适应席卷社会的民主之风的。正如文献中经常提到的那样，无论是在政治体制还是在民主文化发展方面，俄国都是落后于西欧和中欧的，而在本节的对比研究中，笔者将对这个论断进行重新探讨。

最后，对比分析将揭示，当时的政治制度是如何在一战期间和战争结束后不久的这段时间里左右这三大帝国的命运的。

二　西欧国家政体中的代议制

（一）通往普选之路

著名的挪威政治学家斯坦·罗克坎曾对公民群体中的"政治社会化"现象进行分析，他在一系列著作中深入地研究了欧洲国家的社会建设。罗克坎并不仅限于弄清各社会阶层是何时获得选举权的，还致力于研究整个国家的"政治社会化"进程①，他既揭示了在普选之路上社会发展的总体性特征，又分析了从法国大革命到二战这一个半世纪里，西欧各国在发展过程中所体现出的特殊性，显然，这是一个漫长的历史过程。众所周知，在很长一段时间里，许多西欧国家都没有实现男女平权普选，例如法国和意大利实现于1945年，而瑞士更晚，直到1971年才实现。在一些国家中，男女平权普选是一战期间和战争结束后不久的这段时间里民众示威请愿的产物，例如，丹麦

---

① Rokkan S. Citizens, Elections, Parties, Oslo (Universitetsforlaget), 1970. *Nation-Buildig, Cleavage Formation, and the Stucturing of Mass Politics*, pp. 72 – 144 (особенно таблица 2. C. 84 – 85); Rokkan S. Citizens, Elections, Parties, Oslo (Universitetsforlaget), 1970. *Electoral Systems*, pp. 145 – 168.

和瑞典实现于 1915 年，荷兰实现于 1917 年，德国、奥地利、卢森堡和瑞典实现于 1919 年，冰岛实现于 1920 年，而英国和爱尔兰稍晚，分别实现于 1923 年和 1928 年。在其余的欧洲国家里，选举权则是逐渐地在女性公民中推广。此外，芬兰于 1906 年实现了男女平权普选，是欧洲最早实现的地区。而在罗克坎的著作中，芬兰是唯一单独进行分析的地区（在 1917 年之前，芬兰并不是一个独立的国家，而是俄罗斯帝国的一部分，由"芬兰大公"进行管理）。

和男女平权普选一样，在大多数的国家，男性公民的普选也是在一战后才实现的。但也有特例，例如德国（普鲁士）早在 1867 年就宣布全部男性公民可以参选，而地方的议会更是于 1849 年就实现了全体男性公民的普选。挪威的男性普选实现于 1898 年，奥匈帝国实现于 1907 年（选举制度仍有很大缺陷）。在本章中，笔者将专门分析德奥两国的情况，故在此不再赘述。此外，尽管丹麦政府于 1849 年就宣布全体公民都可以自由地参与选举，但据罗克坎的推算，在各种因素的限制下，实际获得选举权的公民仅为 14%～15%。而在 19 世纪中叶的英国、瑞典、荷兰、比利时、意大利、芬兰等两院制国家或地区，政府在公民的收入、占有的财富、纳税额等方面做出了种种要求，因此即使是许多男性公民也无法参与下院的选举。按照当时的规定，只有一小部分公民获得了选举权，罗克坎推算后认为，大多数国家的参选人数仅占总人数的 2%～15%。直到 20 世纪初，情况才有所变化，各国的选举范围开始出现扩大的趋势，但在 1905 年之前，全民平权的普选模式在大多数国家依然没有实现。

（二）西欧国家的政府和代议制

笔者书中所谈到的西欧，是位于德国、奥匈帝国和俄国西方的一些国家，其中不包括安道尔、摩纳哥、列支敦士登、圣马力诺、梵蒂冈等小国。这些西欧国家大多数是君主国，当然也有类似法国这样的共和国。在 19 世纪下半叶，大多数西欧国家的元首并不乐意受到议会等机构的限制，因此国家元首所代表的政府同议会之间常常爆发矛盾，只有英国在过去的一个世纪里表现得十分稳定。在某种程度上，英国的政府是由政党和议会共同组建的，而在其他国家里，国家元首则力主亲自来组建政府和任命各部部长

（大臣）。

总的来说，政体可谓是多种多样，有些国家的实权人物是首席部长，其称呼也各不相同，例如大臣会议主席、首相、国务总理、主席、宰相等，其任免是根据君主的意愿或议会的决议。在英国和法国的政体框架下，担任首相或总理就意味着成为实质上的国家元首。英国在光荣革命后，其制度在运行的过程中逐渐产生了许多不成文的习惯，也就是说，该国的政体是建立在这些习惯和传统之上的，而法国是在1875年大革命后的政治动荡和国家危机中逐渐建立起宪政体制的。在某些方面，作为君主国的比利时、意大利和西班牙与共和制的法国有着相似之处。在19世纪末20世纪初，荷兰国王逐渐丧失了自己在整个国家政体中的权力，成为真正意义上的立宪君主。同样，挪威王国自1905年脱离瑞典而独立后，国王的权力和地位也出现了类似的趋势。总之，在20世纪初，国家元首的作用越来越受到议会等机构的限制，而各部部长的任免同样在大多数情况下也是由议会决定的。

然而，在当时另一些西欧国家里，责任制政府尚处于发展之中，君主作为实际上的国家元首依然保留着很大的权力。此外，在20世纪初，葡萄牙和瑞典发生了议会和国家元首相互争权的现象，其中葡萄牙在1906～1908年间发生了大规模的政局动荡，葡萄牙国王卡洛斯一世也在这次动荡中饮弹身亡。因此，"责任制政府如何建立"和"国家元首当赋予哪些权力"成为当时各国面临的主要问题。

各部部长要么由国家元首直接任命，要么由国家元首委派的"首席部长"选任。部长的选任主要根据的是政治素养，因此那些"精明"但不称职的政客就被排除在外。按照规定，从议会中提名出任部长的人选需要有政府工作的履历，只有极少数的人不符合这样的要求。在责任制政府形成之前，部长们不需要对自己的政务活动负责，而这意味着，即使出现重大政治错误，各部部长和整个政府也无法被议会停职。但在建立起责任制政府的国家，各部部长在面临政治失误时就需要承担法律责任。此外，一些国家还设立了专门监督政府和各部部长的机构，确保他们能够各司其职。在几十年前，各部部长还被民众视为君主的鹰犬，可如今已经发生了许多重大的变化。按照大多数国家之前的法律，君主无须承担任何法律责任，而这个从中世纪流传至今的古老规定早已不合时宜，如若继续延续的话，势必会激起广大民众的不满，迫于此起彼伏的革命压力，各国君主只得接受了"王在法下"的要求，逐渐变为立宪君主。

在19世纪下半叶，西欧除了责任制政府的兴起，还出现了政党活跃的现象。通常每个政党都有自己的目标纲领，而这个纲领是他们在议会内外活动的指南。对他们而言，为了在议会中占有更多席位，必须在议会选举期间表现得十分积极，以此吸引更多的选票。然而，当时只有部分民众享有选举权，因此政党最初的活动只是在极小的范围内有针对性地展开。直到19世纪末，在各国选举范围逐渐扩大的趋势下，面向全社会的国家性政党才开始出现。一般情况下，每个国家都有不少大型政党，而英国例外，虽然法律规定任何合法政党都可以参与竞选，但在英国"两党制"的框架下，能够执政的只有两个大型政党。此外，各国内部基本上都存在民族、宗教和意识形态等方面的差异，而这些差异为建立各个方向的政党提供了基础。在20世纪初，政党的活动发生了些许变化，首先，在议会内，他们致力于组成政党联盟，以此对各部部长的任免施加影响；其次，在议会外，他们随着选举范围的扩大而逐渐变成了全国性政党，其社会群众基础变得更为广泛。

然而，当时出现了两个很明显的问题。首先是和选举制度的局限性有关，其次是在选举过程中出现的程序性问题。对此，罗克坎曾列举了几个与挪威有关的例子，但大部分是1919年之后的。

在19世纪70年代之前，几乎所有欧洲国家都不存在全国性政党，而社会民主党人却一反现状，在进入议会之前便将组建这种类型的政党提上日程。但这只是个例，当时大部分政党的党建顺序均与之不同，他们大多脱胎于议会内部的派系，直到19世纪末，在选举范围扩大的趋势下，为了获得更多的选票，他们才开始改组成全国性的政党，换言之，这些政党对选票的需求加强了。然而，无论是保守派还是自由派，都对组建这种全国性政党产生过怀疑，毕竟"政党"在当时有着不同于今天的负面意义，它意味着分裂和内斗，并且使人不由自主地想起罗马共和国的终结。相反，"协会"有着积极的含义，它被当时的人们理解为一种对社会有益的组织。因此，当时许多政党虽然披着"协会"的外衣，可实际上是一个有着明确意识形态作为指导的全国性政党。

全国性的政党出现后，它们开始全方位地考量各社会群体的利益。例如，社会民主党在组建之初，就考虑到了未来同工人运动联系的可能性。在19世纪下半叶，西欧各国的工人几乎都开始以英国为模板组建自己的工会，他们将罢工视为向资本家施压的手段，因此许多工会成员被认为是社会主义者。但实际上，当时的工会并非社会民主党的下属组织，在20世纪初，社会民主党人的革命主张甚至遭到了不少工会的反对，因为后者只是希望资本家能够让步，以此改善工人阶级的生活条件。

在民主文化席卷欧洲的20世纪初，工会的创建有着极为深远的历史意义，因为它为工人争取了一定的话语权。后来，工会的规模进一步扩大，这促使工人对自身在选举中的重要性有了更为清晰的认识，因此他们希望进一步扩大议会的代表性，以及增加自身参与解决社会问题的机会。同时，其他的地方性协会也发挥了类似的作用，例如"禁酒运动"就在当时颇有影响力。因此，这些率先以"代议制"标准组建的"民主党派"很快地适应了各国选举范围扩大的趋势，为更大规模的选举做好了准备。

三 奥匈帝国（奥地利）和德国的政体与代议制

俄德奥作为20世纪初著名的欧洲三大帝国，虽然表面上都是君主制政体，但实际上内部存在许多差异。之所以将俄德奥进行对比，不仅是因为他们都是帝国，而且是由于这三者在国家建构上有相似之处，同时，他们与西欧各民族国家都存在巨大差别。或许从民族国家的标准上看，三者中只有德国最符合，但该国历经了几百年的分裂，民族意识的形成远远晚于英法等国，甚至1871年德国的统一也被一些人认为是迎来了普鲁士的统治。

此外，由于任何一个国家内部都存在某些占据主导地位的民众，为了加强这部分民众在公共社会中的作用，民主改革的步伐必须与他们相协调，因此这使研究变得更为复杂。

(一)奥匈帝国(奥地利)

1867 年在奥地利历史上是一个值得纪念的年份,因为随着新宪法的颁布,那个曾经叱咤欧洲几百年的奥地利从此变为奥匈帝国,皇帝由原奥皇弗兰茨·约瑟夫一世出任。显然,这个由 11 个民族和 17 个省份组成的帝国行使的是二元制君主立宪制政体。帝国法律的编纂由法律委员会负责,同时这个委员会认为应当把各部大臣的责任纳入宪法之下,也就是组建责任制政府。这个构想的意义在于,在责任制政府的框架下,皇帝无法再独断专行,颁布的政令不仅要符合法律,还要经过大臣们的协商。在法律委员会的成员们看来,责任制政府和君主立宪对这个帝国来说是同等重要的,1867 年以来,他们便一直在讨论这个问题,但直到 1918 年帝国解体,这个目标也没能实现。

在奥匈帝国短短的 51 年里,1867 年宪法没有发生太大的变化。当年在 1848 年革命中建立的"奥地利议会"几经反复,甚至在 60 年代初,就其称呼和组建方式问题在奥地利的社会上掀起了一场大讨论。最后,皇帝赢了,1867 年所谓的"帝国两院"也正式建立了。而早在 1860 年 10 月,弗兰茨·约瑟夫一世就曾颁布诏书,他宣布改革要按照其本人意愿来推行,而不是依照宪法或法律[1]。根据皇帝后续的诏令,议会分为贵族院和众议院,但只有作为下院的众议院是由选举产生的。直到 1873 年,帝国政府才颁行了新的选举法。

根据选举法,议会两院的正式名称为"帝国议会",虽然在行政上仅有咨议权,但它被赋予了一定程度的立法权,以及参听两院议员关于内政、战务、财政等方面报告的权力。总的来说,两院中的议员均是来自帝国各地的"特殊"人物。当议会讨论重大法律条规时,这些议员享有否决权,尽管这部宪法是这个多民族帝国存在的基础,但其表现的二元性导致议会在做决策时很难实现一致[2]。

---

[1] Habsburgermonarchie, Die Habsburgermonarchie 1848 – 1918. V. 7: 1, Verfassung und Parlamentarismus. S. 148 – 154.

[2] Schöffer Peter Der Wahlrechtskampf der österreichischen Sozialdemokratie 1888/89 – 1897, Stuttgart: Steiner, 1986. S. 54.

对奥匈帝国而言，在51年里，"政府"实际上始终是一个十分"抽象"的概念。由于皇帝的集权性，整个国家不存在一个具有现代意义的"政府"。在宪法中，"政府"指的是国务活动和颁发政令的机构①。1860~1867年间，只有"奥地利议会"在运转，也就是说，这个机构在当时代替了原先的政府首脑委员会，而在此之前，政府首脑委员会由皇帝任命，并且和皇帝的关系十分紧密②。直到1867年宪法颁布后的第二年，议会才结束了这种"越权"行为，皇帝也终于做到了真正的集权，各部大臣和所有政府机构在法律上成为他颁行政令的工具③。

在原则上，皇帝可以随意地选任各部大臣④。当和别人谈到大臣时，弗兰茨·约瑟夫一世常常说道，"他们是朕意旨的化身"，也就是说，各部大臣都是由皇帝亲自任命的。但在制度的实际运行过程中，政府（或是说大臣内阁）的组建并非完全按照这个原则进行，首相在这个过程中也发挥了重要的作用。1900年，应弗兰茨·约瑟夫一世的要求，欧内斯特·冯·柯伯组建了以自己为首的内阁，而为了建立皇帝理想的大臣内阁，首相的候选者必须是那些在议会中有牢靠贵族基础的人。同时，议会中的各党派会有条件地相互联合，甚至经常指定某个大臣职位的人选。例如，捷克人希望教育大臣由捷克人出任，但这并不意味着他们的要求在议会中会被其他派系接受。柯伯曾试图取得中下层民众的支持⑤，为此，他不惜与自己的内阁争吵了四年之久，最终以谈判和妥协而告终⑥。对于皇帝而言，自己挑选的首相

---

① Habsburgermonarchie, Die Habsburgermonarchie 1848 – 1918. V. 7: 1, Verfassung und Parlamentarismus. S. 5207 – 5208.

② Habsburgermonarchie, Die Habsburgermonarchie 1848 – 1918. V. 7: 1, Verfassung und Parlamentarismus. S. 5187 – 5188.

③ Habsburgermonarchie, Die Habsburgermonarchie 1848 – 1918. V. 7: 1, Verfassung und Parlamentarismus. S. 5208 – 5209.

④ Schöffer Peter Der Wahlrechtskampf der österreichischen Sozialdemokratie 1888/89 – 1897, Stuttgart: Steiner, 1986. S. 56.

⑤ Kolmer G. Verfassung und Parlament in Österreich. Vol. 8 [1914], Graz: Akademische Druck-und Verlagsanstalt, 1980. S. 1 – 14.

⑥ Kolmer G. Verfassung und Parlament in Österreich. Vol. 8 [1914], Graz: Akademische Druck-und Verlagsanstalt, 1980. S. 334 – 341, 498 – 574, 596 – 617.

不仅要出自议会，而且还要在担任首相后给议会提出一系列重要且有价值的问题。但是，和前任首相们一样，柯伯也没能长期掌权。毕竟但凡出任首相的人，都必须精通政治艺术，并能够和议会中的派系周旋，但显然，既有能力又有精力的人寥寥无几。

在奥匈帝国宪法中，首相日常的职权，以及"组阁"过程中政党的作用均没有明文规定，只有当国家进入紧急状态时，他们的行动才有明确的宪法依据。一般而言，首相在政治中的领导性作用是毋庸置疑的，就像德国的宰相那样，但是，复杂的民族情况使奥匈帝国的政治极为敏感，首相的作用因此被削弱了。除内阁以外，奥匈帝国还组建了一个体现二元君主制特点的"大臣联席委员会"，并由外交大臣领导。这个委员会负责内莱塔尼亚①和匈牙利的日常政务②。因此，在这种复杂的机构设置下，首相在许多政务上无法直接插手，于是，首相只得向皇帝表达自己的想法，并希望后者替自己解决。

内莱塔尼亚的大臣不同于原先奥地利帝国的大臣，总的来说，所有的二元君主制国家都面临一个问题，那就是谁对议会负责，而这也反映出二元君主制国家的责任制政府尚未完全建立。如果这样的政府建立，就意味着大臣需要对议会负责，而无论是上院还是下院，都可以对任何大臣提出弹劾，并交由可以独立行使司法权的国家法院进行审判。这就是为什么即使对大臣的弹劾是出于政治目的，议员们也会使用法律手段③。

正如上文所述，奥匈帝国的议会分为贵族院和众议院。贵族院的实质是与世袭贵族们妥协的产物，其成员与政府有着千丝万缕的联系，其中还包括一些出身极为高贵的人，例如成年的皇太子，帝国的法律中写道："皇帝授予'拥有尊贵血统的伟大领袖'世袭的贵族院议员职务。"此外，其余人均

---

①　奥匈帝国中奥地利等地的别称，位于多瑙河支流莱塔河以西，包括历史上的奥地利、波希米亚、加利西亚、达尔马提亚、萨尔茨堡等地。——译者注

②　Habsburgermonarchie, Die Habsburgermonarchie 1848 – 1918. V. 7：1, Verfassung und Parlamentarismus. S. 209 – 210.

③　Habsburgermonarchie, Die Habsburgermonarchie 1848 – 1918. V. 7：1, Verfassung und Parlamentarismus. S. 210 – 211.

为贵族院的终身议员。显然，这个群体成为两院中的保守派，同时，他们也是帝制的支持者①。

和贵族院不同，众议院由选举产生，因此它也被视为"人民的议院"。在 1873 年之前，内莱塔尼亚各地的地方议会还没有开展选举活动，众议院中的议员全部来自全国选民的直选。然而，众议院的选举也是存在限制的，政府将获得选举权的选民划分为四个"选民团"。1873 年，政府围绕是否组建工人选民团的问题展开讨论，但由于弗兰茨·约瑟夫一世本人的反对而最终没能实现。四个选民团分别为地主和纳税户选民团、市民选民团、工商业协会选民团和村镇神职人员选民团②。此外，从 1895 年起，还成立了一个"普遍选民"的选民团。在 1893 年的选举中，社会民主党人提议要在全体成年男性公民里实现普选，并建议政府进一步改革，但这些要求直到 1907 年才实现③。

在不同地区的议会中，每个选民团所占有的席位是不同的。平均而言，地方议会中的 1 个席位代表了 64 个大地主、26 个商人、4185 个市民、12290 个农民④。但是这些数字只是平均数，如要分析某个省份，还需单独研究该省的数据。在帝国的 17 个省级区划里，维也纳是一个特例，毕竟该城人数众多，是全国最大的城市，但由于选民投票率及其政治化程度等加剧了选民人数与议会席位数比例的差异，因此维也纳在议会中所占据的席位数量与它的人口并不相符。

相比于其他国家，奥匈帝国政府对政党在议会内外的活动并没有太多戒备，他们的许多活动都是合法的。1867～1918 年间，每当议会进行立法活

---

① Habsburgermonarchie, Die Habsburgermonarchie 1848 － 1918. V. 7：1, Verfassung und Parlamentarismus. S. 220 － 221.

② Schöffer Peter Der Wahlrechtskampf der österreichischen Sozialdemokratie 1888/89 － 1897, Stuttgart：Steiner, 1986. S. 57 － 65.；Habsburgermonarchie, Die Habsburgermonarchie 1848 － 1918. V. 7：1, Verfassung und Parlamentarismus. S. 216 － 219.

③ Schöffer Peter Der Wahlrechtskampf der österreichischen Sozialdemokratie 1888/89 － 1897, Stuttgart：Steiner, 1986. S. 459 － 469, 486 － 499, 537 － 548.

④ Habsburgermonarchie, Die Habsburgermonarchie 1848 － 1918. V. 7：1, Verfassung und Parlamentarismus. S. 219 － 220.

动时，其中的"俱乐部"总能发挥重要的作用。这是由于内莱塔尼亚只是这个多民族帝国的一部分，因此议会中争取民族权利和自由的斗争显得格外激烈。此外，正当帝国被民族问题弄得焦头烂额时，意识形态问题又逐渐浮出水面。1874年，社会民主党开始活动；1885年，基督教社会党和德意志人民党成立；1897年，又出现了德意志进步党。除德意志人民党之外，这些后续组建的政党都有各自的意识形态理论，但他们以此为基础解决当时那些与国家利益有关的问题时又显得十分蹩脚。结果，只有社会民主党在其意识形态理论的指导下建立了一个庞大的组织机构。对于普通的选民而言，务实地从各种角度替人民表达需求显然更具吸引力，因此，意识形态在当时的环境下无法发挥决定性作用。显然，尽管议员们不会仅仅站在国家的立场上思考问题，但他们的确与国家立场有着千丝万缕的联系。他们的活动既有国家立场的影子，又带有鲜明的意识形态色彩，因此他们的活动多种多样，难以预测。作为一个多民族国家，其议会内部的民族立场也是各不相同，其中包括日耳曼、捷克、波兰、斯洛伐克、乌克兰、意大利等，当然，这些不同民族议员的另一个身份或许是自由主义者、社会主义者，但在这种环境下，他们表现出的民族主义比其他任何意识形态都强烈。这也就是为什么和其他国家的议会相比，奥匈帝国议会的政治光景全然不同①。

在19世纪末20世纪初，为了解决议员们共同关心的问题，帝国政府试图做出更大的努力，以此制止在民族和意识形态问题上的分歧。开启第五届选民团选举就是帝国朝这个方向所迈出的第一步。在选举前，选举资格做出了调整，又有500万居民获得了选举权。然而，选民虽然增多了，但议会席位依然不变，因此，选民不得不用更多的选票将自己利益的代言人送进议会，这使得该次选举对选民的吸引力和影响要比之前小得多。

（二）德国

众所周知，男性公民普选早在普鲁士组建北德意志邦联时就已经实现

---

① Habsburgermonarchie, Die Habsburgermonarchie 1848 – 1918. V. 7：1, Verfassung und Parlamentarismus. S. 226 – 235（схемы 1 – 4 в добавлениях тома 7：1）.

了，在德意志第二帝国建立后，德国全境的男性公民都享受到了该权利。从国家构成上看，北德意志邦联是由一系列德意志邦国组成的，而后来所谓的《德意志帝国宪法》也只不过是在《北德意志邦联宪法》的基础上修改而成的。1871，邦联被帝国取代，而威廉一世也从邦联主席摇身一变，成为帝国的皇帝①。

德意志帝国的议会分为帝国议会和联邦议会，这两者在议员选任方式上存在很大的差异，而且普鲁士在议会中有着决定性作用。此外，普鲁士的男性公民选举虽然是普遍的，但并不是公平的，因为政府依照社会阶层将选民进行了划分，而这正是选举制度的基础②。

根据法律，帝国设立了一个特别委员会，以确保每一个邦的代表性和在议会中的影响力。然而，在联邦议会的 58 个席位中，普鲁士占据了 17 个，剩下的 24 个邦一共仅占 41 个，这样的席位设置实际上是为了保证普鲁士的领导地位，以及在军事、立法、关税等方面的决定性作用，而且这种情况在当时的法律下是无法做出改变的。这意味着，联邦议会作为德国的"上议院"，在整个帝国政治中相当于一个极为特殊的机构，而充斥着激进派的帝国议会只是起了辅助作用，并且在得到德皇同意的情况下，联邦议会有权将后者解散③。

同时，在帝国体制下，议会的另一个特征在于其权力的有限性。在处理重大问题时，最终的决定权在于皇帝，而不是议会。首先，皇帝掌有最高军事指挥权和任命权，其次，还掌有外交大权，而无论是议会还是宰相，在没有皇帝授权的情况下，都不能对这些问题擅作主张。而在内务工作上，宰相则是头号人物，一切关于民政事务的文件都需要他的盖章确认。1878 年，帝国建立了最高权力机构，这意味着德皇试图规范宰相的活动。从 1900 年

---

① Gebhardt Handbuch der deutschen Geschichte, 9th ed. T. 3. Stuttgart: Union Verlag, 1970. S. 224 – 231.

② Kühne T. Dreiklassenwahrrecht und wahlkultur in Preussen 1867 – 1914. Düsseldorf: Droste, 1994. S. 419 – 492.

③ Gebhardt Handbuch der deutschen Geschichte, 9th ed. T. 3. Stuttgart: Union Verlag, 1970. S. 224 – 231.

起，普鲁士邦任命了几位国务秘书充当联邦议会的常务委员，此举的目的在于进一步加强普鲁士与议会之间的联系①。

由此可见，议会在德国的作用是有限的。在德皇和宰相的阴影下，它的职权被限制在了立法领域，虽有提案权，但需要批准。同时，议会还掌有政府预算权，但在 20 世纪初，它控制了帝国的财政权。

当然，除此之外，议会还有一项十分重要的权力，即和德皇一同协商选任宰相。虽然这个权力并不是制度化的，且很大程度上取决于德皇对议会的态度，但它在一定程度上体现了分权制衡，这种"协商选相"的情况在德意志第二帝国的政治生活中可谓是屡见不鲜。没有了议会的支持，宰相便很难行使权力，这是因为议会在立法领域的地位十分重要，它可以宣布废止法律或者在政府预算上给宰相制造麻烦。这也就是为什么德皇总是挑选那些得到议会中多数议员支持的人出任宰相。但是，责任制政府尚未建立，以及宰相只对德皇负责的情况使得议会和宰相之间的关系时好时坏。对此，宰相是心知肚明的，他清楚地意识到了自己与议会关系的不确定性和不稳定性或许会带来无尽的麻烦②。

在帝国的政府中，一些常规部门是不存在的。这是由于德国作为一个联邦制的国家，境内的任何一个邦国都可以拥有处理己邦内一些事务的部门，以及相应的大臣，而柏林对此无法进行干涉，因此也就不能设立相应的部委和大臣。此外，自 1871 年的凡尔赛宫镜厅加冕以来，中央政府中只有"外务办公室"，领导该部门的是所谓的"国务秘书"，直到后来才正式设立了外务部。1877 年，德国成立了"帝国司法办公室"，随后于 1879 年成立了"内务办公室"，1889 年又成立了"海军办公室"。在 1907 年之后，特别是在一战期间，又陆续设置了许多这样的"办公室"。从实际工作运转上看，

---

① Wehler H. - U. Das deutsche Kaiserreich. Göttingen: Vandenhoeck & Ruprecht, 1977. S. 60 - 73. ; Nipperdey Th. Grundprobleme der deutschen Parteigeschichte im 19. Jahrhun dert // G. A. Ritter (ed.), Deutsche Parteien vor 1918, Köln: Kiepenheuer & Witsch, 1973.

② Wolfgang J. M. Der autoritäre Nationalstaat. Verfassung, Gesellschaft und Kultur des deutschen Kaiserreiches. Frankfurt/M: Fischer, 1990. S. 39 - 65, 287 - 315.

这些所谓"帝国办公室"的长官在处理政治问题时都没有决定性的权力。这是因为他们仅仅是办公室,不是部委,而作为长官的"国务秘书"实际上只是宰相的下属,只有宰相的意见才能代表官方。

当然,宰相并不是议会中某个政党的代表,他只是帝国官僚队伍中最有权威的那一个。宰相由皇帝任命,而不是由议会直接推选,并主要负责国家的内务工作。后来,宰相的权力受到挑战,这是由于议会权力太少,大多数人因此反对政府,故迫使宰相对议会负责,也就是说,议会试图将权力伸向官僚领域,但最终在德皇的示意下,宰相解散了议会,而这使得议会和宰相的关系产生了难以挽回的裂痕。

相比于帝国的其他官员,宰相的地位变得越来越重要。在处理内政上,宰相的权威是毋庸置疑的。而在军务和外务上,虽然宰相没有决定权,但其位置相当于皇帝的特殊顾问。

在德国,皇帝的身边围绕着各色各样的官僚。众所周知,普鲁士的官僚以极高的素质而享誉世界。但有一个现象十分引人注目,正如德国史学家汉斯-乌尔里希·维勒所记载的那样,在政治捭阖中,那些"自由派"官员逐渐失势,他们要么被迫去一些卑微的岗位上工作或成为律师,要么则被彻底革职,失去工作。相反,那些"保守派"官员在政治上则是一帆风顺①。

国务秘书并不是什么特别重要的官员,无论是在政党,还是在议会,甚至在自己的办公室中都没有全权。当然,他们也不对议会负责。在19世纪末,他们当中的一些人被普鲁士邦选派进联邦议会充当议员。此外,他们无须承担任何法律责任,所以这些国务秘书即使出现重大政治错误,也无法被议会弹劾。

当然,在政治中,也少不了政党的身影。在19世纪末,大批的政党在德国诞生了,在此当中,最有影响力且最富有经验的当属社会民主党。到20世纪初时,该党人数已经超过了30万人②,而在帝国崩溃的前夕,也只

---

① Wehler H. - U. Das deutsche Kaiserreich. Göttingen:Vandenhoeck & Ruprecht,1977. S. 72 - 78.

② 1906年大约为384000人,1907年大约为530000人。(Nipperdey Th. Die Organisation der deutschen Parteien vor 1918. Düsseldorf:Droste,1961. S. 319.)

有该党保持了广泛的代表性。此外，还有一些成分阶层较为单一的政党，例如（天主教）中央党，该党曾称自己不愿成为真正意义上的政党，也不愿意给议会提名自己的候选人；还有一个被称为"帝国协会"的小组织，它曾和"德意志海军协会"一同反对社会民主党。总之，在德国，有时很难区分这些"协会"和"政党"之间的异同①。

在德国的政体中，另一个十分重要的特点体现在帝国联邦制的设计上。按照1871年的《德意志帝国宪法》，普鲁士邦在整个帝国中占有最为重要的地位，例如德皇同时也是普鲁士的国王，而宰相不仅是帝国的"外交大臣"，也是普鲁士的大臣会议主席。此外，普鲁士的这些部门在法理上隶属于国王，而不是德皇，甚至帝国的缔造者——"铁血宰相"俾斯麦也主张普鲁士国王的权力在邦国内应当至高无上。由此可见，普鲁士尽管只是帝国的一个邦，但其各部大臣并不隶属于帝国的国务秘书②。

在普鲁士的各部门中，工作着兢兢业业的官员，而这些官员也有其特殊之处。首先，任职于"王国两院"的议员在处理某些事情方面能够发挥较大的作用；其次，尽管上院中大多数议员是容克地主贵族，但是他们往往成为一些议会中的"少数派"；最后，他们在下院虽然人数较少，但影响力较大，所以同样也占据着优势。在议会内，他们的活动特点可以概括为：持不同立场的议员在谈判时相互妥协，最终在某个问题上达成各自都相对满意的共识。他们还时常对政府行为发出抗议，主张建立一个更加民主的机构。因此，议会的这一立场使宰相感到十分恼火，他指出，普鲁士议会不是"帝国的联邦议会"，并且还曾强行调整了议会的一项决定，而普鲁士议会也不甘示弱。同时，尽管这个由397人组成的议会中有236人同时也是"帝国两

①　Griessmer A. Massenverbände und Massenparteien im wilhelminischen Reich. Zum Wandel der Wahlkultur 1903 – 1912. Düsseldorf: Droste, 2000.

②　Mann B. Zwischen Hegemonie und Partikularismus. Bemerkungen zum Verhältnis von Regierung, Bürokratie und Palament in Preussen 1867 – 1918 // G. Ritter (ed.), Regierung, Bürokratie und Parlament in Peussen nd Deutschland von 1848 bis zur Gegenwart. Düsseldorf: Droste, 1983. S. 76 – 89.

院"中的议员，但他们还是坚决保卫普鲁士与帝国的泾渭界限①。

　　在过去的 30 年中，德国政党在议会中的作用问题一直存在争议。德意志帝国的政体可以简单地描述为"半专制制度"或"标榜宪政"，因此，汉斯－乌尔里希·维勒反对将"普鲁士模式"理想化②，这种观点在提出时只赢得了一小部分学者的支持③。但多年以后，他们的这种批判性的历史评价在史学中逐渐占据了上风，而维勒当年的反对者们如今也未必对德国的这种标榜民主心存好感，他们开始把更多的精力放在理解"专制主义""恺撒主义""独裁主义""波拿巴主义""半专制"等概念本身上，但这样或许会更难理解皇帝与宰相之间，以及宰相和议会之间的真实关系。此外，在德国政体中，议会并不是一个完全位卑权轻的机构。例如，非普鲁士邦的议员曾试图在议会中废止一系列只对普鲁士有益的税务（但这需要用其他的税务所代替），为了实现这个目标，各邦议员有必要充分利用议会，发挥其在立法上的作用。这就是议会的作用逐渐加强的原因，并且随着时间的推移，中央党和民族自由党等中间派之间相互理解，在某些方面达成了共识，因此他们在议会中的作用也越发凸显。而议会中的保守派在很大程度上支持政府，遵守其政策方针。社会主义者在议会中显得势单力薄，他们在各派眼中都被视为一群"无法联合"的人，直到 1907 年后，这种情况才有所改观④。

---

① Mann B. Zwischen Hegemonie und Partikularismus. Bemerkungen zom Verhältnis von Regierung, Bürokratie und Palament in Preussen 1867－1918 // G. Ritter（ed.），Regierung，Bürokratie und Parlament in Peussen nd Deutschland von 1848 bis zur Gegenwart. Düsseldorf：Droste，1983. S. 81.

② Wehler H. － U. Bismrck und der Imperialismus. Köln，1969.；Wehler H. － U. Krisenherde des Kaiserreichs 1871－1918. Göttingen：Vandenhoeck & Ruprecht，1970.；Wehler H. － U. Das deutsche Kaiserreich. Göttingen：Vandenhoeck & Ruprecht，1977.

③ 维勒用"伪立宪的军事君主制"来形容当时的德国，并认为许多方面都体现了这个特点，其中包括帝国的国内外政策以及德国发展方式的特殊性。然而，这些问题不在笔者的研究范围内，故在此不加以赘述。维勒的这一主张后来又得到了沃尔克·博格翰和汉斯－尤尔根·普勒等人的赞同。

④ Zwehl K. Von Zum verhältnis von Regierung und Reichstag im Kaiserrech（1871－1918）// G. A. Ritter（ed.）. Regierung，Bürokratie und Parlament in Preussen und Deutschland von 1848 bis zur Gegenwart. Düsseldorf：Droste，1983. S. 90－116.

由此可见，在德意志帝国存在的 40 余年里，"标榜民主"受到了来自议会制度和民主思想的强烈冲击。然而，议会在立法和预算领域内步履蹒跚式的前进并不能使皇帝和宰相的地位发生根本性的改变，在讨论政府行政问题时，议会依然没有发言权。换言之，议会职权的"扩大"，也仅仅是对国家的间接影响扩大，例如与官员们的关系变得更为复杂，宰相的选任也要参考议会的态度等。总体而言，议会在德国的政体下成为专制制度的附庸，在许多领域内反而强化了中央政府的权力，而"人民"很少有机会能够派出自己的代表进入议会。皇帝是一切事务的唯一的最后裁定者，这个权力对皇帝而言是极为重要的。从某种程度上说，皇帝就是"全德意志之神"，这并不夸张，因为皇帝掌握着外交和军事等一系列大权，这意味着他的旨意决定了国家是战是和的命运。在军队中，将军可以直接上书皇帝，而皇帝不仅操执着总司令之职，还充当了"国防大臣"的角色。

同时，国家的非制度结构中充满了许多"德意志元素"。例如容克贵族，他们不仅是大土地所有者，而且还是贵族传统的支柱，并在议会中组建了自己的派系，即"地主联盟"。这个群体构成了议会，乃至全社会中最保守的阶层，所谓"地主联盟"只不过是他们捍卫自己利益的工具，但在当时的环境中，他们强硬的保守主义态度适应了资本主义的发展。同时，天主教的温和保守主义立场也适应了 19 世纪末德国政治斗争的状况，因而形成了自己的政党，即上文提到的"（天主教）中央党"。此外，资产阶级自由主义者同样也有着深厚的党派活动经验，其历史可以追溯到 1848 年，因此他们组建的"民族自由党"以拥有良好的组织水平而著称。与这些政党相比，社会民主党就显得相形见绌了，因为受到来自政府的限制，他们在德国政坛中的活动并无太多可圈可点之处。

政党作为一个表达思想和利益的平台，无法用一个泛化的概念进行叙述，但对于它们而言，在一件事上的意见是统一的，那便是确保追求各自的目标和保证自身在德国政坛中的活动始终合法。对于选民而言，他们有很多种选择，每个公民都有机会选择一个代表自身利益的政党，总体而言，在这个过程当中并没有出现太多的冲突。然而，直到 1907 年，妇女在政治中依然无权发声。

当时德国主要的政治矛盾在帝国各邦之间，与其他一些欧洲国家相比，地方自治问题反而是次要的。除普鲁士以外，其余各邦的政府几乎都认为自己是柏林的"仆人"。

德国的普通民众似乎更关注自身所处地区的政治局势和协会情况。从19世纪中叶开始，德国社会的分化趋势越发明显，协会也进入了蓬勃发展的阶段，其中工人组织和工会就是最重要的协会之一。对于其中的成员而言，组织的建构是十分重要的，因为他们在这里有权在涉及自身利益的问题上投票，并发出自己的声音，而一个良好的组织结构和程序能够让成员在一次次的投票和讨论中逐渐熟悉"民主程序"。在德国，这种组织模式在各个协会中十分常见，而这意味着19世纪中叶德国在开启民智之路上正大踏步地前进着①。

当然，这些特点并不是只出现在下层社会中，在19世纪末，几乎出现在了德国社会的各个阶层中。无论是大资本家还是中小个体行业业主，都很快地找到了代表自身利益的组织，例如德国工业中心联合会。毫不夸张地说，在19世纪末20世纪初，德国社会已经形成了一个庞大且繁杂的组织网络，这些组织在代表性上涵盖了德国社会的各个阶层。此外，相比于国家机构，这些组织在建构上似乎更合理且更有条理性。

四 与俄国的对比

与西欧国家相比，19世纪的俄国在政府体制和公共行政部门的改革中明显落后了。在西欧国家，许多新机构对国家元首的权力加以限制，从而保证了宪政。自法国大革命以来，"绝对权力"的鼓吹者受到了革命的挑战，欧洲接连发生了反专制的斗争。此外，19世纪的另一个趋势是资本主义经济和个人主义的发展。从经济角度看，资本主义经济发展的条件之一是能够

---

① Langewiesche D., Klaus Schönhoven (ed.) Arbeiter in Deutschland: Studien zur Lebensweise der Arbeiterschaft im Zeitalter der Industrialisierung. Paderborn: Schöningh, 1981.

稳定地预测投资活动的收益结果，而专制政府的政策带有很强的主观性和随意性，这显然与前者所希望的环境背道而驰，因此只有在法律的监管下，来自统治阶层的随机性和不确定性因素才能减少。这种理想的模式被称为"法治"或"宪政"，根据这种理论，立法权、行政权和司法权必须分开，不得由一人或一个机构全部执掌。在19世纪，随着资本主义经济的发展，这些理想在资产阶级自由派和一些贵族中越来越受到欢迎。而到了19世纪的下半叶，工人们通过组织工会和发动工人运动的方式表达了自己的"理想"，即社会主义、平等和财富再分配。

工业革命走出西欧后，欧洲的其他国家也纷纷进入了工业时代，其中包括北欧（挪威、瑞典、丹麦）、南欧（意大利、西班牙）和东欧的俄国。中欧的德国在工业赛跑中是当之无愧的领先者，在19世纪中叶，德国已经拥有了好几家超过1万名工人的大工厂，而俄国直到90年代才出现了这样的工厂。然而，俄国自改革后资本主义发展速度很快，1905年时，不仅在莫斯科和圣彼得堡，甚至许多亚俄地区的城市也发展成了工业中心。

与欧洲其他国家相比，俄国的大资产阶级似乎没有什么不同之处。同世界上所有的资本家一样，俄国的资本家也夜以继日地思考着如何投资可以利润最大化，并且可以继续扩大再生产。但俄国与西欧在制度上存在一个根本的区别，即俄国的沙皇专制制度，而这导致了双方的资本家在某些方面存在明显的差异。在俄国，沙皇拥有无限的权力，地方政府在这种无限权力的阴影下战战兢兢，万事都需请示中央。在权力特点上，地方政府一方面是中央政府（特别是内务部）的"派出所"，另一方面又是沙皇权力在地方上的代表。此外，地方自治局的领导通常来自贵族家庭，与政界有着密切的联系，并且和保守派贵族不同，他们中的大多数人不仅秉持着自由主义立场，而且开始以资本主义的方式经营农业，因此他们在思想信仰上也越发地和传统贵族分道扬镳。

在对待工人阶级方面，尽管一些西欧国家赋予了一些工人选举权，但从总体上看，他们和俄国政府一样，都是心存戒备的。在俄国，各级工人代表中包括了许多农业工人，但他们仍被官方划分为"农民"。

在下文中，笔者把对俄国和西欧在 1905～1907 年间的发展特点进行的比较分析总结成了以下几点。

（1）相比于俄国前两次的国家杜马选举，同时期的西欧国家议会选举在选举范围上更广。同时，尽管西欧国家都没有实现男女平权普选，但许多国家在男性公民中实现了普选，而俄国在这两点上都没有做到。此外，根据当时的选举制度，作为下院的国家杜马在选举程序上与西欧的截然不同，而且国务会议的选举过程也略显旧态。

（2）在西欧的所有国家，立法权几乎毫无例外地掌握在议会手中。而国家元首的权力极为有限，且常常受到其他部门部长（大臣）的制约。但在俄国，国家杜马仅在立法领域对沙皇有微弱的限制。

（3）在西欧国家，政府不是国家元首意志的产物，它的权力在法律中是得到确认的。另外，一些国家的最高元首会任命一位得到议会支持的领导人，并赋予他选任部长或组阁的权力。然而，在俄国，沙皇的权力依然保留，各部大臣均由其一人任命。因此，从法律所规定的权力上看，所谓的大臣会议主席并非西欧式的"总理"。同时，其他大臣的职权也从未得到过法律的确认。

（4）当时的欧洲各国在政府中几乎都设立了"总理"的职务。俄国也于 1905 年设立了在职务和作用上类似的"大臣会议主席"。但实际上，在历任大臣会议主席中，只有斯托雷平成为真正的政府领导者。

（5）到 1905 年时，西欧各国几乎都建立起了责任制政府（首先是在英国），其特点是议会在政治中的影响力剧增，政府重大决策实施与否的问题几乎总能在议会中引起争论。

（6）在西欧国家的议会中，共同利益和意识形态驱使议员们组成不同的派系。除了极少数国家以外，议会的活动越来越受到这些组织或政党领导人立场的左右。而在这一点上，俄国的国家杜马与之非常相似。

（7）在许多国家，"政党"一词不仅用来形容议会团体，而且被广泛用于那些开始面向全社会的组织或协会，即所谓的"全国性的政党"。但在 1905～1907 年间，这类政党大多还十分"年轻"，而且与议会内派系的联系也很微弱。在俄国，全国性政党的形成刚刚起步，并且和西欧国家一样，全国性政党与国家杜马中的派系也只存在一些非制度性的联系。

（8）在西欧国家的议会选举期间，绝大多数的政党可以自由地进行宣传活动，但在个别国家中，一些政党的活动因被政府视为有颠覆国家政权的嫌疑而遭到查封或禁止。而在1905～1907年的俄国，受到过这种"待遇"的政党有社会民主党和社会革命党，但在第二次国家杜马的选举中，政府默许了这两党的活动。

（9）1905年时，在西欧国家的议会中已经出现了政党派系之间联合的现象，即"政治联合集团"，因为这样可以增强自己在议会中的力量，成为议会中的"多数派"。同时，大多数政党也以此来宣传自己的理论和立场。当一个政党或派系的诉求无法在"集团"中得到回应时，他们会选择脱离，并单独行动。此外，当时的西欧国家已经出现了"女权运动"，并产生了相应的组织。同样，20世纪初的俄国也出现了类似的"集团"，在选举中，他们积极地宣传自己的主张和立场。但在形成之初，这些"集团"与政党的关系往往不是十分明确和稳固。后来，在日俄战争屈辱的和约以及圣彼得堡"工会联盟"积极活动的影响下，这种关系才逐渐变得稳定下来。

（10）西欧的教会有着悠久的传统，他们是传播集体观念的重要工具，并为近代民主文化的发展做出了铺垫性的贡献。然而，俄国历史上从未出现过像卫理公会、浸信会这样的教会。于是，社会民主党和社会革命党的活动填补了俄国的这一空白，因为这两党用了近20年的时间组建了完备的地方党组织，完全代替了教会的作用。此外，在20世纪初，各种政党如雨后春笋般地在俄国出现，形成了一股"风暴"，许多居民将政党的意识形态与自身切实利益结合在了一起，并且在政党活动中体验到了"民主"。

（11）在西欧国家的历史上，自中央集权体制建立以来，地方政府就始终是中央不可分割的一部分。而地方自治在俄国却有着悠久的历史传统，在亚历山大二世的改革中，传统的地方自治中加入了新的自治机制，但引发了争议。后来的亚历山大三世和尼古拉二世均对这种自治体制进行了限制。然而，地方自治局的存在保护了地方自治运动支持者们的利益，并在解决一些地方事务时发挥了重要作用。在过去的史学研究中，地方自治局的作用常常受到学者们的忽视，因为他们认为大多数地方自治局的成员是由政府任命的，而非选举产生的。但若从他们的活动上看，他们为地方居民政治意识的形成做出了巨大的贡献。也就是说，这些地方自治局的精英促进了地方自治运动的发展。

这 11 个对比表明，俄国的民主发展程度与西欧不同，即使是那些经济发展不如俄国的西欧国家，在民主发展上也是领先于俄国的。但是从整体上看，俄国与西欧之间的差距被过分夸大了，其原因有两点，首先，世纪之交的俄国在社会经济领域飞速发展，1905~1907 年间的俄国与 19 世纪末相比，可谓是发生了翻天覆地的变化，因此学者们在研究这段历史时，常常关注经济领域，但也正是在这两年里，俄国的民主化进程得到了快速的发展。其次，当西欧的民主进程持续推进时，俄国的民主化却被"六三政变"打断，罗曼诺夫王朝后续的专制政策使得许多学者忽略了这短暂的民主成就。在许多问题上，俄国同西欧一样都没有解决，例如普选权。尽管俄国第一次国家杜马选举在制度上与西欧相比稍显过时，但并不是全面的落后。在西欧国家，政府的权力受到议会的制约（这两者同样都受到法律的限制），政府无法决定自身的财政预算，这体现了政府对议会负责的原则。此外，在国家元首的权力方面，二者的差异更是显著。在西欧，君主至高无上，大臣们为其仆人的神话早已破灭，但在俄国，沙皇依然保留着绝对的权力。

前六个方面的比较分析表明，1905 年西欧任何一个国家都仍处于民主建设阶段。因此，俄国没有建立完备的民主制度也就不足为奇了。在民主化的程度上，俄国政府只是在一定范围内在旧政体中加入了一些民主元素。

后五个方面的对比分析表明，和西欧国家一样，世纪之交的俄国居民也逐渐开始熟悉"新时代"的政治生活，而且这场"社会革命"推进速度极快。尽管俄国在民主化方面没有像西欧那样的传统优势，但事实证明，在 1907 年之前，二者在民主构建的大致方向和模式上没有本质的区别。

尽管俄德奥三国的民主发展各不相同，但他们之间存在许多共同特点。首先，这三个帝国的内部都有着很强的"异质性"，帝国各部分与中央政府的关系也不尽相同。其次，帝国各地区之间也存在地位上的差异，尽管这些地区大多位于国家的边疆。奥匈帝国的主体是奥地利和匈牙利，在地位上是大致均等的，奥皇只是充当了联系二者的中介桥梁。而在俄国，除了芬兰以外，沙皇是其余各地区公认的合法君主。因此，相比于欧洲其他国家，只有俄国的沙皇做到了对全国各个角落的绝对掌控。

帝国内部的"异质性"导致三个帝国的中央政府无时无刻不在考虑如何处理区域或民族矛盾。例如，在1871年德国统一后不久，国内竟形成了一股"反普鲁士"的情绪；在奥匈帝国，中央政府为了处理捷克人、意大利人、塞尔维亚人等少数族裔的民族解放运动绞尽了脑汁；而在俄国，这样的例子更是数不胜数。就后者而言，中央在治理欧俄和亚俄时，采取的措施有所不同，造成这种差异的原因与当时的法律规定有关，当然，最重要的原因还是在于帝国的领土过于广袤。受工业革命的影响，铁路、电报等的大量出现对这三个帝国的统治无疑产生了重要的影响，特别是对幅员辽阔的俄国。

在法律建设方面，20世纪初的奥匈帝国和德国的法律体系都比俄国健全。同时，在德奥两国中，各地区也有自己的法律，这是基于内部自治的原则。而在俄国，只有具备自治权的芬兰才有自己的法律。1848年革命后，中欧地区的君主主义受到冲击，奥地利帝国迫于压力制定了宪法，而德国在1871年统一的4年前也颁布了宪法，但俄国在当时除芬兰，还没有真正意义上的"宪法"。

根据以上的对比分析，笔者总结出了11个结论。

（1）在选举制度方面，德国自统一以来就实现了男性公民普选。在德国，决定选举权是否扩大的机构是"帝国两院"，后来这个问题逐渐成为普通民众在日常生活中最关注的政治话题，而选举权扩大的同时伴随着地主议员在议会中的行动受限。奥匈帝国和俄国的选举制度分别创立于1867年和1905年，并且二者有着许多共同之处。例如，两国的选民都被划分成了几个"选民团"，在拉丁语中都称为"curia"（库里亚），并且其中都包括"地主""市民"选民团，此外，奥匈帝国还存在两个特殊的选民团，即工商业协会选民团和"普遍选民"的选民团。而在1906年俄国第一届国家杜马选举期间，还存在一个"工人选民团"，这是根据 1905 年 12 月 11 日选举条例对另三个选民团的一个补充。此外，维也纳的贵族院和圣彼得堡的国务会议作为两国的"上院"也有一些共同之处，即二者都有"钦点"的成分。奥匈帝国的贵族院议员均出身贵族，而俄国的国务会议采取了选举和提名相结合的方式，由选举产生的议员代表了某些社会群体的利益。

（2）罗曼诺夫王朝、霍亨索伦王朝和哈布斯堡王朝是当时欧洲著名的三大"神圣家族"，他们在欧洲有着无与伦比的影响力。然而，尽管德皇和奥皇都鼓吹自己是全国万事万物的主宰者，但事实并非如此。在奥匈帝国，弗兰茨·约瑟夫一世的权力受到许多方面的限制，他曾写道，"朕的所有决定都必须由大臣们签署……"，而大臣们则更"辛苦"，因为他们首先需要得到皇帝的青睐，其次还要赢得议员们的支持。因此，整个大臣体制实际上制约了奥皇的权力。在德国，宰相发挥了平衡议会和德皇关系的作用，尽管德皇有巨大的权力，但在处理国内事务上，他的文件还需要宰相的签名。和奥匈帝国不同，德国没有"大臣"一职，其岗位是由一些"国务秘书"来承担的。虽然职务一样，但他们远没有大臣那样的权力。在外交和军务问题上，德皇是绝对的权威，但有关战争税这样的财政问题则是由议会来决定的。在俄国，沙皇有着"无限的"权力，但 1905 年《10 月 17 日宣言》的颁布，标志着沙皇将和德皇一样，其法理上的权力受到某些机构的限制。

（3）在政府方面，这三个帝国均在不同程度上带有"非制度性"色彩。换言之，就是三国政府的职权没有一个是得到法律明确规定的。在这三个国家中，"政府"一词指代管理部门的运转方式，而不是指一个自上而下的体制或是某个部门。值得一提的是，俄国有一个名为"大臣会议"的机构是制度性的，大臣均由沙皇钦点，但在 1905 ~ 1907 年间，大臣会议主席在大臣的任免问题上逐渐发挥了较大作用。在奥匈帝国，政府大臣关于预算的财政问题需要议会的支持，在大臣任免方面，首相逐渐掌握了权力。而在德国，各邦国的大臣与帝国中央的国务秘书在许多方面上都存在差异。由此可见，这三个国家都没有建立起真正的责任制政府。

（4）德国的宰相掌管全国内政大权。因此，这是一个极为重要的岗位，俾斯麦就是这个职务上的一个典型例子。1905～1907年间，伯恩哈特·冯·比洛出任德国宰相，尽管这位宰相以特立独行而著称，但与俾斯麦相比，他的行动似乎更加依赖于议会，特别是其中的多数派。在奥匈帝国，大臣在所谓的"内阁"中发挥了核心的作用。而在俄国，《10月17日宣言》和《基本法》赋予了一位大臣较多的权力，使其成为"大臣会议主席"。但根据维特的说法，这个职务没有达到预期的效果，因为大臣们更希望取悦于沙皇，而不是大臣会议主席。

（5）在德国，一项决定在颁布之前，宰相需要写下除德皇之外的第二个签名，并对这项决定所造成的后果负法律责任。奥匈帝国的大臣们也有相似的责任，即奥皇的决定需要经过他们的签署。而俄国却没有类似的责任制，尽管曾有这样的呼声。从制度上来看，尽管这三国的大臣对议会没有任何的政治责任，但在制度的实际运行过程中，德奥出现了不一样的状况。首先，在德国，只有得到议会多数派支持的人才有可能被皇帝任命为宰相；其次，在奥匈帝国，首相与内阁的关系更为紧密，其政治依赖度比德国更明显。与其相比，俄国大臣会议主席的选任与国家杜马是否支持没有太大的关系，但1906年和1907年国家杜马解散后的政局表明，一旦失去了国家杜马的支持，大臣会议主席也遇到了一些窘境。

（6）在政党方面，德国和奥匈帝国的议会内部形成了一套运转良好的政党制度。议会中的各个派系往往集体行动，并通过拉拢更多议员、投票、谈判妥协等方式实现自身利益。总的来说，他们大多都按照这套公开的程序行事，但无疑也存在一些弊端，所以当俄国出现国家杜马这类机构时，议员们便很快地开始从西欧的议会制度中吸取教训，以提高决策的效率，这是因为他们当中的许多人参与过一些社会组织内部的类似会议，已经具备了很多经验。

（7）相比于1906年的国家杜马，全国性政党在俄国出现得更早，而这与大多数欧洲国家恰恰相反。当然，这只适用于激进的左翼政党。其他的全国性政党在第一届国家杜马开幕的前夕或者更晚才成立。在德国，诸如社会民主党、（天主教）中央党、民族自由党等政党都有着完备的组织体系，特别是社会民主党。当其余政党在 1918 年面临困境时，只有社会民主党保持着旺盛的生命力。而在奥匈帝国，议会中活跃着各色各样的民族主义政党，他们在议会中活动的大致情况与德国相似。

（8）在议会选举中，各全国性政党都积极地开展宣传活动。在德国，无论是在哪个选区，支持其候选人参加选举的会议都十分常见。而在奥匈帝国和俄国，选举制度是分等级和分阶段的，且选举权在不同阶层中的比例也是不一样的。但尽管如此，各政党也积极地参与到拉拢选民的过程中。

（9）德国存在一些无法称为政党的社会组织，它们虽然不提名自己的候选人，但在选举期间却表现得十分活跃，而奥匈帝国似乎没有这样的情况。在俄国，工会联盟和其他组织也积极地活动着。对这类非政党组织的活动需要一分为二地评价：首先，需要肯定它们对俄国民主发展的巨大贡献；其次，它们本身也是一种不安定因素，因为它们对选举进程产生的影响很容易造成选民失控，酿成席卷全国的暴动。

（10）在俄国民主化的过程中，政党的作用固然不容置疑，但这些非政党性的组织同样也发挥了巨大的作用，作为民主"推进器"的它们，在当时成为实现民主化重要的补充。

（11）相比于德奥两国，地方自治局在俄国政治生活中发展了民众集体行动的能力。因此，在这方面上，俄国与西欧国家有着更多的相似之处。

为了比较这三个帝国民主文化的发展，有必要用到一些法学概念。在当时的德奥两国，孟德斯鸠关于司法权、立法权和行政权相互独立的三权分立学说已经广为流传。但在俄国，这种学说的影响力较小，并且在当时的制度下，司法权从属于行政机构。因此，在对比三国的制度时，应注意这一点。

然而，俄国的政体在 1905～1907 年间发生了变化，并与其他两个帝国有了更多的相似之处。其选举制度十分接近奥匈帝国，甚至可以断言，俄国的议会制度走的是"奥匈帝国模式"。虽然这三个帝国的大臣和首相在职权和称呼上存在差异，但三者都不同程度地对议会缺少政治责任，而这为政府中官僚机构的构建营造了条件。政党方面，在1905～1907年间，德奥两国的政党逐渐发展成熟，而俄国除了社会民主党和社会革命党外，其余政党还处于起步阶段。但即使如此，德奥两国的政党也无法像英国那样组建政府，而俄国更是如此，由此可见，这三个国家与真正意义上的民主还相差甚远。尽管俄国在民主发展上是落后的，但并不是全方位的。1905～1907年间的改革使俄国在政治制度上的民主程度迅速向德奥两国靠拢，同时，政体内部还形成了一些与这两国类似的机构。因此，很难说那个时期的俄国是一个比德国或奥匈帝国更不民主的国家。更重要的是，俄国在迅速变化的过程中，逐渐地将议会制和民主制的一些元素纳入传统的政体当中。

和西欧国家不同，俄德奥三国在历史上缺乏"民主流派"，但在某种程度上，从19世纪下半叶起，其国内陆续出现的工会组织以及工人运动弥补了这种缺陷。在俄国的农村中，社会革命党的活动使一部分农民逐渐地参与到国家的政治生活中。同时，20世纪初的俄国迎来了各种社会组织建立的"热潮"，知识分子们通过报刊、演讲等方式展开了论战，但这也反映出他们受到了来自政府的压力，从而无法进一步扩大活动的窘况，所以20世纪初俄国的社会情况与1848年的德奥基本相似。总之，在1905～1907年间，俄国在政治文化和民主文化的发展方面，与德奥两国大致处于同一水平。

笔者认为，在民主发展程度上，俄德奥三国显然落后于西欧。但就三者而言，它们之间有着很多相似之处（并非民族构成、领土大小、民众受教育水平和其他数据化的指标）。无论是历经了战争、革命还是改革，俄德奥三国的政体中融入了民主元素的事实是毋庸置疑的。此外，三国在社会上也开始出现民众对民主原则逐渐认识并支持的趋势。因此，三国在民主缺乏的成分和政体发展方面都十分相似，甚至可以大胆地猜想他们之间或许一直在相互影响。总之，1905～1906年的改革奠定了俄国向二元制君主立宪制转变的基础，换言之，罗曼诺夫王朝将和中欧的"亲戚们"一样，选择顺应民主化的趋势，并以此来保证自己手中的权杖和金球永不掉落。

第二节　改革的"双向性"

　　民主文化不是由当局指挥建立的，而是在人与人之间的日常关系中自发出现的。过去有不少人认为，俄国不存在这样一种能够敦促政府进行改革的民主文化，因此所有的改革措施都是统治者单方面推行给人民的，即所谓的"自上而下的改革"。与此相反，还有一种"自下而上的革命"的观点，其中"人民"是主要的推动力，其结果是暴力推翻了专制。这种观点被苏联史学采纳，成为官方解释。此外，在这两种观点的争论中，又出现了一个新的概念，即"自上而下的革命"，是由内森·阿德尔曼提出，但影响远没有前两者深远。而在国外的史学家中，"自上而下的改革"和"自下而上的革命"这样的二分法也很有影响力。同时，他们当中还有不少学者在分析这段历史时，习惯性地将俄国视为典型的极权主义国家，并以此为基础进行讨论分析①。

　　笔者在研究之前特别分析了这种"二分法"，而且之前的分析已经证明，面对当时俄国复杂的社会变迁，这两种观点在解释力上都存在缺陷。对于"自下而上的革命论"观点，笔者无法苟同，毕竟罗曼诺夫王朝没有在1905年被推翻，而对于那种单方面的"自上而下的改革论"，笔者同样也保留意见，因为俄国政体没有发生质变，即彻底采用西方模式。因此，笔者认为，1905~1907年间发生了诸多变化，在政治领域中最显著的是"改革"，而不是革命。同时，这次改革的实质并不是单方向地推行措施，而是以沙皇为首的统治阶级应"人民的要求"所做出的一系列让步，且这些来自不同阶层的"人民"通过选举的方式代表了全国民众。在过去的史学论著中，关于这段历史的分析探讨屡见不鲜，但几乎都是在"二分法"框架下进行的，因此笔者认为这些说法和有关结论存在纰漏。总之，尽管同时期的西欧国家早已初步建立了民主制度，但对于1905~1907年间的俄国而言，这些

---

　　①　这样的例子请参阅美国学者 R. 派普斯1974年和1995年的著作。

新鲜事物的萌生就足以标志着这个国家跨入了"新时代"。

　　按照俄国的传统观念，沙皇的权力来源于上帝，是神圣不可侵犯的。在近代之前，西欧国家也是如此，但后来在君主和民众之间出现了一个"中间层"，即近代意义上的责任制官员群体，也就是说，他们的权力来自公众，如果公众不支持，那么自己的权力将被剥夺。此外，在这种制度下，是否赋予官员权力的标准不是他们的阶级出身，无论是贵族、神职人员、资产阶级、农民还是工人，只要是合法公民且得到选区内民众的支持即可。然而，尽管他们是由选举产生的，但他们有时并不能真正代表普通大众。政府官员往往是某个政党或协会的成员，但并不是绝对的，例如一些著名的政治家在没有政党支持的情况下同样也负有盛名。当"政治社会化"进程被沙皇政府默许后，一些保守主义者也学着左翼人士的样子，组建起了自己的政党。在当时的政府中，维特的遭遇十分耐人寻味，众所周知，维特一度失去沙皇和大臣们的信任，同时也没有赢得政党和民众的支持，在此情况下，他试图独立行动，但结果证明，他的这些努力都是徒劳的。也就是说，在1905年改革后，身为政治家的大臣们只有在同时得到来自政党、国家杜马、沙皇和其他大官僚支持的情况下，才能在政坛中真正地大展身手。

　　在国家杜马制度出现的同时，一部分政治家的性质也发生了变化，换言之，这些人开始成为俄国政治领域中新势力的代表，他们的活动并不仅是"相互责难"，更是为了改革传统的权力分配制度而同保守势力斗争。因此，面对这种情况，很难说清这段时期内的变革是"自上而下"的还是"自下而上"的。此外，还有许多这样的例子。例如，维特为颁行《10月17日宣言》而冲击了沙皇权威，这是不是一种"自下而上"的行为？如果给予肯定的回答，那么如何解释沙皇同意并签署颁发这一举措，这是否又是"自上而下"呢？显然，这种"二分法"的观点很难解释当时的一些情况。立宪民主党也是这样的一个例子，即该党争取普选权的斗争到底是"自上而下"的还是"自下而上"的呢？毫无疑问，这是一个复杂的问题，无法一概而论地回答，因为立宪民主党的社会基础复杂，阶层出身不同的成员会以不同的方式去争取。

实际上，"二分法"的观点之所以解释力不足，是因为罗曼诺夫王朝在历经 1905 年的社会动荡后，沙皇权威被削弱，同时在"社会民主化"的影响下，国家体系中出现了除沙皇以外的权力中心，也就是所谓的"次级权力中心"。因此，人们意识到这个制度需要变革，而革命似乎是实现这一切的唯一手段。然而，这些革命者最终失败了。对于政府而言，革命之火虽然渐熄，但来自"下方"的压力依然巨大。于是，罗曼诺夫王朝开始推行由一些政治家主导的改革，希望在俄国建立起一套新的制度体系。

在改革中，政府的首要问题是如何解释这套"新体制"。在当时，《10月 17 日宣言》之所以被民众认为是政府立宪的承诺，是因为尼古拉二世在文中说道："这一切交给了政府，他们将履行朕的如下旨意：……（3）未经国家杜马的批准，任何法律都无法生效，而人民选派的代表将监督政府的举措。"

然而，《10 月 17 日宣言》在谈到立法机构时，并没有提到国务会议及其职权范围。1906 年 4 月，当局对《10 月 17 日宣言》的一些内容进行了修改，并于当月的 23 日通过，也就是《基本法》，其中第 7 条规定，"沙皇、国务会议和国家杜马统一行使立法权"[1]。尽管这意味着尼古拉二世没有真正放权，但对于当时的民众来说，这已经是沙皇做出的重大让步了。

对于某些群体而言，这一举措只不过是"搪塞"而已。1906 年，圣彼得堡大学讲师 B. M. 格里博夫斯基撰写了一本小册子，其中首先对君主制和民主制进行了比较。作者认为，宪政国家的公权力必须受到基本法或宪法的限制。因此，在研究这段历史时，有必要分析这些法律条文，正如格氏所言，"宪政的实现不仅是在行政和司法领域，立法领域也同样重要"[2]。也就是说，三权可以微调修正，但只要分权制衡的框架不变，国家所有领域内的公权力在运转上就不会出现偏差。同时，格氏还认为，在君主制国家中，立宪改革必然走向代议制度。此外，他强调了《10 月 17 日宣言》和《基本

---

① Революция 1905 – 1907 гг. в России/Отв. ред А. М. Панкратова М. 1955 – 1965. Российское законодательство X – XX веков. Т. 8, М. , 1994. С. 45.

② Грибовский В. М. Настоящее и будущее европейскаго парламентаризма. СПб. , 1906. С. 4.

法》中一系列条款的重要性①，例如，他提到了《基本法》中的第 86 条，该条虽然规定任何未经国务会议和国家杜马批准的法律一律不得生效②，但在结尾又写道，"最终生效需经沙皇陛下的批准"③。这条规定后来被删去，并改为第 44 条。

总的来说，格里博夫斯基想表达的思想是，只有限制住权力本身，才能实现宪政。但俄国的情况似乎与格氏的理想渐行渐远，因为沙皇和他的幕僚们一次次将承诺放弃的权力收回，他们所颁行的《基本法》与 1905 年的《10 月 17 日宣言》相距甚远。

对于俄国而言，形成民主文化并不容易，有各种各样的困难。其中一些与俄国普遍存在的激进主义传统有关，这种传统具有民主性质，但是这些激进主义思想并没有促使俄国民众广泛地参与进政治生活当中，这也是民主文化形成初期的主要特征之一。无论是社会民主党还是社会革命党，他们在发展的早期都属于精英型政党，这与同时代的资产阶级政党没有什么差别。在其初期的内部结构中，最主要的是党代会与委员会，当时只有进入这两个机构的人才算真正地步进了政治生活，而剩下的人只能算是遵从党路线的"后知后觉者"。这些左翼政党的领导力很强，党内比较抵触"异见分子"，但毫无疑问，这样不仅强化了党中央的权威，而且使党的行动变得极具效率，布尔什维克就是一个典型。

此外，在俄国民主文化形成过程中，强大的君主制也是其阻力之一。但与其他诸如奥地利、德国、英国、瑞典等君主制国家相比，俄国君主制对民主文化发展的阻力主要表现在哪些方面呢？在讨论这个问题之前，笔者需要提醒读者，能够量化的民主制度与民主法规并不能等同于民主文化。同样，宪政也只是民主文化的表现之一，而且这种表现会受到诸多客观因素的影响，因此并不总能真实地反映出一个国家民主文化的程度。

---

① 格氏在引用《基本法》中的条文时，会跳过"一起行使某权"这样的用语。

② Грибовский В. М. Настоящее и будущее европейскаго парламентаризма. СПб. , 1906. С. 6.

③ Революция 1905－1907 гг. в России/Отв. ред А. М. Панкратова М. 1955－1965. Российское законодательство X－XX веков. Т. 8，М. , 1994. С. 48.

正如当时社会所表现的那样，支持在俄国立宪的人并不多，甚至许多自诩为立宪主义者的人所呼吁的立宪制也与其真实含义不完全相符。从传统上看，俄国历来都没有一个能够限制君权的机构。因此，在这种环境下，无论是维特还是伊兹沃尔斯基，在宣布接受"君主立宪"时，都没有考虑清楚建立和维持这种类型的政府需要具备哪些条件①。实际上，按照维特以及许多十月党领袖的构想，当时应该建立一个能让罗曼诺夫王朝得以喘息的"暂时妥协型"政府，而不是建立一个立宪理论家们所提倡的立宪制政府。此外，即使是当时那位以立宪主义思想享誉全国的米留可夫，对于这个问题也没有明确的看法，而他进入政府已是 1917 年的事了，此时在俄国建立君主立宪制显然已经是不合时宜的了②。同时，以社会民主党和社会革命党为首的左翼政党对立宪主义更是嗤之以鼻，在他们看来，立宪只不过是对君主专制的一种"修补"。因此，笔者认为，直到 1917 年王朝覆灭时，俄国还未出现一套完整的立宪蓝图，而这一情况恰恰反映了俄国与同时期其他君主制国家的区别。正如上文所述，在大多数西欧国家，君主的权力受到其他机构的限制，例如，议会中的多数派往往会左右各部部长（大臣）和总理的任免。然而，一些国家的君主会试图与之争夺权力，但大多数情况下，他们都失败了，瑞典就是这样的一个例子，1914 年，瑞典国王古斯塔夫五世曾号召农民举行反对首相和议会的游行示威，其目的在于加强王权，但这场示威不仅造成了社会动荡，而且议会在限制王权方面还通过了更为严格的法律。因此可以断定，这类国家采用的是君主立宪制政体。相比之下，俄国政府虽然宣称要立宪，但实际上在颁布了《10 月 17 日宣言》以及《基本法》之后，便开始敷衍民众，毫无立宪的诚意。就《10 月 17 日宣言》而言，尽管尼古拉二世在文中进行了种种承诺，但它终究是一纸宣言，不能视为真正

---

① Витте С. Ю. Воспоминания. Т. 2，Минск － М.：Харвест и АСТ，2001. С. 18 － 19；Извольский А. П. Воспоминания，Минск：Харвест，2003. С. 14.

② Stockdale M. K.，*Paul Miliukov and the Quest for a Liberal Russia, 1880 － 1918*，Ithaca & London：Cornell U. P.，1996，pp. 104 － 105，134 － 138，142 － 151；Думова Н. Г. Либерал в России：М.，1993. Трагедия несовместимости（Исторический портрет П. Н. Милюкова）.

的宪法。尽管后来颁行了《基本法》，但和前者相比已经大大缩水，例如在权力分配问题上，《基本法》的有关条款写得含糊其词，模棱两可。此外，尽管《基本法》还对沙皇的权力做出了规定，即沙皇若试图修改《基本法》，需提请国家杜马和国务会议，经后两者批准后方可生效，但是沙皇在这套制度框架下还保留了诸多权力。首先，沙皇有外交上的最高决定权，拥有宣战和媾和的权力，并且掌握着帝国陆海军的最高指挥权；其次，在立法领域，尽管国务会议和国家杜马享有立法权，一切未经其批准的法律都无权生效，但若是在"两院"中起草并通过的法律，在颁行之前还需沙皇的批准；最后，沙皇可自由地选任各部大臣与大臣会议主席，无须同"两院"商议。此外，根据《10月17日宣言》和《基本法》的规定，沙皇的存在是其运转的基石和根本保障，而且后者还使沙皇权力进一步合法化，使他不仅掌握了行政权，而且在立法领域内还拥有了能够制衡"两院"的权力，甚至德皇和奥皇与其相比也是相形见绌。由此可见，《10月17日宣言》和《基本法》并未对皇权产生真正有效的限制。当然，这些文件也有一定的进步色彩，例如从《基本法》的地位和内容上看，它对制度中各个部门的职权都进行了明确规定，因此这可以算作一部具有象征性意义的"宪法"。同时，这部《基本法》的颁布打击了当时反动的保守派势力，并被一些改革派认为是阶段性的胜利。

提起"宪政"，人们往往会联想到"政府对议会负责"，以及"议会多数派组建政府"等理论，后两者往往被认为与"宪政"有着密切的联系。当然，从西欧国家的发展历程来看，这种说法是正确的，但对于大洋彼岸的美国而言，这种联系又看似不那么紧密，毕竟美国国会没有权力解散政府。因此，"宪政"不等于"政府对议会负责"或"议会多数派组建政府"，尽管他们三者是存在联系的，但这种联系不一定会在其政治发展中表现出来，"宪政"有时会以其他形态展示在世人眼前。而俄国的宪政主义者们不知是由于概念的混淆，还是出于别的原因，他们强烈地呼吁政府应对国家杜马负责，并要求由国家杜马中的多数派（立宪民主党）组建政府，但在1905～1907年间，维特和其他大臣对此却表现出茫然和无知。根据《基本法》，俄国的国家杜马掌有部分的立法权，以及对政府的监督权，但它无法左右政府的组建。自国家杜马选举法（包括 1905 年 12 月的补充部分）通过以来，俄国社会的确发生了变化，尽管在民主程序上，俄德奥三国相差无几，但在宪政问题上，俄国同德奥两国之间却存在明显的差异。然而，这种差异存在于任何国家之间，例如，各国的选举权在普遍性和公平性上各不相同。在当时，俄国采取的是间接选举，这种选举的首要条件就是提前分配好各选区的选举名额。而德国在全体男性公民中实现了普选，因此德国的选举制度似乎比俄奥两国的更理想，但德国的"两院"在职权上存在难以掩盖的缺陷，这在一定程度上抵消了他在选举程序上的优势。在 1907 年之前，奥匈帝国的选举法中关于众议院的规定与俄国在 1905 年对国家杜马的规定非常相似，但相似的原因不在于前者，而是在俄国。总之，在这三个帝国里，没有任何一个真正建立起了"普遍、平等、直接、匿名"的选举模式，因此，俄国在 1906～1907 年间的民主化改革中并没有被欧洲远远甩下。此外，当时俄国的左翼政党对民主化进程中的社会阶层结构的变化十分关注，无论是自由主义者还是社会主义者，都呼吁男性与女性应在政治上享有充分且平等的权利，然而按照当时的政党制度和立法体系，这些政党几乎无法实现这些目标，但他们将希望寄托于选举制度，试图让更多的选民加入自己的队伍，从而给沙皇和政府施以巨大压力。

在立宪和代议制问题上，当时的俄国社会上有一定的呼声，将立宪作为自己基本目标的地方自治派就是一个典型，但正如上文所述，这两个问题不仅在立宪派内部未达成共识，而且还遭到了革命派的一致反对。实际上，无论是立宪派还是革命派，其本质都是反对君主专制的，换言之，他们共同的底线就是"宪政"。然而，他们之间却存在难以调和的矛盾，始终难以统一战线，而这直接导致当时的宪政问题变得更为棘手。总而言之，尽管从理论上看，"宪政"在具体的权力制度体系上的表现是多种多样的，但在 20 世纪初的俄国社会中，人们在很大程度上难以摆脱"宪政就是君主立宪"或"宪政就是民主共和"等诸如此类的定式思维。

在俄国这样的国家，建立英国式的君主立宪制政体是不现实的，因为君主、国家杜马、宪法、政府这四者之间的关系极难处理。而在当时，许多自由主义者将目光投向了英国，并且撰写了许多关于英国政体的小册子（详见第一章第三节），呼吁在保留俄国君主制的情况下，建立以国家杜马为权力中心的政体。然而，这种套用英国政体的观点一经出现便遭到了左翼人士的批判。

总之，政府在制定颁行选举法时，受到了来自"下方"的巨大压力。这些普通大众希望政府进行民主改革，但改革的效果却杯水车薪。"布里根杜马草案"并没有满足民众的愿望，他们希望建立一个更加民主的制度。尽管在研究中无法直接量化民众对民主的渴望度，但可以通过他们参与选举，以及在选举中对各党派民主方案的态度来解释这一问题。在竞选中，鼓吹"民族主义"的右翼分子在拉拢民众加入反民主阵营的过程中显得力不从心，而那些反动的"黑帮组织"在进行反民主行动时也只是制订了一个模糊的纲领计划。与之相反的是，诸如社会民主党、社会革命党等左翼却显得极为强势，许多民众在他们的号召下参与到民主斗争当中，与反对民主的前者相比，后者有着诸多优势。首先，左翼起源较早，且有民粹主义和马克思主义这样的意识形态为最高指导思想；其次，他们有明确的行动纲领，即致力于推动俄国的民主化进程，同时，这也成为他们吸引支持者的理论基础之一。因此，尽管1905年之前的左翼政党还处于"精英型"阶段，但已经凭借着自身优势建立起了广泛的群众基础。

有学者曾指出，这些左翼政党通过发动民众示威的方式来制造社会动荡，从而逼迫统治者进行改革。但笔者认为，民主化改革就好比一场外科手术，在此过程中会不可避免地发生阵痛和痉挛。换言之，在任何一个国家的民主化进程中，特别是在选举权推广的过程中，民主人士的积极活动，以及民众的示威抗议是不可避免的。例如英国就曾发生过类似的事件，1906年，两名妇女组织了一场示威游行，要求政府给予女性公民选举权，可是她们二人却遭到了监禁，这次事件引起了强烈的社会反响，更多的抗议活动接踵而来，直至1914年才逐渐平息。此外，其他国家的民众争取民主的斗争方式几乎都包含着"暴力"色彩。最终，当政府妥协，并且在法律肯定选举权扩大之后，人们回顾这段斗争历程时，就会常常认为政府的屈服是来自"下方"的压力。

在俄国，"暴力"的承办者显然是那些左翼政党，它们与西欧的"战友"们一样，都在为民主事业而奋斗着。

正如上文所述，笔者认为1905年没有发生革命。所谓的"革命"只不过是骚乱或一次次相互孤立的起义行动。同时，当民众聚集起来发起示威抗议时，军队和警察将其视为颠覆国家政权的行动，因而进行了镇压。此次事件始于1905年1月9日的一场工人和平示威，由加邦神父领导，但最终以失败而告终，之后在全国多地发生了抗议活动，在1905年12月莫斯科工人起义后，整个事件才画上句号。在此次事件中，莫斯科的工人在起义时或许是想发动一场革命，但从他们的实力来看，这是无法做到的。总之，1905年的确出现了"革命的火星"，但这些对当局产生威胁的骚乱最终无一例外地被军队镇压了。

尽管1905年事件最终没有变为革命，但它成为罗曼诺夫王朝丢失权力的起点。对于这次事件的意义，老谋深算的维特心知肚明，为了保持军队的忠诚度，他希望各级军官在以后类似的事件中能够看管好自己的士兵，不许他们参与到抗议活动中。同时，面对军队内部的反抗情绪，则要坚决地镇压，从效果上看，维特的策略降低了军队与民众接触的机会，当然也在很大程度上避免了冲突的发生，因此在客观上促进了民主化的进程。然而，政府对民主人士的演讲活动采取了弹压政策，这使得民众对政府的不满与日俱增。事实上，在20世纪初，各国政府在面对罢工和政治示威时，几乎都采取了镇压的策略。由此可见，和俄国当局一样，这些政府在面对统治危机时，都会毫不犹豫地抛下自己"人民性"的外衣。

正如上文所述，俄国的民主文化在发展过程中受到了比西欧国家更大的困难和阻力。首先，第一个难题是所有民主人士都需面对的，即在俄国当下存在的所有问题中，哪一个是最亟待解决的。显然，大多数人认为是立宪问题。在当时，除了社会主义者之外，其余的民主人士都认为沙皇应保留一定的权力，但后者同时也认为政府应当放弃一部分权力，并建立分权制衡的体系。总之，这个与建立民主政权和发展民主文化有关的问题引起了当时一些社会群体的关注。

第二个问题与当时出现的一些新兴政党领袖有关。这些政党领袖在维护专制制度的同时，还希望赢得民众的支持，他们在政坛中已经占据了一席之地，但并没有深入地了解整个俄国的政治文化。此外，他们还试图用政党机制来争取普通大众的支持，但在对政治问题上的讨论上，他们尽可能地回避民众。后来，选举制度在俄国确立了，这些政党的领导人才不得不通过"与民共议"的方式来获得其选票，因此在1906～1907年间，之前的情况逐渐发生了变化。

第三个问题是民众对政治体制和传统的权力架构缺乏信任，而这意味着官民之间存在巨大的矛盾。因此，如果说随着现代政府体制的兴起，民主文化能够建立起官民之间的信任感的话，那么就需要对比专制制度下的官民关系与党民关系有何不同。

第四个问题与技术有关，即当时尚不发达的通信技术阻碍了民主文化的传播。同之前所提到的英法等国相比，俄国在领土面积上可谓是一个"庞然大物"，同时境内还有着众多的少数民族。因此，民主文化席卷俄国全境所用的时间是远长于西欧国家的。此外，还要考虑到中央政府在管理地方时存在的区域性差异，即中央政府因地制宜地采取措施，而这些差异导致在"人民需求"和"政府责任"这两个问题上，农村居民与城市居民有着截然不同的立场。

对于民主文化的发展，保守的中央政府自然是抵制的。但自19世纪以来，俄国社会上出现了一股"激进议政"的风气，这对民主文化的传播，以及后来民众参与政治有着极大的推动作用。20世纪初，政府对民主文化的压制有所减弱，社会上也因此出现了各种政党组织，左翼、右翼和中间派的领袖们纷纷著书立说，借此向民众宣传思想和表明立场，这些政党的活动在当时进一步推动了民主文化的传播。但是，这些领袖所印发的书册并没有在全社会范围内引起反响，因为这些书册主要面向的是那些"受过良好教育"的人，以及新兴的工厂企业主，而他们仅仅占俄国总人口的一小部分。

因此，笔者认为，上述的这些问题阻碍了民主文化在俄国的传播。1907年6月后，政府又重返"专制"，即开始增加对民众参政的限制。对此，左翼政党纷纷进行口诛笔伐，抨击政府的反动行径，而立宪民主党却与政府妥协，接受了"六三政变"后的现状。

在西欧，各国的社会民主党和其他左翼政党吸引了众多支持者，并开始教育更多的民众一同推动社会转型。其中最典型的是德国和英国，此外，奥匈帝国、丹麦、挪威、瑞典等国也有此类情况。在左翼政党活动的同时，各种协会组织也代表民众解决了一些社会问题。在这两者的影响下，民众逐渐认识到，在解决那些涉及自身利益的社会问题时，参与某个组织进行联合行动或许能够达到事半功倍的效果。这些组织的内部有着一套完整的民主程序与民主原则，因此由选举产生的领袖和普通成员之间的联系密切。然而，西欧的这些"左翼"在当时大多没能成为执政党，因此无从实现它们的社会主义理想。在俄国，社会主义政党被政府视为试图颠覆政权的非法组织，因此他们在发展的早期阶段无法像西欧的"战友"一样公开地进行政治思想宣传。

1907年的"六三政变"后，俄国的民主形势急转直下，无论是"上层"还是"下层"，民主势力大多销声匿迹，因此民主文化在俄国的传播陷入了窘境。

第三节　民主化改革的结果

1907年6月3日，政府勒令国家杜马解散，那些等待政府进一步深化改革的民主人士大受打击。在史学界中，不少学者对斯托雷平的土地改革给予了高度的评价。但笔者认为，尽管斯托雷平的改革十分重要，但这次改革在客观上阻碍了俄国民主文化的发展，因为改革不仅降低了社会主义政党在农村中的影响力，还阻止了社会各阶层进一步参与政治生活。同时期的其他欧洲国家，例如奥匈帝国和瑞典等国，都进一步扩大了选举范围。因此，只有俄国政府增加了选举限制，缩小了选举范围，而国家杜马也成为沙皇和大臣会议主席的咨政机构，丧失了原先的独立性。

这样的结果其实并不令人意外。毕竟大臣会议主席已经厌倦了与国家杜马在政务上进行讨论，他更希望按自己的想法处理问题，当他的提案没有获得国家杜马多数派的支持且无法将其说服时，他自然会试图采取一些强硬手段。

为何俄国无法像其他欧洲国家一样，保持原先的改革方向从而最终实现民主化呢？与俄国体制相似的奥匈帝国甚至也在民主化的道路上继续前进着。对于俄国而言，1905年改革的失败使未来的国运变得扑朔迷离，但笔者并非暗指这就是1917年俄国革命的根本原因。然而，不可否认的是，1907年国家杜马的解散对帝俄未来的走向的确产生了深远的影响，同时，"六三政变"只是以暴力的形式暂时掩盖了社会问题。最终，这些长期存在的问题在1917年同其他领域的积弊一起葬送了罗曼诺夫王朝。

时间回到1905年。当时的民众参政呼声极高，频发的抗议活动也使统治者认识到自身正处于崩溃的边缘，只有改革才能挽救。然而，在改革内容上，各方还未达成共识。有人认为政府需要采取铁腕手段，将示威抗议活动毫不留情地镇压下去，以保持社会的稳定。而另外一些人认为应该通过改革的方式抚稳那些对政府不满的人。当然，这两种方式都必须考虑，当政府面临被颠覆的危机时，其必然会采取武力手段。在当时的统治阶层中，反动人士常常谈论到"革命者"，而这也表明统治者们对自己的处境并非茫然不知。面对危机，大臣们与沙皇采取了紧急措施，镇压了所有的暴动，其中包括12月莫斯科工人起义，主要参与者受到严惩，甚至有的人还被流放至西伯利亚。经过一年的动荡，尼古拉二世终于稳住了局势，而接下来需要面临的难题是如何统治这个坐在火药桶上的国家，显然，"改革"和"镇压"都被政府采纳了。

正如上文所述，笔者已经否定了1905年事件"革命说"，因为政府镇压了所有起义，展现了自己的权威，但事件也确实迫使政府做出了一些让步，所以1905年事件不能简单地称为"自上而下的改革"，或是"自上而下的革命"。尽管政府对民众的呼声做出了一系列承诺，但事实证明，许多条款只是"空头支票"。同时，政府对自身体制结构进行了改革，加入了一些民主元素，但主体没有变，官僚机构仍是整个制度体系的核心。在体验了两年的民主化后，维特及其支持者、尼古拉二世和斯托雷平无一例外地感到失望。因此，在面对是否继续推进民主化的问题时，他们统一了立场，坚决地采取了制止措施，导致俄国的民主化进程遭受沉重打击。实际上，改革后的政府处于一个十分尴尬的境地，因为它既无法绝对忠诚地为沙皇办事，又不能完全对国家杜马负责，所以最后产生矛盾，乃至政变都是在所难免的，而在政变后，大臣会议主席也终于摆脱了国家杜马的制约，再次成为沙皇的统治工具。但显然，传统的专制制度已经走向了末路。

总之，俄国政体的变化十分重要。同时，还可以将其与德奥两国进行对比。在德奥两国中，既存在代表"人民"的"下议院"，也有"上议院"。德国的上议院称联邦议会，成员由各邦国提名指派；奥匈帝国的称为贵族院，由皇室成员、贵族、主教等成员组成，在职权上，这两者同俄国的国务会议相似。"下议院"的情况有所不同，德国的帝国议会是由全国男性公民普选产生的，而俄国的国家杜马同奥匈帝国的众议院相似，二者都是将选民划分为"选民团"，并按此来进行投票产生议员。

俄国的大臣会议主席在地位上等同于德国的宰相，以及奥匈帝国的首相。然而，在制度运行的过程中，俄国的大臣会议主席往往有着更大的权力。

应当肯定，20世纪初的俄国制度在民主化上的确有所发展，但与同时期的欧洲其他国家相比，俄国的制度在国家杜马和中央政府职权形式上还远远谈不上先进。在西欧国家，各国建立起对议会负责的政府体系，在这种体系下，议会具有举足轻重的作用，最先建立这种制度的是英国，而包括俄国在内的其他国家，在民主化改革中也曾参考过这种制度。在选举权方面，尽管当时有一些国家已经出现了男性公民普选，但那种直接、平等、匿名的全民普选依然没有在任何国家里实现。

正如上文所述，1905年的改革使俄国建立了一套类似于德奥的政体。但是，笔者还需要对俄国的新政体进行更深一步的分析，只有这样才能判断俄国同其他的国家在政体上是否真正具备可比性。

俄国政体在1905～1907年间发生变化的主要原因有二。一方面，1905年事件后，尼古拉二世受到了来自一些部门的压力；另一方面，一些福祸难料的改革措施导致政体发生重大变化。总的来说，俄国政体的变化有两个。首先，政府的官僚队伍中出现了一批野心勃勃的人，他们声称要主导政治路线，并且不仅仅要依靠沙皇身边的顾问，更是要网罗一切可用之人；其次，在当时的政体下，当局颁行的一些政策博得了民众的赞扬。在下文中，笔者将对其进行一一分析。

维特和后来的斯托雷平致力于将大臣会议主席变成政府管理体系中的核心，并希望各部大臣与大臣会议主席在政治上"共进退"。但这样一来，大臣们的地位变得十分尴尬，因为他们不知道究竟是优先遵循沙皇的旨意，还是大臣会议主席的命令。最终，大臣们选择了沙皇。同时，由于大臣会议主席的权力来源于沙皇，因此这个职务在制度运行的过程中受到了来自多方的限制，没有达到预期的效果。与维特相反，斯托雷平赢得了大臣的支持，而且在很长一段时间里，沙皇对他也是信任有加。然而，斯托雷平的成功更多是由于沙皇对他的信任，而并非大臣会议主席一职的地位。

1905～1907年间，传统官僚与政治的联系减弱，而政党领袖利用国家杜马选举增强了影响力。他们通过宣传演讲，呼吁对社会关系进行大调整，并且在此过程中获得了许多民众的支持。然而，这些新兴的政党领导人毕竟不是官僚队伍的一员，因此对当局的影响力有限。于是，他们试图模仿英国的议会模式，呼吁在俄国建立责任政府，以实现大臣对国家杜马负责的体制，但对于俄国这样一个具有"专制传统"的国家而言，这种模式很难被接受，所以他们的努力最终以失败而告终，而且那些出自政党组织或赢得其支持的政府大臣都很难获得传统官僚们的信任。此外，当身为大臣会议主席的维特要求传统官僚们接受自己的领导时，后者表现出坚决抵制的姿态，而得知有人要求自己必须受制于国家杜马时，他们更是感到不可理喻。因此，传统官僚们不愿服从于国家杜马或大臣会议主席，制度的变化也没能改变他们对这些新兴政治家的态度。显然，这些官僚有着高度的"自尊心"，即使是同沙皇和大臣会议主席相比，他们也会认为自己才是最接近国家核心的人，其地位至关重要，因此就更不用说选民了。在分析俄国政体的民主化时，还应分析另外几个重要变化。

毋庸置疑，1905 年事件最直接的后果便是在俄国出现了选举制度，并且推进的速度很快，民众几乎是突然接到被允许参政的消息的。与此同时，政党在选举中也在积极地拉拢选民，其中有的表现较好，也有的做得很糟糕，例如立宪民主党就属于前者，该党在第一次选举中的积极性和组织力方面都有着可圈可点之处。

在前两次选举中，俄国选民不仅首次成为国家的"主角"，而且在地位上也达到了前所未有的高度，他们在这几次竞选中的行动对帝俄的未来产生了深远的影响。当然，并非所有人都获得了选举权，例如所有女性以及 25 岁以下的男性就没能参选，但尽管如此，还是有不少人获得了此权利，而这要归功于选举法中的一些特殊条款，这些条款确保了选举范围的相对广泛。对于那些富裕的城市居民来说，只需要缴纳足够的住房租金即可成为市民选民。此外，有一条关于农民获得选举权的条款在当时还产生了让政府始料未及的结果，即农民只要获得一小块土地，便可成为地主选民团的选民。在国家杜马选举之初，许多农民曾试图获取土地所有权，并加入地主选民团，尽管这样的农民仅占全国农民总数的一小部分，但地主选民团的人数还是因此而扩充了不少。总之，选举法的漏洞使最终的选举结果和当局的预想之间有所差异。同时，选举法还为工人参选提供了机会，即如果保有农民的身份，并仍与家乡的农村保持联系的话，便可以获得选举权，加入农民选民团。反之，如果单单凭借工人的身份，那么他们中的大多数人将被选举权拒之门外。

对于政党而言，民众获得选举权还远远不够，因为选民需要在众多政党中选择一个最能代表自身利益的。于是，拉拢选民，并尽可能赢得更多的选票便成为政党的首要任务。所有政党都十分清楚这项任务的重要性，而其中的一些政党在选举期间表现得尤为积极，例如立宪民主党。然而，政党在竞选时依然受到了许多限制，特别是那些无法自由活动的社会主义政党，甚至自由派在行动时也会受到当局的干扰。因此，为了摆脱这种情况，它们有时不得不"掩盖"候选人的政治派别。

所谓"人民"，在当时是指那些获得选举权的人，他们可以投票选出选民代表。尽管各大新闻报刊都在紧追选举实况，但依然很难从它们的报道中确定选民参选的进程和程度。

俄国国内外学者的研究表明①，尽管当时的各地选民在竞选期间的活跃程度有所不同，但就总体而言，全国选民表现得都还算积极。在第二章中，笔者已经对选举法进行了分析，探讨了选举法对各个阶层民众参选的规定。而之所以各地区选民表现不同，是因为各地存在不同的影响因素，例如，各地区参选的阶层情况和党派力量不尽相同，并且在面对政党的宣传时，民众的理解和认识也有很大差异。

在选举的最后阶段，也就是国家杜马议员的选举，从表面上看虽然是无党派议员占主体，但实际上是立宪民主党成为国家杜马的多数派，而这也是他们之前积极活动的回报。立宪民主党在第一届国家杜马选举中的成功似乎成为其他政党的榜样，在第二次国家杜马选举时，各政党也纷纷仿效，在宣传上表现得更为积极，而这无疑给立宪民主党带来了巨大的困难，使其再也无法像第一次选举那样轻易取胜。

总之，选举制度终于在俄国开始出现并发展。在国家杜马中，议员们的政治倾向变得越来越重要，他们必须加入一个政党或者有着明确的政治立场。同时，民众和政党的参政秩序也逐渐确立了下来②。此外，社会上的政治活动家们还需要获得广泛的公众影响力。在第一届和第二届国家杜马中，议员们围绕着杜马职权问题进行过多次的讨论。然而，在国家杜马存在的这几年里，杜马的许多提案都没有得到通过并最终立法，这是由于作

---

① Emmons T., *The Formation of Political Parties and the First National Elections in Russia*, Cambridge, Massachusetts: Harvard U. P., 1983; Dahlmann D. Die Provinz wählt. Russlands Konstitutionell-demokratische Partei und die Dumawahlen 1906–1912. Köln-Wien: Böhlau, 1996.

② Демин В. А. Государственная Дума России（1906–1917）: Механизм функционирования. М.: РОССПЭН, 1996.; Козбаненко В. А. Партийне фракции в I и II государственных Думах России 1906–1907. М.: РОССПЭН, 1996.

为上院的国务会议对某些方面的问题有着截然不同的看法，且两院也没有寻求妥协。一般来说，国家杜马应当有更大的权威，但正是由于俄国国家杜马权威的缺失，其提案常常以被否决而告终①。国务会议并不是绝对保守的，虽然这个机构在组建之初，目的就是制衡国家杜马，尽管提名议员和选举议员之间存在共同利益，但在"政治社会化"的影响下，还是有不少民选议员在政治立场上接近于国家杜马议员，因此他们二者之间存在某种程度的联系。

同时，政体改革的另一个成果是在俄国诞生了一批右翼和中间派政党。例如作为中间派的立宪民主党在第一次选举中大放异彩，尽管该党的产生可以追溯到19世纪末，但其正式成立是在1905年10月。此外，当时诞生的政党还有十月党、俄罗斯人民同盟、法律秩序党、工商党、和平复兴党。然而，它们当中的许多政党力量薄弱，且组织力较差，在当时的俄国社会政治领域中对民众的吸引力较小②。在政治立场上，右翼政党不仅仅是简单地拥护沙皇政策，更是支持沙皇本身，是真正的保皇派③，因此，它们获得了沙皇及政府高层的特别支持。但显然，它们并没有利用好"扶植优势"，在第一届和第二届国家杜马的竞选中，右翼政党的选举结果并不理想。除了这些政党以外，当时的社会上还存在其他类似的政治力量，但它们在竞选中没有派出自己的候选人。

当时俄国社会上的政治力量出现了多元化的趋势。各方在追求自己目标

---

① Демин В. А. Государственная Дума России (1906 – 1917)：Механизм функционирования. М.：РОССПЭН，1996.；Козбаненко В. А. Партийнье фракции в I и II государственных Думах России 1906 – 1907. М.：РОССПЭН，1996.；Смирнов А. Ф. Государственная Дума российской империи 1906 – 1917：Историко – правовой очерк М. 1998.

② 传统保皇派组织俄罗斯大会就是这样的一个例子，该组织成立于1900年，但成员始终未超过3000人。从组织结构上看，其并不是一个政党，也从未在选举中提名候选人，只是与右翼政党合作，帮助俄罗斯人民同盟进行宣传。（Кирьянов Ю. И. *Русское собрание 1900 – 1917*. М.：РОССПЭН，2003.）

③ Rawson D. C. Russian Rightist and the Revolution of 1905. Cambridge：CUP，1995.；Шацилло К. Ф. Консерватизм на рубеже XIX – XX вв. // Русский консерватизм XX столетия. Идеология и практика/Под ред В. Я. Гросула М.：Прогресс – традиция，2000，С. 361 – 416.

的同时，客观上还促进了普通大众对政治生活的兴趣，而且当时几乎所有的政党都以不同的形式强调"人民性"是自己立党的基础。例如拥有民粹主义传统的社会革命党就是如此，此外，自由主义者也有类似的立场，他们认为人民代表应当在处理国务上发挥重要作用，并声称"沙皇专制应当建立在沙皇和人民团结一心的基础之上"。[1]

根据那些保守派的理论，帝国的根基是俄罗斯民族的传统，即"君民一心"和"人民性"。而各个政党也希望自身能够深入普通大众，因此所有人都清楚，如果没有民众的支持，就无法在全国范围内开展选举活动。对于选民而言，自己已经握有选票，且有多种选择摆在面前，所以他们可以自由地选择最有利于自己的那一位。

政体的改变在总体上对沙皇专制产生了一定的制约，但仍然有不少承诺仅停留在尼古拉二世的宣言书中。这在当时就引起了许多人的猜忌，他们担心是否有人会试图废除已经颁行的民主政策，并恢复之前的体制。事实证明，正如《10月17日宣言》和后来的一些法令暗示的那样，沙皇有权改变这些法律。在《10月17日宣言》颁布后，许多人都将其视为"宪法"，并对之加以称颂，只有一部分人对此表示反对。然而不久后，那些在组织上初具规模的右翼纷纷鼓吹俄国不应当有宪法，尼古拉二世也逐渐地倾向于这种意见。沙皇这种出尔反尔的态度意味着他可能违背他在《10月17日宣言》中做出的承诺，也就是说，所谓的《10月17日宣言》和法令都没能对其产生真正强有力的制约，从他统治俄国的23年中可以看出，他始终信奉专制独裁，因此毫无疑问，《10月17日宣言》和关于选举的法令在他看来会引发灾难性的结果。

1905年事件在俄国历史上的重要性是毋庸置疑的，许多学者都试图将

---

① 20世纪初有一个被称为"人民社会党"的党派，他们希望将"人民"的诉求同某种形式的社会主义结合起来。由于该党成立于1907年，故在此没有提及。（Сипченко А. В. Народно - социалистическая партия в 1907 - 1917 гг. М. : РОССПЭН, 1999. ）关于其他政党的信息请参见第一章第二节中引用的书目：Платформа Союза русского народа 1906 // Правые партии：документы и материалы 1905/1910 гг. Т. 1, М. : РОССПЭН, 1998. С. 161.

其定义为"革命"。然而，笔者认为这种观点并没有理论和史实上的依据。正如之前分析的那样，1905 年事件不具备革命的全部特征，罗曼诺夫王朝并没有在该次事件中覆灭。当政府稳定局势后，决定变革制度，但只在部分领域内推行了改革，统治阶层并没有发生根本性的变化。与此相反，俄国社会在这一时期发生了一系列的重大变化。实际上，所有的变化都与这个保留着沙皇的"新政体"有关。因此，笔者将从以下几个角度对 1905～1907 年间的诸多事件进行评价。

（1）从当时社会各阶层的角度来看，"代表性"成为政府的最大职能，换言之，政府应当代表广大的民众。

（2）在"政治社会化"趋势的影响下，参政已不再是沙皇和其大臣们的特权，许多民众也参与到政治活动之中，而这正是"民主化"过程的重要表现之一，同时，他们在整个政府体系中发挥着越来越重要的作用。

（3）选举法颁布后，各政党组织高举着自己的意识形态旗帜积极地参与到竞选活动当中，并为选民提供了广泛的政治选择。

（4）虽然建立了选举制度并不代表着确立了真正的民主，但这的确为一部分俄国民众参选提供了机会，并随之形成了一种新型的政治关系，即民众通过自身的力量来对政治和社会产生影响。

（5）政党活动和民众参政的合法化在俄国历史上还是首次。

这些特征是俄国政治民主化的表现。总的来说，俄国在民主发展方面并没有被西欧国家远远地甩在身后。所谓的政治文化，是民主的重要组成部分，只有不断地教化民众开启民智，鼓励他们共议政治，才能使国家的民主根基变得更加牢固，但是当时的俄国政治文化仅仅活跃于一些正在发生重大变化的领域内。当然，尽管俄国民众只获得了有限的选举权，但毕竟这一切是在一个君主制国家中完成的，而且这些获得选举权的民众也利用了改革后的变化，逐渐对整个政体产生了深远的影响。

当时，政治领域内的一系列变化除了表现在大臣会议主席、宪法和国家杜马等方面以外，民主文化的出现和发展也同样引人注目。在政体方面，俄国越来越接近于欧洲其他国家，但与之不同的是，沙皇仍然掌有最高决定权，并且没有任何人和机构能够对其产生实质性的制约作用，而这样的权力架构也必将引发严重的后果。1906年6月3日，在尼古拉二世的授权下，斯托雷平突然发动了政变，强行解散了第二届国家杜马，终止了这场被民众寄予厚望的民主运动。

参考文献

一　来自档案馆的资料

ГАРФ（Государственный архив Российской Федерации）. Ф. 102. Оп. 4 – д. Д. 45. Ч. II /I. Л. 8. ГАРФ. Ф. 523. Оп. 1. Д. 290. Л. 34，35，47.

ГАРФ. Ф. 107. Оп. 4 – д. Д. 45. Ч. 9，Л. 6.

ГАРФ. Ф. 102. Оп. 234 – 235. Д. 45. Ч. 11. J. 7. Ч. 8，Л. 9. Д. 725. Ч. 20. Л. 4.

ГАРФ. Ф. 523. Оп. 1. Д. 290. Л. 74об.

ГАРФ. Ф. 523. Оп. 1. Д. 290 Л. 8об.

РГИА（Российский государственный исторический архив）. Ф. 776. Оп. 16. Ч. 1. Ед. хр. 343.

РГИА. Ф. 1327. Оп. 2，Д. 40；Урусов П. Н. Россия перед созывом Государственной Думы.

РГИА. Ф. 1276. Оп. 2，Д. 8；Дмитриев – Мамонов В. А. Материалы по истории выборов в первую Государственную Думу. Приложение.

РГИА. Ф. 1327. Избиратели по избирательным участкам и социальному положению. Приложения. Таблица VIII，составленная на основе отчета московской городской управы о первых выборах в Думу.

РГИА. Ф. 1327. Оп. I – II созыв. Д. 109.

РГИА. Ф. 1327. Оп. I – II созы：1907. Д，107，Л. 39.

РГИА. Ф. 1327. Оп. 2. Д. 109. Л. 116.

РГИА. Ф. 1327. Оп. 2. Д. 109. Л. 14об.

РГИА. Ф. 1327. Оп. 2. Д. 109. Л. 16об.

РГИА. Ф. 1327. Оп. 2. Д. 109. Л. 17.

РГИА. Ф. 1327. Оп. 2. Д. 109. Л. 16об.

РГИА. Ф. 1327. Оп. 1. Д. 106. Л. 14об.

РГИА. Ф. 1327. Оп. 2. Д. 109. Л. 203.

РГИА. Ф. 1327. Оп. I – II созыв 1907 г. Д. 107. Л. 123.

РГИА. Ф. 1327. Оп. I – II созыв 1907 г. Д. 107. Л. 147.

РГИА. Ф. 1327. Оп. I – II созыв 1907 г. Д. 107. Л. 80.

РГИА. Ф. 1327. Оп. I – II созыв 1907 г. Д. 107. Л. 88.

РГИА. Ф. 1327. Оп. I – II созыв 1907 г. Д. 114. Л. 67.

РГИА. Ф. 1327. Оп. I – II созыв 1907 г. Д. 114. Л. 67.

РГИА. Ф. 1327. Оп. I – II созыв 1907 г. Д. 114. Л. 32.

РГИА. Ф. 1327. Оп. I – II созыв 1907 г. Д. 114. Л. 37.

РГИА. Ф. 1327. Оп. I – II созыв 1907 г. Д. 114. Л. 69.

РГИА. Ф. 1327. Оп. I – II созыв 1907 г. Д. 114. Л. 90.

ГАТО (Государственный архив Тамбовской области). Ф. 24. Оп. 1, Д. 82. Л. 30, 37. ГАТО. Ф. 161. Оп. 1, Д. 9103. Л. 72.

ГАТО. Ф. 24. Оп. 1, Д. 153. ГАТО. Ф. 161. Оп. 1. Д. 9103.

ГАТО. Ф. 161. Оп. 1. Д. 9103. Л. 67 – 72.

ГАТО. Ф. 161. Оп. 1. Д. 9103. Л. 84.

ГАТО. Ф. 161. Оп. 1, Д. 9104. Л. 60.

ГАТО. Ф. 161. Оп. 1. Д. 9104. Л. 86.

ГАРО (Тосударственный архив Ростовской области). Ф. 440, Оп. 1. Д. 355. Л. 10.

ГАРО. Ф. 826. Оп. 2. Д. 47. Л. 3. ГАРО. Ф. 826, Оп. 2. Д. 47. Л. 5.

ГАРО. Ф. 829, Оп. 1. Д. 154. Л. 5.

ГАРО. Ф. 826. Оп. 2 Д. 47, Л. 5, 11.

ГАРО. Ф. 55. Оп. 1. Д. 297, Л. 1, 10.

ГАРО. Ф. 431 – Донецкая окружная комиссия по делам о выборах в Государственную думу за 1905 – 1912 гг.

ГАРО. Ф. 432 – 2 – я Донская окружная комиссия по делам о выборах в Государственную думу за 1905 – 1912 гг.

ГАРО. Ф. 433 – Таганрогская окружная комиссия по делам о выборах в Государственную думу за 1905 – 1912 гг.

ГАРО. Ф. 434 – Ростовская – на – Дону окружная комиссия по делам о выборах в Государственную думу за 1905 – 1912гг.

ГАРО. Ф. 435 – Хоперская окружная комиссия по делам о выборах в Государственную думу за 1905 – 1912 гг.

ГАРО. Ф. 436 – Усть – медведицкая окружная комиссия по деламо выборах в Государственную думу за 1905 – 1912 гг.

ГАРО. Ф. 437 – Черкасская окружная комиссия по делам о выборах в Государственную думу за 1905 – 1912 гг.

ГАРО, Ф. 438 – Сальская окружная комиссия по делам о выборах в Государственную думу за 1905 – 1912 гг.

ГАРО, Ф. 440 – Донская областная комиссия по делам о выборах в Государственную думу за 1905 – 1912 гг.

ГАРО. Ф. 55. Оп. 1. Д. 297, Л. 4 – 5.

ЦАНО (Центральный архив Нижегородской области). Ф. 929. Оп. 1 Д. 3. Л. 1 – 15.

ЦАНО. Ф. 73. Оп. 21. Д. 151, Л. 92. Новочеркасский музей Донского казачества. «Список выборщиков от Области Войска Донского, имеющих право избрать из своей среды членов Второй Государственной думы».

二 出版物文献

（一）公文档案

Государственная Дума Первого призыва. М., 1906, Ч. 1, 2.

Государственная   Дума. Политическое   значение   Государственной
Думы. СПб. , 1907.

Законы о выборах в Государственную Думу/ Под ред. проф.
Лазаревского. СПб. , 1906.

Казанский П. Выборы в Государственную Думу по законам 6 августа,
18 сентября, 11 октября, 17 октября, 20 октября, 11 декабря 1905 г. и
проч. СПб. , 1906.

Либеральное движение в России 1902 – 1905 гг. М. : РОССПЭН,
2001.

Малый энциклопедический словарь Брокгауза и Эфрона. Т. 1 –
2. Вып. 1. Изд. II. СПб. , 1907.

Материалы по истории выборов в I Государственную Думу, собранные
по   поручению   председателя   Совета   Министров   С. Ю. Витте
В. А. Дмитриевым – Мамоновым. СПб. , 1906.

Партия «Союз 17 октября». Протоколы съездов ЦК 1905 – 1907. М. :
РОССПЭН, 1996.

Партия социалистов – революционеров. Документы и материалы 1900 –
1917 гг. М. : РОССПЭН, 1996.

Первая всеобщая перепись населения Российской Империи. 1897
г. Т. IX: Воронежская губерния. Вып. 2. СПб. , 1903 – 1904.

Политические партии России. КонецXIX – I треть XX вв. :
Энциклопедия/Под ред. В. В. Шелохаева. М. : РОССПЭН, 1996.

Правье партии. Документы и материалы 1905 – 1910 гг. М. : РОССПЭН,
1998.

ПСЗРИ. Собрание третье. Т. XXV. 1905. Отделение 1. СПб. , 1908. №
26662. Ст. 12: Приложение.

Революция 1905 – 1907 гг. в России/Отв. ред А. М. Панкратова М. 1955 –
1965. Российское законодательство X – XX веков. Т. 8, М. , 1994.

Съезды иконференции конституционно – демократической партии 1905 – 1907 [Съезды кадетов, 1997]. Т. 1. М. : РОССПЭН, 1997.

Члены первой Государственной Думы. С портретами. (Биографии, характеристики, политические взгляды, общественная деятельность, выборы и прочее.) М. , 1906.

Энциклопедический словарь товарищества « Братья А. и И. Гранат и К°»/ Под ред проф Ю. С. Гамбарова. Т. 17. Приложение « Члены Государственной Думы первого, второго и третьего созыва». Пг. , 1918.

（二）报刊出版物

Вестник партии народнойсвободы. Еженедельник конституционно – демократической партии. 1906.

Волгарь. 1907.

Голос Дона. 1906.

Листок нижегородской группы партии народной свободы, 1906.

Нижегородский листок. 1906, 1907.

Новочеркасский курьер, 1907.

Освобождение (журнал), 1906.

Приазовский край, 1905, 1907.

（三）各类手册和短文

Авилов Б. О Государственной Думе. М. : книгоиздательство «Молот», 1906.

Алексеев В. П. Первый русский парламент. М. : Издание Е. В. Кожевниковой и Е. А. Коломийцевой 1906. (Библиотека « Свободная Россия». № 30).

Андион М. П. За что, к примеру сказать, думу потревожили. М. , 1906.

Арефин С. Я. Донские казаки // Русское богатство. 1906. Декабрь.

Бойович М. М. Наши депутаты. Члены государственной Думы.

（ Портреты и биографии. ） Первый созыв. М. , 1906.

Брянчанинов А. Н. Роспуск Государственной Думы. Причины – последствия. Псков, 1906.

Воронов Л. Н. Пора за дело. К выборам в Государственную Думу. М. : Издание Комиссии по устройству чтений для московских фабрично – заводских рабочих, 1906.

Государственная дума и социал – демократия. М. , 1906.

Грибовский В. М. Настоящее и будущее европейскаго парламентаризма. СПб. , 1906.

Истомин В. А. Очерк парламентаризма в Англии в связи с причинами обусловившими мировое преобладание британского королевства среди других государств земного шара. М. : Издание Комиссии по устройству чтений для московских фабрично – заводских рабочих, 1907.

Крюков Ф. Д. О казаках // Русское богатство. 1907. № 4.

Крюков Ф. Д. Встреча // Русское богатство1906. Ноябрь.

Ленин В. И. Полное собрание сочинений. Т. 12.

Мижуев П. Г. Парламентаризм и представительная форма правления в главных странах современной Европы. СПб. : Издательство Г. О. Львович, 1906.

Ольгович ［ = Волькенштейн ？ ］. Кого и как выбрать во вторую Государ – ственную думу. М. : книгоиздательское Товарищество, 1906.

Савин П. Н. Самодержавие как государственный строй СПб. : Сенат ская типография, 1905.

Смирнов А. Как прошли выборы во 2 – ю Государственную думу СПб. , 1907.

Хомяков А. С. Самодержавие. М. , 1905.

（四）回忆录

Витте С. Ю. Воспоминания Т. 1 – 2. Минск – М. : Харвест и АСТ,

2001.

Гессен И. В. В двух веках. Жизненный отчет // Архив русской революции. Т. 22. М. , 1993.

Гурко. Черты и силуэты прошлого. М. : Новое литературное обозрение, 2000.

Извольский А. П. Воспоминания, Минск: Харвест, 2003.

Коковцов В. Н. Из моего прошлого (1903 – 1919). М. , 2004.

Милюков П. Н. Воспоминания М. : Вагриус, 2001.

三　历史学著作

Аврех А. Я. Документы департамента полиции источник по изучению либерально – оппозиционного движения в годы I Мировой войны // История СССР. 1987. No. 6.

Бородин А. П. Государственный Совет России 1906 – 1917. Киров, 1999.

Бородин А. П. Столыпин. Реформы во имя России. М. : Вечер, 2004.

Волобуев О. В. Первая российская революция в публицистике П. Н. Милюкова // Шелохаев В. В. и др. П. Н. Милюков. Историк, политик, дипломат. М. : РОССПЭН, 2000, С. 431 – 448.

Воспоминание о выборах в Первую Думу в Самарской губернии // Земство. Архив провинциальной истории России. Пенза, 1994. № 1.

Городницкий Р. А. Боевая организация партии социалистов – революционеров 1901 – 1911 гг. М. : РОССПЭН, 1998.

Гришин Г. Т. Экономика Воронежской губернии и ее анализ в трудах В. И. Ленина. Воронеж, 1971.

Демин В. А. Государственная Дума России (1906 – 1917): Механизм функцирования. М. : РОССПЭН, 1996.

Думова Н. Г. Либерал в России: Трагедия несовместимости.

（Исторический портрет П. Н. милюкова. ）М. , 1993.

Еремян В. В. Муниципальная история России. М. : Академический проект，2003.

Ерошкин Н. П. История государственных учреждений в дореволюционной России. М : Третий Рим，1997.

Журавлев В. В. Программные установки политических партий России по вопросам собственности на землю конец XIX – начало XX вв. // Собственность на землю в России：История и современность. М. , 2002.

Зайончковский П. А. Российское самодержавие в конце XIX столетия （политическая реакция 80 – х – начала 90 – х годов）. М. : Мысль，1970.

Земцов Л. И. Крестьяне Центрального Черноземья в Государственной Думе I созыва. Крестьяне и власть. Тамбов，1995.

Избирательное право и избирательный процесс в России：Прошлое и настоящее （региональный аспект）. Тамбов，2000.

Институт выборов в истории России. Источники，свидетельства современников. Взгляды исследователей XIX – начала XX вв. / общ ред. А. А. Вешняков. М. : Норма，2001.

Исаев И. А. История государства и права России. М. , 2003.

К десятилетию Первой Государственной Думы. Пг. , 1916.

Канищев В. В. , Щербинин П. П. Городские средние слои на выборах I – IV Государственных дум （по материалам Центрально – Черноземного региона）// Вестник Тамбовского университета. Вып. 2. 1996.

Кирсанов И. Н. Подъем аграрного движения в октябре – декабре 1905 г. и политическая активность тамбовского дворянства // Державинские чтения. Тамбов，1995.

Кирьянов И. К. , Лукьянов М. Н. Парламент самодержавной России. Государственная дума и ее депутаты 1906 – 1907. Пермь，1995.

Кирьянов Ю. И. Русское собрание 1900 – 1917. М. : РОССПЭН，2003.

Козбаненко В. А. Партийные фракции в I и II государственных Думах России 1906 – 1907. М. : РОССПЭН, 1996.

Кривенький В. В. Новые данье сравнительно – количественного анализа политических партий России // История национальных политических. партий России. М. , 1997.

КрюковФ. Д. Выборы на Дону/К 10 – летию 1 – ой Государственной Думы, 27 апреля 1906 – 17 апреля 1916 г. : Сборник статей перводумцев, Пг. , 1916.

Ксенофонтов И. Н. Георгий Гапон: Вымысел и правда. М. : РОССПЭН, 1996.

Леонов М. И. Партия социалистов – революционеров в 1905 – 1907 гг. М : РОССПЭН, 1997.

Милюков П. Н. История второй русской революции. М. : РОССПЭН, 2001.

Миронов Б. Н. Грамотность в России 1797 – 1917 гг. // История СССР. 1975. No. 4.

Общественно – политические процессы, партии и движения в Нижегородской губернии. Конец 19 – начало 20 вв. : В 2 – х томах. Н. Новгород, 2001.

Пайпс Ричард. Струве. Биография. Т. 1. Струве: левый либерал 1870 – 1905. М. , 2001; Т. 2. Струве: правый либерал 1905 – 1944. М. , 2001.

Плеханов Г. В. Еще раз, г. Михайловский, еще раз «триада» // Плеханов Г. В. Избранные философские произведения. Т. 1. М. : Политиздат, 1956.

Плеханов Г. В. К вопросу о развитии монистического взгляда // Плеханов Г. В. Избранные философские произведения. Т. 1. М. : Политиздат, 1956.

Покровский М. Н. Русская история в самом сжатом очерке. М. , 1933.

Политические партии России: Энциклопедия. М. : РОССПЭН, 1996.

Поспелов П. Н. Владимир Ильич Ленин: Биография. 5 – е изд. М. ,

1972.

Представители Государственной Думы. Пг, 1906.

Протасов Л. Г. Всероссийское учредительное собрание. История рождения и гибели. М. : РОССПЭН, 1997.

Пушкарев С. Г. Россия 1801 – 1917. Власть и общество. М. , 2001.

Россия 1913 год: Статистико – документальный справочник/Под ред А. П. Корелина, СПб. , 1995.

Савельев Я. В. , Бирючинский Г. Н. , Гончаренко Г. Н. «Третий съезд РСДРП »/Ред. А. М. Панкратова. Первая русская революция 1905 – 1907 гг. М. , 1955.

Сватиков С. Г. Россия и Дон (1549 – 1917). Белград, 1924.

Селезнев Ф. А. Выборы и выбор провинции: Партия кадетов в Нижегородском крае (1905 – 1917 гг.), Н. Новгород, 2001.

Селунская Н. Б. , Бородкин Л. И. , Григорьева Ю. Г. , Петров А. Н. Становление российского парламентаризма начала XX века. М. , 1996.

Селунская Н. Б. , Бородкин Л. И. Структурные изменения в составе российской законодательной элиты // Structures and Contingencies in Historical Research. Amsterdam, 1995.

Семенов А. К. Муниципальные выборы в Тамбовской губернии. // Избирательное право и избирательный процесс вРоссии: Прошлое и настоящее (региональный аспект). Тамбов, 2000.

Сидельников С. М. Образование и деятельность Первой Государственной Думы. М. , 1962.

Смирнов А. Ф. Государственная Дума Российской империи 1906 – 1917: Историко – правовой очерк. М. , 1998.

Советская историческая энциклопедия. Т. 9, М. , 1966. Статья «Народничество».

Состав трудовой грушы в I и II Государственной Думе: Сводная таблица членов фракции. М. , 1988.

Сыпченко А. В. Народно - социалистическая партия в 1907 – 1917 гг. М. : РОССПЭН, 1999.

Тютюкин С. В. , Шелохаев В. В. Марксисты и русская революция. М. , 1996.

Тютюкин С. В. Г. В. Плеханов. Судьба русского марксиста. М. : РОС СПЭН, 1997.

Федоров В. Г. Петр Столыпин: «Я верю в Россию». Биография П. А. Стольшина. Т. 1 – 2. СПб. : Лимбус пресс, 2002.

Чигринская Л. Ф. Тамбовское духовенство и крестьянство в период революции 1905 – 1907 гг. // Крестьяне и власть. Тамбов. 1995.

Чичерин Б. Н. Курс государственной науки. М. , 1984.

Шацилло К. Ф. Консерватизм на рубеже XIX – XX вв. // Русский консерватизм XX столетия. Идеология и практика/Под ред. В. Я. Гросула. М. : Прогресс - традиция, 2000.

Шелохаев В. В. , Думова Н. Г. История политических партий России. М. , 1994.

Шелохаев В. В. Кадеты - главная партия либеральной буржуазии в борьбе с революцией 1905 – 1907 гг. М. : Наука, 1983.

Шелохаев В. В. Феномен многопартийности в России // История национальных политических партий России. М. , 1997.

Эйдельман Н. Революция сверху в России. М. : Книга, 1989.

Anweiler O. Die russische Revolution 1905 – 1921. Stuttgart, 1968.

Ascher A. The Revolution of 1905. Vol. 1: Russia in disarray; Vol. 2: Authority Restored. Stanford: Stanford University Press, 1988 – 1992.

Billington J. H. Michailovsky and Russian Populism. Oxford: Clarendon, 1958.

Brooks J. When Russia Read. Princeton, New Jersey, 1985.

Collins Dictionary of English Language (1979). London, Glasgow: Collins, 1985.

Conroy M. S. Peter Arkad'evich Stolypin. Practical Politics in Late Tsarist Russia. Boulder, Colorado: Westview P. , 1976.

Dahlmann D. Die Provinz wählt. Russlands Konstitutionell-demokratische Partei und die Dumawahlen 1906 – 1912. Köln etc. (Bühlau), 1996.

Emmons T. « Revolution from above in Russia »: reflections on Natan Eidelman's last book and related matters/Red. T. Taranovski. Reform in Modern Russian History. Progress or Cycle? 1995.

Emmons T. The formation of Political Parties and the First National Elections in Russia. Cambridge. Mass. & London: Harvard U. P. , 1983.

Frame M. The Russian revolution 1905 – 1921: A bibliographic guide to works in English. Westport. Conn. & London: Greenwood Press, 1995.

Gall L. Bismarck und der Bonapartismus // HZ 223 (1976).

Gebhardt Handbuch der deutschen Geschichte, 9th ed. T. 3. Stuttgart: Union Verlag, 1970.

Griessmer A. Massenverbände und Massenparteien im wilhelminischen Reich. Zum Wandel der Wahlkultur 1903 – 1912. Düsseldorf: Droste, 2000.

Habermas J. Strukturwandel der Öffentlichkeit: Untersuchungen zu einer Kategorie der bürgerlichen Gesellschaft. Frankfurt/M: Suhrkamp, 1990.

Habermas J. Theorie des kommunikativen Handelns. Frankfurt/M: Suhrkamp, 1988 (1981).

Habsburgermonarchie, Die Habsburgermonarchie 1848 – 1918. T. 7: 1, Verfassung und Parlamentarismus.

Kolmer G. Verfassung und Parlament in Österreich. Vol. 8 [1914] . Graz: Akademische Druck-und Verlagsanstalt, 1980.

Kühne T. Dreiklassenwahrrecht und Wahlkultur in Preussen 1867 –

1914. Düsseldorf: Droste, 1994.

Langewiesche D. , Klaus Schönhoven (ed.) Arbeiter in Deutschland: Studien zur Lebensweise der Arbeiterschaft im Zeitalter der Industrialisierung. Paderborn: Schöningh, 1981.

Langewiesche D. Das deutsche Kaiserreich. Bemerkungen zur Diskussion über Parlamentarisierung und Demokratisierung Deutschlands// Archiv für Sozialge schichte 19 (1979).

Mann B. Zwischen Hegemonie und Partikularismus. Bemerkungen zom Verhältnis von Regierung, Bürokratie und Palament in Preussen 1867 – 1918 // G. Ritter (ed.), Regierung, Bürokratie und Parlament in Peussen nd Deutschland von 1848 bis zur Gegenwart. Düsseldorf: Droste, 1983.

March J. G. , Olsen J. P. Rediscovering Institutions: The Organizational Basis of Politics. N. Y. : Free P. , 1989.

Mehlinger H. D. , Thompson John M. Count Witte and the Tsarist Government in the 1905 Revolution. Bloomington: Indiana U. P. , 1972.

Nipperdey Th. Grundprobleme der deutschen Parteigeschichte im 19. Jahrhundert // Ritter G. A. (ed.). Deutsche Parteien vor 1918. Köln: Kiepenheuer & Witsch, 1973.

Nipperdey Th. Wehlers "Kaiserreich" . Eine kritische Auseinandersetzung // Geschichte und Gesellschaft 1 (1975).

Nipperdey Th. Die Organisation der deutschen Parteien vor 1918. Pearson Th. S. Russian Officialdom in Crisis. Autocracy and Local Self-Government, 1861 – 1900. Cambridge: CUP, 1989/2004.

Peterson C. Peter the Great's administrative and judicial reforms: Düsseldorf: Droste, 1961.

Swedish antecedents and the process of reception. Nordiska bokhandeln. Stockholm [Rättshistoriskt bibliotek. Vol. 29] . 1979.

Pipes R. Russia under the Old Regime. Harmondsworth: Penguin, 1905.

Pipes R. The Russian Revolution 1899 – 1919. London: Harvill, 1990; 1997.

Porter T., Gleason W. The Zemstvo and the Transformation of Russian 1995. Society //Mary S. Conroy (ed.). The Emergence of Democracy in Late Imperial Russia. Boulder: U. of Colorado P., 2000.

Prevo K. Worker reaction to Bloody Sunday in Voronezh», in: La Première Révolution Russe, Actes du colloque international. 02 – 06. 06. 1981/ Edité par F. – X. Coquin et C. Gervais-Francelle. Paris, 1986.

Putnam R. Making Democracy Work, Civic Tradition in Modern Italy. Princeton, N. Y.: Princeton U. P., 1993.

Raeff M. Understanding Imperial Russia: State and Society in the Old Regime. N. Y.: Columbia U. P., 1984.

Rawson D. C. Russian Rightists and the Revolution of 1905. Cambridge, UK: CUP, 1995.

Ritter G. A. Entwicklungsprobleme des deutschen Parlamentarismus // G. A. Ritter (ed.). Gesellschaft Parlament und Regierung. Düsseldorf: Droste, 1974.

Rokkan S. Citizens, Elections, Parties. Oslo: Universitetsforlaget, 1970.

Rothstein Bo Just Institutions Matter: The Moral and Political Logic of the Universal Welfare State. Cambridge: Cambridge U. P., 1998.

Schöffer P. Der Wahlrechtskampf der österreichischen Sozialdemokratie 1888/ 89 – 1897. Stuttgart: Steiner, 1986.

Sergeyev V., Biryukov N. Russia's Road to Democracy: Parliament, Communism and Traditional Culture. Aldershot: Elgar, 1993.

Stockdale M. K. Paul Miliukov and the Quest for a Liberal Russia, 1880 – 1918. Ithaca & London: Cornell U. P., 1996.

Taranovskj Th. (ed.) Reform in Modern Russian History. Progress or Cycle. Washington D. C., Cambridge U. K: Woodrow Wilson Center P.,

Cambridge U. P. , 1995.

Torstendahl R. Bureaucratisation in Northwestern Europe, 1880 – 1985: Domination and Governance. London: Routledge, 1991.

Wartenweiler D. Civil Society and Academic Debate in Russia, 1905 – 1914. Oxford: Clarendon, 1999.

Wehler H. – U. Bismarck und der Imperialismus. Köln, 1969.

Wehler H. – U. Das deutsche Kaiserreich. Göttingen: Vandenhoeck & Ruprecht, 1977.

Wehler H. – U. Krisenherde des Kaiserreichs 1871 – 1918. Göttingen: Vandenhoeck & Ruprecht, 1970.

Venturi F. Roots of Revolution: A History of the Populist and Socialist Movements in Nineteenth Century Russia. London, 1960.

Wolfgang J. M. Der autoritäre Nationalstaat. Verfassung, Gesellschaft und Kultur des deutschen Kaiserreiches. Frankfurt/M: Fischer, 1990.

Zakharova L. G. From reform "from above" to revolution "from below" / Red. Taranovski T. (ed.) Reform in Modern Russian History. Progress or Cycle? 1995.

Zwehl K. Von Zum verhältnis von Regierung und Reichstag im Kaiserrech (1871 – 1918) // G. A. Ritter (ed.). Regierung, Bürokratie und Parlament in Preussen und Deutschland von 1848 bis zur Gegenwart. Düsseldorf: Droste, 1983.

图书在版编目（CIP）数据

20世纪初俄国民主文化的滥觞／（俄罗斯）谢伦斯卡娅·娜塔莉亚·鲍里索夫娜，（瑞）托斯滕达尔·罗尔夫著；张广翔，刘颜青译. ——北京：社会科学文献出版社，2020.4（2022.4重印）

（俄国史译丛）

ISBN 978-7-5201-6115-2

Ⅰ.①2…　Ⅱ.①谢…②托…③张…④刘…　Ⅲ.①民主–政治制度史–研究–俄罗斯　Ⅳ.①D751.29

中国版本图书馆CIP数据核字（2020）第026166号

·俄国史译丛·

20世纪初俄国民主文化的滥觞

著　　者／〔俄〕谢伦斯卡娅·娜塔莉亚·鲍里索夫娜　〔瑞典〕托斯滕达尔·罗尔夫
译　　者／张广翔　刘颜青

出 版 人／王利民
组稿编辑／恽　薇　高　雁
责任编辑／冯咏梅
文稿编辑／郭锡超
责任印制／王京美

出　　版／社会科学文献出版社·经济与管理分社（010）59367226
　　　　　地址：北京市北三环中路甲29号院华龙大厦　邮编：100029
　　　　　网址：www.ssap.com.cn
发　　行／社会科学文献出版社（010）59367028
印　　装／北京虎彩文化传播有限公司

规　　格／开　本：787mm×1092mm　1/16
　　　　　印　张：17　字　数：249千字
版　　次／2020年4月第1版　2022年4月第2次印刷
书　　号／ISBN 978-7-5201-6115-2
著作权合同
登 记 号／图字01-2020-0456号
定　　价／148.00元

读者服务电话：4008918866